우리에겐 세계경영이 있습니다

가장 먼저, 가장 멀리 해외로 나간 사람들의 이야기 2

대우세계경영연구회 엮음

도서
출판 행복에너지

우리에겐
세계경영이 있습니다

초판 1쇄 발행 2020년 6월 15일
지 은 이   대우세계경영연구회
발 행 인   권선복
편   집   권보송
디 자 인   오지영
전 자 책   서보미
발 행 처   도서출판 행복에너지
출판등록   제315-2011-000035호
주   소   (07679) 서울특별시 강서구 화곡로 232
전   화   0505-613-6133
팩   스   0303-0799-1560
홈페이지   www.happybook.or.kr
이 메 일   ksbdata@daum.net

값 22,000원
ISBN   979-11-5602-810-9   (03320)

가장 먼저 가장 멀리 해외로 나간 사람들의 이야기 II

대우세계경영연구회 엮음

우리에겐
세계
경영
이 있습니다!

도서
출판 행복에너지

contents

우리에겐 **세계경영**이 있습니다

가장 먼저, 가장 멀리 해외로 나간 사람들의 이야기 2

1 도전과 창조
GLOBALIZATION

최고를 향한 최초의 발자국!
우리가 걸어가면 길이 된다

2 현지화와 최적화
LOCALIZATION

현지인의 마음과 정신을 사로잡은
빠르고 과감한 도전의 역사

3 혁신과 위임
INNOVATION

치열한 도전과 열정으로
수놓은 시간의 벅찬 응답

4 고객과 인재
PARTNERSHIP

효율화의 비밀,
마음을 움직여야 몸도 움직인다

5 미래 글로벌청년사업가
GYBM

미래 세계경영 주역과 함께

세계경영은
지금도 진행형입니다

지난 2009년 전직 대우 임직원들이 모여 '대우세계경영연구회'가 발족되었다. 대우그룹은 해체되었지만 기본 전략이었던 '세계경영'의 가치는 전 세계가 거대하게 네트워크화한 오늘날 오히려 재발견되어 새로운 가치를 가진다는 확신 때문이었다. 대우그룹의 인재에 대한 철학을 되살려 지금의 청년들이 세계경영에 대한 꿈을 키울 수 있고 가치실현을 하는 데 뒷받침이 되고자 했다.

대우그룹은 1967년 창업 이래 좁은 국내시장에서 눈을 돌려 꾸준히 해외시장으로 집중했다. 20여 년 동안 눈부신 성장은 다양한 산업군으로 이어졌다. 1988년의 서울올림픽을 분기점으로 한 단계 높은 도약을 꿈꾸던 대우그룹은 '기술대우', '관리혁명'을 슬로건으로 기업의 체질을 바꿔 나갔으며 새로운 기업문화의 기틀을 세우며 진보하고 있었다.

1989년의 베를린 장벽이 허물어지고 사회주의 경제체제가 붕괴하면서 세계경제는 큰 지각변동이 있었고, 이와 함께 '30억 인구'라는 거대한 시장이 나타났다. 기회와 위기가 공존하는 시장, 누구도 발자국을 찍지 않은 미지의 시장이었다. 반면, 세계의 다른 반쪽인 자본주의 경제체제는 당시 우루과이라운드로 대표되는 미국과 유럽 등 선진 경제의 자국이기주의에 맞서 각 권역별 신보호무역주의가 등장하고 있었다.

한편, 한국 경제는 국민적 욕구의 분출과 심한 노사 분규로 중진국의 입구에서 고임금, 고비용에 저효율이라는 구조적 문제점을 노출하고 있었다. 기존의 성장방식인 수출주도형 모델로는 한계가 있었고 저성장시대를 헤쳐 나가기 위해서는 신흥시장에 진입하는 길밖에 달리 방법이 없었다. 이에 대우는 1993년부터 단순히 상품을 생산하고 수출하는 단계를 넘어 '세계경영'을 기치로 두 가지 핵심전략을 내세웠다.

첫째, 전 세계를 하나의 시장으로 보고 자본, 노동, 기술, 정보, 서비스 등 제반 경영요소를 현지 상황에 맞게 유기적으로 조합하는 것이었다. 하나의 국가 단위로 조합하는 것이 아니라, 전 세계를 하나의 단위로 보고 조합한다는 전략이었다.

둘째, 경영전략의 세계화와 경영활동의 현지화를 통해 국제 경쟁력을 확보하고 새로운 비즈니스 기회를 창출하는 것이었다. '경영전략의 세계화'는 세계 전체를 하나의 시장으로 하여 '규모의 경제'를 추구하고 이를 통해 국제 경쟁력을 확보한다는 것이었고, '경영활동의 현지화'는 현지 경제블록 내에서 직접 생산, 판매함으로써 경제 블록화에 의한 부정적 사업 환경 변화에 대응하고 새로운 비즈니스 기회를 창출한다는 것이었다.

이런 전략을 구사하게 된 배경엔, 대우가 미래세대를 위한 '희생' 정신의 차원에서 국가 정책에 부응한 '부실기업 인수와 정상화'라는 경험을 통해, 경공업, 중화학, 해외건설이라는 한국경제 발전의 3박자와 궤軌를 같이한 데 있다. 한국 경제의 눈부신 발전을 부러워하며 국가경제 부흥을 원하는 신흥시장의 국가 지도자들에게 "당신의 나라에 대한민국을 건설해 주겠다"는 희망의 메시지는 대우의 세계경영을 가속화시키는 계기가 되었다.

그러나 안타깝게도 IMF 외환위기로 그룹이 해체되며 '세계경영'이라는 단어는 우리의 뇌리에서 점점 사라지게 되었다. 하지만 10년이 지나도 대우의 각 계열사는 여전히 활발하게 살아 움직이고 있었다. 경영진은 여전히 대우 출신이었고 다른 그룹에 매각된 회사들조차도 변함없이 활발하게 경영활동을 이어갔다. 불가피하게 흩어졌던 대우맨들 또한 산업계에서 발군의 실력으로 명성을 이어가고 있었다.

이는 지난 세월에 땀 흘린 시간과 노력이 우리 사회에 여전히 유효하다는 반증이다. 어떤 방법으로든 이 활동과 정신을 남겨서 후대에 이어가야 한다는 절박감이 생겼다. 이에 우리는 2010년부터 3년간에 걸쳐 세계경영의 대표적 사례 18개를 정리하여 세 권의 사례집으로 발간한 바 있다. 거기에 더하여 대우의 성장과 세계경영 현장의 숨은 에피소드를 발굴하여 본격적으로 출판하 자는 생각을 하게 되었다.

지난 2012년 3월에 발간된 제1권 『대우는 왜?』는 창업 이후 초창기 20여 년 간 구체적 사례를 부문별 전략과 CEO급들의 활 약을 풀어낸 이야기로 묶었다. 가장 먼저 가장 멀리 해외로 나간 사람들의 이야기로, 완전한 미개척의 땅에 세계경영의 모델을 만 들어간 가장 뜨겁고 도전적인 시기였고, 많은 기업들에게 영감을 주며 선구자적인 모습을 보여주었다.

이번에 발간하는 제2권 『우리에겐 세계경영이 있습니다』는 현 장 실무자들의 실행 사례들을 엮었다. 세계경영의 최전선에서 미 친 듯 뛰어다닌 실무자들의 땀 냄새가 느껴지는 풍부한 이야기 가 가득하다. 전직 대우직원 25명이 공모를 통해 필진으로 참여 했다. 건설, 중공업, 전자, 자동차, 조선해양, 통신, 금융, 영상 미디어, 무역 등의 다양한 분야로 구성되었고, 지역도 유럽, 아 프리카, 중동, 서남아시아, 중국, 동남아, 미국 그리고 국내 사례 등 다양하다.

싱가포르국립대학의 신장섭 교수는 지난 2014년 고故 김우중 회장과 150여 시간의 대담을 통해 펴낸 책 『김우중과의 대화』에서 대우의 세계경영을 조명하며 김우중 회장을 일컬어 세계를 경영한 민족주의자로 규정지었다. 특히 신 교수는 우리나라 같은 신흥국에서 출발하는 다국적기업이 선진국 다국적기업들의 기술력, 자본력에 대항하며 성장한 독특한 사례로 정리하였다. 그러면서, 대우의 '세계경영'은 기업사적 가치도 있고 신흥국 사업가에게 교과서적 가치도 있는 '세계 최고의 혁신 제품이자 혁신 전략'이라고 강조했다. 그 최고의 제품이자 전략에 숨은 이야기들을 만나게 될 것이다.

우리는 또 다른 세계경영의 출발점에 서 있다. 미래 세계경영의 주역이 될 인재를 키우는 것이다. 한국 청년들의 취업난도 해소하고, 인재를 구하지 못하는 해외 현지 기업들의 애로를 일거에 해소하는 '글로벌 청년사업가 양성과정'을 시작했다. 지난 8여 년 동안 베트남에서 시작하여 미얀마, 인도네시아, 태국으로 지역을 확장하였고, 40명으로 출발해 매년 200여 명의 인재를 양성하다가 이제는 1,000명의 규모를 넘어서게 되었다.

이번 책에는 초기의 글로벌 청년사업가 양성과정의 구상을 정리하고, 지난 8년간 교육연수과정에서 나타난 문제들을 보완해 발전한 내용도 소개했다. 특히 수료한 연수생들이 현지기업에 취업해서 활약하는 에피소드를 발굴해서 게재했다. 한국에서 취업난에 허덕였던 청년들의 화려한 부활의 노래들이다.

너무 이른 기대일지 모르지만 빠른 시간 안에 세 번째의 '가장 먼저 가장 멀리 해외로 나간 사람들의 이야기'가 책으로 나오리라 기대해본다. 그 책엔 절반이 GYBM의 활약과 성장 스토리로 채워질 것이다. 더 많은 청년들이 해외로 향하고 더 많은 기업들이 세계경영의 전략을 벤치마킹하여 한국의 경제 영토를 늘리는 데 힌트가 되길 바란다.

이제 고인이 되신 김우중 회장께서 남기신 마지막 바람을 다시 한 번 새긴다. 1996년 1월, 대우그룹 임원회의에서 세계경영의 중간 결산을 하며 당부하신 말씀 중 마지막 부분이다.

"기업이라는 게 오늘을 보고 살면 편안하게 살 수 있지만 우리는 항상 내일을 보고 살아야 됩니다. 항상 앞을 보고 나가다 보니 때론 고통도 당하고 질시도 당하곤 합니다. 그렇지만 선구자는 인내하는 과정에서 꽃도 피고 열매도 맺고 그렇습니다."

우리가 이번에 펴낸 책은 '내일'을 위한 것이다. 내일을 위해 최고의 혁신전략이 살아 움직인 현장의 소리를 귀 기울여 보시기 바란다. 사업가든 직장인이든 대학생이든 모두에게 오늘의 성찰과 내일의 통찰이 있기를 바란다.

끝으로 필진으로 참여하신 분들과 고생하신 모든 분에게 감사의 말씀을 드리며, 고故 김우중 회장님의 영전에 이 책을 바친다.

2020년 5월
사단법인 대우세계경영연구회
회장 장병주

| 엮은이의 글 |

"읽히지 않는 역사는 역사가 아닙니다."

지난 2010년 대우세계경영연구회를 조직하며 기업사를 전공한 역사학자의 초빙강연에서 나온 말이다. 출판을 진행하는 기본 생각이었다.

그러자면 몇 가지 전제가 있어야 한다고 생각했다.

첫째, 재미있어야 한다. 무거운 주제일지언정. 숨은 에피소드에서 소재를 찾는다.

둘째, '대우'다워야 한다. 국가나 지역이 다양해야 하고, 산업이 골고루 분포가 되어야 한다. 그러나 걱정은 안 되었다. 그런 대우인들의 이야기는 차고 넘칠 것이기 때문이었다.

셋째, 역사와 대우가족 앞에 뚜렷한 교훈이 있어야 한다.

이런 원칙으로 글을 공모했다. 평생 현장에서 치열하게 일만 하신 분들에게 글을 써달라는 것은 너무나 무례한 것 같아 간단한 스케치로 시작했다. 꾸미지 않고 각색하지 않아도 드라마 같은 이야기들이 글로 만들어져 갔다. 땀과 시간을 아끼지 않은 뜨거운 용광로의 이야기들이다.

1장은 도전과 창조의 장이다. 대우 창업 이후 꾸준히 도전한 세계시장GLOBALIZATION을 향한 결과들, 새로운 시장에 도전하고 가로막고 있는 벽을 뚫기 위해 쉼 없이 방법을 찾아가는 창조의 길에 뿌려진 대우맨의 땀방울이 맺힌 스토리이다.

2장은 현지화와 최적화의 노력을 모았다. 개척한 시장에서

50:50의 법칙으로 공존의 관계를 만들어갔다. 국가지도자에게 대한민국 성장과 동일 궤적의 발전 희망을 전하는 최적의 방법 LOCALIZATION을 찾아간 것이다. 그룹 해체 20년이 지난 시점에도 여전히 '대우'의 이름이 현장에 각인되어 있는 이유다.

3장은 혁신과 위임의 조직문화다. 전 세계 220여 개의 사업현장에서 역사, 종교, 문화의 차이를 극복하고 시시각각으로 변하는 경제 환경에 적응하기 위해 스스로 부단히 혁신INNOVATION한다. 현장 책임자에게 최고의 결정권을 위임하는 조직을 보게 될 것이다.

4장은 고객과 인재에 관한 글이다. 전 세계를 누비던 비즈니스 현장에서 고객들의 마음을 움직이기 위해서 대우맨들 모두가 각각의 현장에 단 하나뿐인 최고의 인재로 자리매김PARTNERSHIP을 했다. 고객을 먼저 생각하는 배려와 희생에서 출발한다.

5장은 미래의 글로벌청년사업가의 또 다른 세계경영 도전이다. 지난 시간의 역사를 되새기며 더 니은 내일을 위한 도전이 빛을 발한다. 체계적으로 양성, 준비된 인재Global Young Business Manager 가 글로벌 비즈니스계에서 겪는 크고 작은 도전의 스토리를 소개한다.

부디 이 책이 격변의 시대를 살아가며 도전하는 기업 경영의 지혜로 이어지길 바란다.

출판위원회

① 도전과 창조
GLOBALIZATION

최고를 향한 최초의 발자국!
우리가 걸어가면 길이 된다

이동근

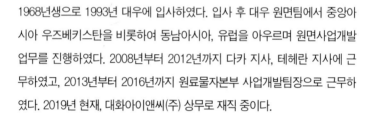

1968년생으로 1993년 대우에 입사하였다. 입사 후 대우 원면팀에서 중앙아시아 우즈베키스탄을 비롯하여 동남아시아, 유럽을 아우르며 원면사업개발 업무를 진행하였다. 2008년부터 2012년까지 다카 지사, 테헤란 지사에 근무하였고, 2013년부터 2016년까지 원료물자본부 사업개발팀장으로 근무하였다. 2019년 현재, 대화아이앤씨(주) 상무로 재직 중이다.

세계 최대 면화 생산국에 최초로 진출, 글로벌 원면 메이저를 꿈꾸다

: (주) 대우무역, 원면 수출입

세계에서 가장 중요한 비식용 농작물을
향한 열정과 애정 그리고 정성의 스토리

종합상사맨의 꿈

종합상사에 근무하며 글로벌 트레이드를 하다 보면 꼭 만나는 거대한 벽이 있다. 'ADM, Bunge, Cargil, Dreyfus…' 흔히 A, B, C, D라고 불리는 글로벌 곡물 메이저들이다. 글로벌 원자재 메이저들의 거대한 벽을 뛰어넘는 것은 신입사원 때 지펴지는 작은 불꽃이었다. 1990년대까지만 해도 감히 상상도 못 해 볼 일이었지만 대우의 세계경영을 통해 작은 불꽃이 큰 도전으로 이어졌던 것은 이루 말하기 힘든 자부심이었다.

대우무역에 입사하여 회사가 부침이 심했던 만큼 개인적으로도 수많은 일이 있었지만, 그중에서도 1993년 입사부터 1999년까지는 나에게 특별한 시간이었다. '원면팀'에 신입사원으로 시작해 '원면 메이저'를 꿈꾸며 달렸던 시간이기 때문이다.

원면팀이라는 곳은 한마디로 원면의 수출입을 담당하는 부서다. 원면은 우리가 흔히 아는 섬유 면소재의 원재료이다. 대우가 다루고 있는 많은 아이템 중의 하나인데, 단일 품목으로는 규모가 워낙 크기 때문에 아예 팀조직으로 만들어졌다.

원면 메이저란 원면을 수입하고 수출하는 세계적인 기업들을 의미한다. 원면팀에 근무하면서 우리도 언젠가는 카길Cargil, 더나번트Dunavant, 콘티 코튼Conti Cotton 같은 원면 메이저가 되리라는 꿈을 꾸었다.

퍼스트 무버-시장 선도자로 원면 개척

당시 우리의 주요 거래국은 우즈베키스탄이었다. 대우는 공산권 동유럽의 해체 시기인 1992년 국내 기업 최초로 우즈베키스탄에 진출했다. 외국기업 투자의 터를 처음으로 닦은 셈이다. 섬유와 자동차 등 제조업은 물론 건설, 이동통신까지 사업 영역을 확장했다. 참고로 대우무역이 투자하여 설립한 현지법인인 '우즈벡 이동통신'Daewoo Unitel Co은 1996년에 이동통신시장 시장점유율 1위까지 차지했다.

중앙아시아의 우즈베키스탄은 면화 경작지이며, 중국, 인도, 미국에 이어 세계 4위의 면화 생산국이다. 가축 사육과 참외, 포도를 비롯한 과일 및 채소 등 다양한 농산물은 산업의 중요한 부분을 차지하고 있다. 특히 화학공업은 면화 재배에 필요한 비료

우리에겐 세계경영이 있습니다

를 생산하고 다른 화학부산물들은 면화 가공의 소재와 자재로 사용되면서 면화 산업과 밀접하게 연관되어 있다.

지금과 달리 당시 섬유사업은 국내외적으로 활황이었고, 수요가 꾸준한 원면은 옥수수, 대두와 같은 원자재에 가까운 것이었다. 대우는 우즈베키스탄 정부기업인 우즈프로마시임펙스, 우즈마르카지임펙스, 우즈인터임펙스로부터 원면을 구매하여, 콘티코튼, CCC, 슈타헬, 토요코튼, 스미토모 등 글로벌기업과 대한방직, 방림, 경방, 일신방직 등의 우리나라 거래처에 공급했다. 대우무역에서는 면방팀을 신설하여 1996년 페르가나 지역에 DTCDaewoo Textile company라는 현지법인을 설립하고 방직, 방적 공장을 운영하면서 우즈베키스탄 면방 산업에 뛰어들었다.

우즈베키스탄은 세계 면화시장에서 차지하는 비중이 매우 높다. 우즈베키스탄 정부는 풍부한 면화 생산량을 바탕으로 섬유산업의 기초 기반을 다져 집중적으로 육성할 계획이었다. 자국 섬유산업에 필요한 원면을 100% 자급하고 있어 원료를 수입하지 않고도 산업발달을 꾀할 수 있는 이점이 있었다.

그러나 그동안 원면의 대부분을 구소련의 계획 경제에 의존해왔기 때문에 남는 이익은 상대적으로 적었다. 1990년대 초반에 구소련 지역이 해체되고 나서 독자 경제를 위하여 시장을 개방하고 건설, 자동차, 전자 등 각 분야에 걸쳐 외국기업의 활발한 합작, 투자를 장려하였다. 그리고 이런 산업의 바탕이 되는 주요 수입원은 원면사업이었다.

대우도 일찌감치 이러한 발전 가능성을 보고 개방되기 이전부터 우즈베키스탄 정부 그리고 국영기업과 접촉해왔다. 1992년 우즈베키스탄과 자동차, 전자, 방직공장 설립 등 총 7억 5천만 달러에 해당하는 대규모 합작사업에 진출하였다.

그런데 당시 우즈베키스탄 정부는 그만한 자금이 없었다. 사업에 필요한 외자조달을 대우가 책임지는 조건으로 우즈베키스탄 원면의 판매권을 확보하게 되었다. 이에 대우는 원면의 국내 도입과 판매 및 3국 간 거래 영업을 본격적으로 착수하기 위해 원면팀을 구성하였고, 나도 이 원면팀에 입사하면서 본격적으로 일하게 되었다.

3국 간 거래와 구상무역으로 정면돌파

우즈베키스탄은 중앙아시아 한복판에 있으며 과거 동서양을 잇는 실크로드의 요충지였다. 대륙의 내륙에서 물자를 싣고 나오는 물류가 관건이었는데, 러시아 블라디보스토크로 나오는 시베리아횡단철도 TSRTrans Siberian Railway, 중국 우루무치를 경유하여 연운항으로 나오는 중국횡단철도 TCRTrans China Railway, 투르크메니스탄을 경유하여 이란 반다르압바스 항구로 나오는 페르시아만 국제회랑Persian Corridor을 개척하였다.

당시 우즈베키스탄의 경제 사정은 좋은 편이 아니어서 외화, 즉 달러가 부족한 실정이었다. 우즈베키스탄 통신성은 대우통신에서 개발한 전전자교환기TDX를 구매했으나 달러가 없어 결제하지 못한 것을 원면으로 대신 받아 판매금액을 결제하는 '바터거래' 즉 물물교환형식의 구상무역을 성사시켜 외화결제 문제를 해결하였다.

우즈베키스탄과의 거래에서 생긴 노하우를 발판삼아 원면 거래를 동남아로 확장했다. 1996년에는 국내 판매와 메이저와의 단순 트레이딩 울타리를 벗어나 아시아시장으로 넓혀 인도네시아, 태국, 방글라데시, 베트남과 직거래를 하였다. 1999년에는 중국 신장성소속 공기업인 '신장병단'과 중국산 원면을 국내로 독점 공급 계약까지 하게 되었다. 중국은 그때나 지금이나 세계 1위의 원면 생산국이자 소비국이다.

자본주의 경제를 가르치며 거래

원면 수출은 우즈베키스탄의 주요 외화수입원이기 때문에 정부 부처가 직접 관리한다. 초기에는 구소련의 시스템 안에서 근무했던 공무원들을 상대해야 했다. 개방은 했지만, 여전히 사회주의 관습에 익숙한 사람들이 대부분이었다. 우리와는 너무 다른 문화와 시스템을 가진 이들과의 거래는 쉽지 않았다. 심지어 수출입 업무에 대해 아는 것이 전혀 없어 우리가 일일이 가르쳐야 진행이 될 만큼 허술했다. 자본주의 거래방식을 몰라 L/C조차도 어떻게 이용되는지 잘 모르는 사람들이 태반이었다. 심지어 경제성 관료도 이해하지 못해 직접 교육하고, 같이 축구도 하면서 친분을 쌓아갔다. 이들은 장차 경제성 고위관료가 되어 큰 힘이 되어주었다.

우즈베키스탄 사람들은 자본주의 경제에 대해서는 서툴렀지만 그만큼 순수한 면도 많고, 농경사회를 오랫동안 유지했던 터라 사람들의 정서가 우리와 비슷한 점도 있었다. 또 지역 특성상 고려인 네트워크가 있다는 점도 이 시장의 큰 매력이었다.

우즈베키스탄은 외환 규제나 물류 등과 같은 사회 인프라 문제 때문에 외국기업들이 접근하기 어려운 점이 있었지만, 내수가 빠르게 성장하고 러시아 등 CIS 지역과는 무관세 혜택이 있었다. 자원이 풍부한 반면, 물가와 인건비 등의 비용이 저렴한 장점이 있기에 대우는 이 시장을 선점하기 위해 다각도로 노력했다.

대우, 세계 최고의 원자재 메이저가 되는 꿈

특히 거래에서의 위험을 회피하기 위한 노력과 원면 관련 산업에 대한 전문성을 키우는 데 많은 노력을 기울였다. 가격변동 위험을 대비하기 위해 선물거래*를 도입하여 원면 메이저가 되기 위한 토대를 마련하였다. 다양한 거래방법과 선물을 이용한 가격 헷지, 원면학교 연수 등을 통해 인재를 키워나갔다.

우리 원면팀은 다른 계열사들과 함께 무럭무럭 성장해나갔다. 당시 대우에서도 생소한 3국 간 거래의 선두주자로서 회사 내 원자재성 제품을 취급하는 다른 부서에 노하우를 전파하기도 했다.

1993년에는 부장 1명, 차장 1명, 사원 2명으로 시작한 원면팀은 1999년 25명의 대형팀으로 성장하였고, 연간 15만 톤을 취급하면서 2억 달러의 거래실적을 올리는 등 중견 메이저로 도약하였다. 우즈베키스탄 원면을 세계 시장에 소개하면서 경공업 산

---

* 원면 농작물의 원자재는 날씨에 크게 영향을 받아 가격 변동이 크기에 선물거래가 유리하다.

업을 활성화 시키는 촉진자 역할로서도 한 몫을 다했다.

수출입 업무의 기본은 질 좋은 물건을 저렴하게 사서 높은 가격에 팔아 이윤을 남기는 것으로 원면도 다르지 않다. 우선 공급선을 확보하고 이를 바탕으로 가격 구조와 거래 방법 등의 판매전략을 수립하며 판매할 기존시장, 거래처에 더하여 신규시장을 개척하고 고객을 발굴한다. 그런데 원면은 워낙 규모가 큰 거래고 날씨에 따라 수확량이 달라지는 농산물이라 가격을 결정하는게 쉽지 않다. 따라서 가격변동 위험 회피를 위한 선물거래를 하기에 상품선물 포지션 운용 및 헷징 전략 수립도 매우 중요한 부분이다.

원면 전문가 교육의 산실 '원면학교'

수출 품목이 다양해지고 수출 시장 역시 다원화되면서 해당 상품에 대한 전문 지식을 갖추고 거래업체와 심도 있는 상담이 가능한 전문요원의 필요성이 대두되었다.

대우는 전문지식이 필요한 분야의 상품 전문가를 육성해 상사 기능을 고도화한다는 방침으로 미국 '원면학교' 프로그램에 참여할 수 있게 하였다.

'원면학교'는 미국 원면 산업의 중심지인 멤피스 로즈칼리지에서 전 세계 원면 산업에 종사하는 인원을 대상으로 미국면화협회에서 주관하는 교육연수 기관이다. 커리큘럼은 원면 마케팅, 산업이해, 가격구조, 미면보조금 정책, 선물거래 기법 등 이론 과정과 원면 품질을 선별하는 품선 실습과정으로 4주 과정이다. 순차적으로 한 명씩 원면학교에서 수업을 듣게 하였는데, 나도 이 곳에서 4주간의 과정에 참여하였다.

원면에 관한 다양한 내용의 수업을 들을 수 있었고, 세계 여러 나라의 같은 업종 종사자들과 소중한 인적 네트워크도 자연스레 맺게 되었다. 우리 원면팀에는 원면학교를 졸업한 전문가를 10여 명이나 보유하고 있었다. 이들 중에는 원면의 품질을 감정하는 '국제원면감정사' 자격증을 가진 전문가도 2명 포함돼 있었다.

이와 별도로 나는 회사에서 지원하는 미국 미시간 MBA과정을 할 수 있는 기회가 생겼다. 한창 공부 중일 때 한국의 외환위기 로 그룹해체 소식이 들려왔다. 당시 함께 공부하던 대우그룹 직원 대부분 공부를 마치지 못하고 돌아갈 것으로 생각하였다. 그러던 중에 김우중 회장께서 '과정을 모두 마칠 때까지 회사에서 지원해주겠다'고 약속하셨고, '대신 돌아와 회사를 위해 열심히 일해 달라'고 당부하셨다. 하지만 정작 한국에 돌아왔을 때 회사는 이미 뿔뿔이 흩어진 상태였다.

사라진 원면 메이저 꿈과 도전의 길에 선 후배들에게

안타깝게도 현재 우리나라에 원면 수출입을 진행하는 국내 기업은 없다. 대우 이후 여러 기업에서 시도했지만 잘되지 않았고, 이제 국내 방직회사 등은 중국 원면 메이저 기업과 거래하고 있다. 원면 수출입 초창기부터 성장기까지 함께한 대우의 원면팀도 각자 다른 비즈니스를 한 지 꽤 오래되었다.

우리가 발로 뛰며 얻고 배웠던 원면에 관한 지식과 정보, 노하

우리에겐 세계경영이 있습니다

우를 활용할 수 없는 것이 매우 아쉽다. 더욱이 한국 섬유산업의 원료공급 시장을 다른 나라 기업에 내줬다는 측면에서 국가적으로도 큰 손실이 아닐 수 없어 안타까움은 더 크게 느껴진다.

내가 입사했던 1990년대 초반, 대우는 국내 재계 3위 그룹으로 많은 대학생이 취업하기를 원하는 기업 중의 하나였다. 타 그룹과 비교해 자유롭고 도전적인 기업문화에 많은 인재가 대우로 몰렸다. 당시 막 도입된 인턴사원 제도를 통해 한 달 동안 인턴 생활을 마치고 1993년 2월에 정식사원으로 입사하였다. 지금과 달리 그 당시에는 아무 것도 모르고 입사하는 경우가 대부분이어서 업무는커녕 복사기, 팩스기 다루는 것부터 배워야 할 정도로 미숙한 상태였다. 드라마 〈미생〉의 주인공 '장그래'와 비슷한 수준이었다. 드라마에 등장한 가공의 회사인 '원인터내셔널'과 다르게 회사 분위기는 살벌하지 않았다. 선배나 상사 모두가 잘 모르면 가르쳐주었고, 항상 '한번 해봐'라는 말로 격려하는 기업문화가 있었다. 다른 기업에 다니던 친구들과 가끔 만나 회사 얘기를 하다 보면 강압적인 분위기로 입사 일 년도 안 되어 회사를 그만둔 경우도 있다고 할 정도로 우리 회사와는 확연한 차이가 있었다.

대우그룹이 해체되고 나서도 계속 상사맨으로 활동하다가 2016년에 회사를 나왔다. 지금은 비록 회사를 옮겨 다른 품목을

---

* 2014년에 tvN에서 방영한 드라마에서 주인공이 다닌 회사의 이름이 '원인터내셔널'이었고 실제 작가가 '대우무역(촬영 당시는 대우인터내셔널)'을 염두에 두었다고 하며, 서울역 앞의 대우센터를 촬영장으로 등장시켰다고 한다.

취급하고 있지만, 그때의 경험이 든든한 바탕이 되어 어디서든 자신 있게 일할 수 있는 원동력이 되고 있다.

강요에 의해 주어진 일이 아닌 자유로운 분위기에서 도전적이고 창조적인 사고가 일어날 수 있다. 개인의 역량을 최고로 끌어낼 수 있는 자유로움이야말로 대우 기업문화가 가진 독특한 색채였다. 나는 자율적이고 자유로운 분위기에서 나오는 창의적인 사고가 사업을 창조하는 원동력이 되어야 한다고 생각한다.

국가 간 경계가 희미해지고 자본에 따라 움직이는 글로벌 비즈니스가 주력인 현재, 해외시장 개척이 우리 기업의 주요 관심사가 되어야 하기에 이런 기업문화의 확산이 무산되어 더욱 아쉽게 느껴진다.

해외시장을 목표로 일하고자 하는 후배들에게 일찍 해외시장을 상대로 일한 선배로서 하고 싶은 이야기가 있다.

우선 해외시장은 수많은 난관과 장벽이 있다. 이런 난관을 뛰어넘어야 글로벌 리더가 될 수 있다.

첫째, 언어 장벽을 넘어서야 한다. 이를 위해 외국어 구사 능력과 소통 능력이 중요하므로 평소에 자기계발에 힘을 쓰며 노력해야 한다.

둘째는 문화 장벽을 넘어서야 한다. 서로 다른 문화를 이해하고 인정해야 상대방의 생각을 읽을 수 있다. 여기서 많은 비즈니스의 기회가 생길 수 있다.

마지막으로 넓은 해외시장이라는 장벽을 넘어서야 한다. 이는 오히려 기회의 장이 될 수 있다. 이런 역발상으로 해외시장의 난관을 극복하기 위해 폭넓은 시야로 바라보고 도전한다면 분명 성취의 열매와 보람을 만날 수 있을 것이다.

1995년 우즈베키스탄 대외경제성 원면 수출 담당과의 업무협의.

차백성

1951년 대구 출생, 1974년 인하공대 토목과 졸업, 육군 공병 소위 임관(학군 12), 만기 전역, 1976년 7월 그룹공채 8기 입사. 수단, 나이지리아, 리비아 등 아프리카에서 십여 년 근무 후 2000년 상무로 퇴임하였다.

현재는 자전거 여행 작가. 경찰대 외래교수. 국제 P. E. N 한국본부 회원이다. 어린 시절 품었던 자전거 세계 여행의 꿈을 위해, 상무 때 회사를 떠났다. 지금까지 33개국을 여행했고, 자전거 주행 거리는 약 5만km에 이른다.

대우맨 시절의 모토 '세상은 넓고 할 일은 많다'에서 지금은 '세상은 넓고 갈 곳은 많다'로 인생항로를 수정했다. 그는 자전거 여행을 우리 '삶의 축약판'이라 규정하고 뜨거운 열정으로 도전한다. 매 여행마다 자신만의 인문학적 관점으로 담아낸 테마가 있는 여행담은 실제 여행보다 더 재미있다.

『아메리카로드』,『재팬로드』,『유럽로드』등 세 권의 단행본을 냈고, 러시아, 발틱국 등 북유럽 기행기를 준비하고 있다.

| 수단 | ⋯⋯⋯⋯⋯⋯⋯⋯⋯⋯⋯⋯⋯⋯⋯⋯⋯⋯⋯⋯⋯⋯⋯⋯⋯⋯⋯⋯⋯⋯⋯⋯⋯⋯⋯

오지에서 만들어낸
나일강과 홍해의 기적

: 대우건설, 북아프리카 수단 영빈관과 타이어 공장

수단 대통령이 찬사와 감사를 보낸
두 번의 기적 같은 이야기

영화 〈러브레터〉로 친숙한 일본의 오타루는 삿포로에서 자전
기로 히루 기리다.

이른 새벽 출발해 점심나절에 오타루에 진입했다. 시내를 돌
아보고 다시 삿포로에 돌아와 '북의 땅끝마을'이라는 왓카나이로
향할 계획을 세웠다. 그곳엔 1983년 대한항공 007편 피격으로 숨진
분들의 위령비가 서있다. 냉전의 희생자 269명의 넋을 위로하고
일본여행을 마무리하기로 했다.

홋카이도 개발이 한창일 때 오타루는 큰 무역항이었다. 은행
과 해운업, 창고업 등이 번성하여 '일본의 월스트리트'라고 불
렸다. 여기에 온 이유는 영화에 감동받아서가 아니다. 세계 유

수 해운회사 '니폰유센日本郵船'의 과거 오타루 사옥이 있기 때문이다. 아! 니폰유센… 그리고 포트수단Port Sudan… 생각은 멀리 수단으로 날아갔다. 이제는 '어제 내린 눈'이 되었지만, 열정을 바쳐 일하던 젊은 날의 추억을 이곳에서 반추하고 싶었다.

역발상의 지혜

나는 1976년 7월, 토목 기술직으로 대우개발(대우건설의 전신)에 입사했다. 대우개발로서는 첫 공개 채용이었다. 입사 후 채 일 년이 안 될 무렵, 그것도 선발대로 해외 근무를 발령받았다.

건설 현장은 북아프리카 수단Sudan의 카르툼Khartoum. 에티오피아에서 발원한 청나일강과 탄자니아에서 유장한 흐름을 이어온 백나일강이 합류하는 '양수리'에 수단 영빈관을 짓는 공사였다. 규모는 지상 12층, 지하 1층에 200객실로 종합건축사무소 '공간'의 건축가 김수근 대표가 설계했다. 공사 기간은 1977년 7월부터 1980년 5월까지였다.

지구상에서 가장 더운 수도로 알려진 카르툼. 그곳의 여름철 평균 기온이 섭씨 42도. 그 혹서를 과연 견뎌낼 수 있을까? 일보다 더 심각한 나의 고민이었다. 그때 노르웨이의 탐험가 아문센을 떠올렸다. 나의 유년 시절 멘토였기 때문이다. 아문센은 남극 탐험을 앞두고 오슬로 집에서 '겨우내 창문을 열고 팬티만 입고 잤다'고 한다. 영하 50도의 혹한 대비 훈련이었다.

나는 역발상으로 서울에서 그해 여름 내내 겨울 내복을 입고 출퇴근했다. 부임 무렵 '사람이 이상해졌다, 독하다' 등의 소문이

돌았지만 '그들이 내 인생 대신 살아주는 건 아니니까…'라며 신경 쓰지 않았다.

지금도 나는 해외 장거리 여행을 준비할 때마다, 당시 수단 출국을 앞둔 '여름 내복'의 마음가짐으로 되돌아간다. 그래야만 힘든 여행에서 소기의 목적을 거두고 귀국할 수 있기 때문이다.

사소한 것 하나라도 소홀함이 없는 준비 정신은 회사 생활에서 체득했다.

호기심은 내 삶의 원동력

그땐 수단이라는 나라에 대한 정보가 거의 없었다. 내 친구들이 "그곳은 '수단手段'이 좋아야 살아남을 걸!" 하고 농담을 걸면 "화이트나일강의 물 색깔이 진짜 하얀지, 블루나일이 정말 푸른지 알고 싶지?" 하고 맞받아쳤다.

나는 학창시절 성적도 별로 안 좋았고, 결점이 많았지만 장점도 하나 있다. 그것은 매사에 호기심이 많다는 것이었다. '이걸 바꾸면 좀 더 신나고 재미나게 할 수 있을까?' '앞으로 세상은 어떻게 변화할까?' '아프리카는 과연 어떻게 존재하며 그곳에 사는 사람들은 어떻게 살고 있을까?' 이런 생각이 가득했다.

한 번뿐인 인생을 멋지게 살라고 창조자가 내게 준 선물이 호기심이고, 그것은 내 삶에 원동력이 될 것이라 믿었다.

어쨌든 걱정은 머리 한가득. 망설임 끝에 당시 한국의 배낭여행 선구자인 세종대학교의 김찬삼 교수에게 전화로 문의했다. "내 2차 세계여행기를 잘 읽어보세요. 카이로에서 남쪽으로 내려와 아스완을 지나 와디할파Wadi-Halfa로 입국, 카르툼으로 갔습니다. 그곳은 말라리아가 창궐하니 모기약을 충분히 챙겨가세요"라며 충고를 해주었다. 웃지 못할 추억으로 그의 말을 듣고 'F-킬*'라는 국내 유명 분무식 살충제 24개들이 한 박스를 힘들게 가져갔으나, 현지 약국엔 좋은 영국제 제품이 수두룩하게 있었다.

수단은 'I. B. M' 보유국?

드디어 나는 서울을 떠나 비행기로 카르툼에 도착했다.

'신이 버린 땅'으로 불렸던 수단은 그 당시 가진 것이라고는 사막 모래바람, 말라리아 모기, 그리고 가난뿐이었다. 넓이는 한반도 면적의 8배지만 생활 수준은 아프리카에서도 바닥권이었다. 나라가 쪼개지기 전에도 지금의 남수단인 남부인들과의 인종, 종교, 부존자원의 갈등으로 치안도 불안했다.

이집트와 마찬가지로 영토는 아프리카 지역에 있지만 사우디아라비아와 더불어 '회교 모범국'이었다. 종교적 신념으로 어렵고 힘든 이승보다 알라의 품에 안기는 저승을 지향했다. 그래서인지 인간사 모든 것을 아랍어 '인샬라(Inshalla, 신의 뜻)'로 돌렸다.

그러니 참 일하기 어려웠다. 공무원이나 개인회사 가리지 않고 같이 일을 도모하려고 하면 '인샬라', '부크라'(Bukra, 내일), '말레이시'(Maleisi, 미안)라는 세 마디가 그들의 입에 붙어 있을 정도였다. 그래서 나는 수단을 인샬라, 부크라, 말레이시의 앞글자를 따서 'I. B. M국'이라 명명했다.

우리에겐 세계경영이 있습니다

복병, 누비아 사막

나의 담당업무는 내자와 외자 조달이었다. 내자라곤 모래와 자갈밖에 없으니 대부분 외자였다. 3만 톤 정도로 추정되는 전체 물동량을 들여오려면 홍해Red Sea에 있는 유일한 항구도시 포트수단을 통하는 수밖에 없다.

그러니 생소한 해운실무와 통관, 수송업무를 익혀야만 했다. 특히 공정의 우선순위에 따른 수송이 중요했다. 공사 현장은 카르툼이었지만, 나는 포트수단과 카르툼 두 곳을 수시로 왕래하며 업무를 수행했다.

포트수단 항은 1956년 독립 이후 한 번도 수리하지 않아, 하역시설이 매우 낙후된 상태였다. 생필품을 실은 선박이라도 접안을 하려면 외항에 닻을 내리고 순서에 의해 한두 달 기다리는 것은 다반사였다. 철도 역시 협궤에다 낡았고, 그나마 부족한 화차貨車는 배당받기 힘들뿐더러, 약속 날짜 도착을 기약할 수 없었다. 사싸스로 선식船帆을 일어 하역된 공시용 지제들은 카르툼 공사 현장까지 1,650km를 도로 수송해야만 했다. 이는 서울-부산 간 세 배가 넘는 거리다.

이뿐만이 아니다. 중간에 500km 정도의 복병, 누비아 사막을 통과해야만 했다. 대부분이 비포장이고 간혹 오는 비에 도로가 수렁으로 변하면 며칠씩 통행도 불가능했다.

'수박 라면'의 추억

국산 기자재를 선적한 '코리아 서플라이Korea Supplies' 한 배가 도착하면 나는 일명 '로리'라고 불리는 20톤 트럭 10~15대 정도를 준비했다. 거기에 나누어 싣고 수송단을 만들어 카르툼을 향해 길을 떠났다. 루트는 포트수단–스와킨–하이야–카살라–알 가다리프–와드메다니–카르툼이었다. 기간은 보통 닷새 정도 걸렸다.

트럭 한 대당 기사와 한두 명의 조수가 따라붙었다. 나는 밤에 순서대로 돌아가며 불침번 및 보초를 서게 했다. '대원'들이 30여 명 되었으니, 과거 초급장교로 군 복무 시절 소대장 하듯 수송단을 이끌었다. 마치 '아라비아의 로렌스'라도 된 기분이었다. 하지만 자재 파손과 도난에 한시도 마음이 편치 않았다. 그래서 나는 늘 마지막 차에 탑승했다. 잠은 트럭 안에서 잤다. 운전석과 조수석 위에 접이식 간이침대와 모포를 깔면 다리는 겨우 뻗을 수 있었다.

한낮 이글거리던 태양이 사라지면, 얼음이 얼 정도는 아니었지만 대지는 싸늘하게 식어 군데군데 모닥불을 피워야만 했다. 식사는 주로 바나나와 망고, 말린 대추야자 그리고 '에시'라 불리는 현지 빵이었다.

특히 이동하면서 식수가 큰 문제였다. 말만 멋진 오아시스란 곳의 흙탕물은 낙타와 양과 인간이 공존하는 곳. 아무리 목이 말라도 이 물은 목구멍에 넘어가지 않았다. '특식'은 배에서 구한 라면이 전부다. 끓일 물조차 마땅치 않을 땐, 큰 수박을 잘라 부셔서 물을 짜냈다. '뻐띠흐'라고 불리는 현지 수박은 럭비공처럼 생겼지만, 사막에서 키운 것이라 당도는 높았다. 어쨌든 내가 지은 이름 '수박 라면' 아마도 한국에서 이렇게 라면을 끓여 먹는 사람은 거의 없을 것이다. 맛은 이 글을 읽는 여러분의 상상에 맡기겠다.

잊지 못할 사막의 별 밤

현지인들과 며칠 밤낮을 같이 지내다 보면 금세 정이 든다. '작은 일'은 같이 해결할 때도 있었다. 이들은 모두가 남자이지만 앉아서 소변을 본다. 잔뇨殘尿를 마지막 한 방울까지 뜨거운 사막 모래에 비벼 처리했다. 그들에겐 극히 자연스러운 일이지만 나에게는 큰 문화적 충격이었다.

또 다른 웃지 못할 에피소드도 떠오른다. 길이 멀고 단조로워 무료할 때는 기사와 나는 번갈아 운전대를 잡았다. 그러던 어느 날, 기사는 트럭을 길옆에 세우고는 '큰 일'을 보겠다며 사막 쪽으로 잠깐 사라졌다. 그때 번뜩 의문이 떠올랐다. '지 친구가 분명 휴지가 없을 텐데…'

잠시 후 그가 돌아오자 지체하지 않고 물었다. "어떻게 처리했지?" 그는 아무 일도 아니라는 듯 '왼손가락 두 개를 까닥까닥' 흔들어댔다. 그 후부터 나는 절대 운전대를 잡지 않았다.

누비아 사막에서는 난생 처음 신기루 현상을 목격했다. 주변이 지평선인 도로 저 멀리 소실점이 물에 뜬 것처럼 찰랑거렸다. 트럭은 원의 중심을 향해 가도 가도 제자리에서 맴도는 것만 같았다. 황혼 무렵, 지평선으로 사라지는 붉은 태양은 장엄했다.

이어 나타나 반짝이는 무수한 별, 광대무변한 사막의 별밤은 아직도 뇌리에 남아 있다. 긴 포물선을 그리며 쉼 없이 떨어지는 유성을 보며 그리운 이들의 얼굴을 하나씩 떠올렸다.

대우주의 미아, 지구의 고독을 절감했다.

나의 이름은 '모하멧 이브라임 마무드'

공사자재를 적기에 현장에 반입하는 것은 프로젝트의 성패를 좌우한다. 자재가 떨어져 공사가 중단된다면 그것은 분명 나의 책임이었다. 모든 조건이 열악했다.

그러나 대우인이 누구인가! 영빈관 공사 자재를 싣고 온 한국 배들은 기다림 없이 부두에 접안하여 자재를 부려두고 떠났다. 그전까지는 일본 유수의 선박회사인 니폰유센의 독무대였다. 그러나 우리에게 접안 순위가 밀렸으니 경영진은 당황했다. 외항에서 기다리는 동안의 체선료가 엄청난 금액이었기 때문이었다.

사우디아라비아에 주재하는 니폰유센의 중동 본부장이 도쿄 본사의 명령을 받고 포트수단에 급파되었다. 그가 포트수단 항만청장 알리 말리크Ali Malik 씨를 면회하니 "꼬리아 제노비아, 쎄리카 대우(남한의 대우)에서 온 '모하멧 이브라임 마무드' 씨를 만나보시오"라고 했다는 것이었다.

그는 내가 장기 체류하는 포트수단의 레드씨호텔Red Sea Hotel에

---

* 수단인의 이름은 할아버지, 아버지, 자신의 이름, 이렇게 세 개로 구성된다. 보통 자신의 이름만 쓰지만, 워낙 동명(同名)이 많아, 아버지 이름 하나를 더 쓰기도 한다.

우리에겐 세계경영이 있습니다

찾아왔다. 그는 나에게 '접안의 비결'을 알려달라고 하였다. 나는 "비결은 없다. 다만 몇 가지 '내가 살아가는 방식'은 말해 줄 수 있다"고 했다. 그리고 "숫자와 요일, 음식 이름 등은 물론 상용 단어를 하루에 10개씩 외운다. 수단인들의 길고 다정한 '인사예절'에 대해서 익숙해져야 한다. 가장 중요한 것은 이들 삶에 근간이 되는 종교, 이슬람에 대해 마음을 연다"였다. 당시 나눈 대화가 니폰유센 기업 사보에 '수단인과 친구가 되라'라는 제목의 기사로 게재되었다. 그 내용은 다음과 같다.

"내가 담당하는 일을 원활히 수행하기 위해서 스스로 '수단화Sudanization'되는 길밖에 없다고 판단했다. 우선 나의 이름은 '미스터 차'가 아닌 '모하멧 이브라임 마무드'이다. 그리고 나의 종교는 이슬람교다.

이슬람의 5대 계율인 첫째, 코란(Koran, 경전 암송). 둘째, 쌀라(Praying, 기도, 하루 5회 메카를 향해 절). 셋째, 라마단(Ramadan, 금식월, 일 년에 한 달 해 떠 있는 동안 금식). 넷째, 핫지(Pilgrimage, 순례, 평생에 한 번 예언자 모하멧의 고향 방문). 다섯째, 안나카림(Donation, 적선, 있는 자는 없는 자를 도와야 함) 등을 행하려고 노력한다.

머리에는 '엠마(작은 아랍식 모자)'를 쓰고 터번을 두른다. 그리고 '젤라비아'란 흰색 전통의상을 입고 거리를 다닌다. 금요일이면 모스크에 가 영어판 코란을 들고 예배를 본다. 식사도 맨손(오른손)으로 하고 소변도 앉아서 해결한다.

한국식으로 그들의 애경사에 전부 참석한다. 수단인의 기본 사고방식은 '사막에서 길을 헤매는 사람에게 물을 주지 않으면 살인자다'라는 생각이 지배적이다. 이렇게 본성이 순박하지만 자존심이 강해 사귀기는 어렵다. 그러나 일단 '싸디크(친구)'가 되면 어떤 어려움도 요청 시 도와준다."

말라리아 VS 교통사고

카르툼의 여름, 공사 현장은 수시로 사막 모래 열풍이 몰아쳤다. '하붑haboob'이라 불리는 뜨거운 황사 바람이 태양을 가려 대낮에도 차량은 라이트를 켜야만 했다. 먼지는 눈, 코, 귀까지 들어왔고 입안에도 모래가 지글거렸다.

더 무서운 것은 풍토병, 말라리아였다. 이 나라 모기는 야행성이 아니고 24시간 시도 때도 없이 물어대니 '말라리아 왕국'이라 할 만했다. 한번 걸리면 구토와 설사, 고열로 2주 정도 고생이 막심하였다. 말라리아 발병 원인은 바이러스가 아닌 원충原蟲이다. 이 원충이 분열할 때 고열이 난다. 불운하게도 혈관을 타고 뇌로 가면 바로 사망이다. 특효약은 예방이나 치료에 공히 키니네quinine 한 가지뿐이다. 그런데 이 키니네는 간세포를 파괴하는 독성물질이다. 먹을 수도 안 먹을 수도 없는 진퇴양난의 순간이다.

그래도 말라리아에 걸리면 서서히 목숨을 잃지만, 단시간에 사람을 죽이는 '죽음의 신'이 일상에 도사리고 있었다. 바로 교통사고다. 평범한 교통사고라도 의료시설 미비로 죽어간 경우를 나는 여러 번 지켜보았다. 애통한 죽음이었다. 대형병원에 냉동실이 없다. 시신에 파리가 들끓었다. 한국이었다면 분명히 살 수 있는 사람들이었다.

젊은 사람들에게 '꼰대'라 불리는 나의 세대는 중동에서, 아프리카에서 1970년대, 1980년대를 이렇게 살아왔다.

사라진 돼지

공사 현장은 한낮에 40도가 넘는 살인적인 더위였다. 철근 작업을 할 때는 방염 장갑을 끼어도 화상 환자가 속출할 정도였다. 한국인 근로자가 150여 명 되었는데, 공사의 속도나 질을 좌우하는 것은 이들의 식사였다. 더위에 모두 축축 처지고 식욕을 잃었다. 쌀과 조미료 등은 한국에서 왔지만, 다른 부식은 다 현지에서 조달했다. 현지 소고기는 영 맛이 없었고, 양고기 역시 노린내가 난다며 외면당했다. 이들이 원하는 것은 목구멍에 쌓인 먼지를 녹여낼 기름 짜르르 흐르는 삼겹살이나 고추장 제육볶음 등이었다. 하지만 이 땅에서 이것을 바란다면 연목구어緣木求魚란 말이 딱 들어맞는 경우였다. 돼지고기와 비늘 없는 생선은 이슬람국가에서 금기 1순위 아닌가!

그래도 간절히 원하면 이루어지는 법. 스페인 선교사가 카르툼 외곽에 돼지를 키운다는 소식을 듣고는 몇몇 직원들이 물어물어 찾아갔다. 이들의 간청으로 새끼 돼지 두 마리를 얻는 데 성공, 모두들 쾌재를 불렀다. 그러나 현지인, 특히 공사감독인 수단 관리에게 알려질까봐 마음을 졸였다. 그래서 나일강가 외진곳에 허름한 돼지우리를 만들었다. 풍부한 잔반으로 당번까지 정해 금지옥엽 정성을 다하니 돼지는 하루가 다르게 커갔다.

모두 꿈에 부풀어있던 어느 날 아침, 돼지들이 홀연히 사라지고 없었다. 이상한 흔적을 남기고…. 급히 여러 사람이 현장으로 달려가 수소문을 했었다. 내린 결론은 하나, 나일강에 사는 악어들의 소행이었던 것이다.

이상한 흔적이란 돼지의 사투를 건 저항의 징표였다. 공사 현장에서 가능하면 멀리 둔다고 강 가까운 둔덕에 우리를 만든 것이 실수였다. 며칠 전부터 악어 한두 마리가 수면 위로 머리를 들었다 사라지곤 했다는 것이다. 강 하류에 사는 녀석들이 냄새를 맡고 정찰 차 온 것이었다. 다시 세력을 규합해 원정까지 와서 해뜨기 전에 허술한 돼지우리를 덮쳐 강으로 물고 간 것이다. 악어는 최소 두 마리 이상이라 추측했다.

입맛만 다시던 우리는 황망했지만, 그 녀석들은 '나일강의 선물'이 아닌 '대우의 선물'로 착각, 우리 대신 멋진 회식을 즐겼을 것이다. 요즘도 나는 TV 야생동물 프로에서 악어가 나오면, 그때의 황당했던 추억을 떠올리면서 아련한 향수에 젖는다.

아프리카 최초의 타이어 공장

대양과 대륙을 거쳐 온 자재로 영빈관 공사는 착착 진행되어 갔다.

공사 현장에서부터 청나일강 건너편으로 수단 대통령 집무실이 있었다. 청나일은 강폭이 좁아 육안으로도 공사 진척을 볼 수 있었다. 타워 크레인으로 매일 한 층씩 골조를 올리는 것을 본 대통령 및 각료들은 "대우인은 기적을 만드는 매지션magician!"이라며 칭찬을 아끼지 않았다.

이에 힘입어 대우는 포트수단에 'ITMD*'라는 타이어공장 건설공사를 수주했다. 1979년 1월이었다. 우리나라 건국 사상 최초의 플랜트 수출이었다. 당시 우리나라 효자 수출품 1등은 타이어였다. 회사는 입지조건이 탁월한 이곳에 아예 공장을 지어 수단은 물론 아프리카 전역에 공급키로 계획했다. 공장 건설에서 생산, 운영, 판매까지 소위 '턴키Turnkey 방식'으로 대우가 맡았다. 물론 원부자재 공급도 포함이었다. 공사 금액은 수단 영빈관의 네 배가 넘는 거금 8천 800만 달러. 홍해의 물을 끌어와 용수로 쓰는 담수화 플랜트를 만드는 등 최신 설비를 갖추었다. 아프리카 땅 최초의 초현대식 타이어공장이었다.

나는 현지인 파트너인 '모하멧 압두라보'로부터 공사부지의 레이아웃, 도면을 받고 실시 측량작업에 들어갔다. 영빈관 공사 과장 한 분이 이곳으로 파견되어 같이 작업을 마쳤다. 폭양이 내리쬐는 바닷가에서의 측량작업에 얼굴이 갓 캐낸 고구마 색깔로 변했다.

물 색깔이 아름답기로 유명한 홍해는 형형색색의 산호가 깔려 있다. 또한 염도가 높아 어족이 다양하다. 이렇게 멋진 바다를 편히 한번 감상할 수 없을 정도로 시간적인 여유가 없었다. 나는 영빈관 공사와 마찬가지로 타이어 공사 본진이 오기 전까지 선발대로서 준비 작업에 소홀함이 없었다.

---

* ITMD: 대우가 만든 타이어공장의 이름이다. International Tire Maufacturing & Distribution의 약자이다.

드디어 기공식 날이 왔다. 그런데 그날의 기억은 너무 끔찍해서 지금도 머릿속에서 지워지지 않는다.

수단 대통령을 비롯해 지역유지, 본사 임직원들이 초청되었다. 수많은 '관객'들도 운집했다. 아마도 포트수단이란 도시가 생기고 최대의 이벤트였을 것이다. 나는 식장에 마련된 연단 부근에 있었다.

행사 시작 직전, 한 건장한 수단 사람이 큰 황소를 한 마리 끌고 내 옆에 왔다. 그리고는 소의 앞, 뒷다리를 꽁꽁 묶더니 땅에 박아놓은 쇠말뚝에 결박했다. 그의 뜻밖의 행동에 나는 의아한 생각이 들었다. 하지만 '잔칫날이니 행사가 끝나면 잡아서 나누어 먹는 것' 정도로 흘려버렸다.

드디어 이날의 최고 귀빈, 누메이리 대통령 차량이 식장에 도착했다.

그때 소를 끌고 온 사람이 허리춤에서 큰 칼을 빼더니 누워 있는 소의 목을 힘차게 찔렀다. 붉은 피가 분수처럼 뿜어져 나와 주위의 땅을 흥건히 적셨다. 소는 비명을 지르며 마지막 경련으로 몸부림쳤다. 끔찍한 광경이었다.

그때였다. 선혈 위를 누메이리 대통령이 힘차게 뛰어넘자 참석한 내빈들이 일제히 기립박수를 보냈다. 이 의식의 주인인 대통령을 위한 박수이자, 행사 축하를 위한 '피의 의식'이었다. 밤샘 기공식 준비의 피로감과 비릿한 피 냄새로 머리는 혼미했다. 하지만 대통령의 연설 중 우리를 언급한 바로 이 대목은 모든 것을 날려버릴 정도로 뿌듯한 자부심을 안겨주었다.

"대우가 카르툼 영빈관으로 '나일강의 기적'을 시작했듯이, 이제 타이어공장도 '홍해의 기적'을 보여줄 것을 확신한다."

1979년 대우는 '새한버드'란 브랜드로 소형차 2,000대를 수출했다. 그중 한 대를 필자가 몰고 포트수단을 출발해 1650km를 달려 카르툼 딜러에게 전달했다. 수단 신문에 대서특필되었고 차는 인기리에 팔려나갔다.

유재활

서울 출생. 경기중고등학교, 한양대학교 공과대학 원자력공학과, 연세대학교 경영대학원을 졸업했다. 1983년 대우전자에 입사해 대우전자 인천과 광주 공장에서 근무하였으며, 대우전자프랑스 전자레인지 생산법인장, 세탁기 사업부장, 필코아르헨티나 종합가전 법인장을 거쳐 대우전자서비스 대표이사 등을 역임했다. 이후 오리온 PDP, OLED 대표이사를 거쳐 현재 글로벌 물류 기업 (주)범주티엘에스 대표이사다.

| 프랑스 | ···

기술력 앞세운 혁신 경영으로
유럽 전자레인지 시장을 달구다

: 대우전자, DEF 전자레인지 공장

···

알퐁스 도데 〈마지막 수업〉의 배경이 된 알자스 로렌 지방의
실업을 해결하며 세계 경영의 밑거름이 되다

'백색 가전산업은 이제 한국에서 끝났다'

1990년대 말에 등장했던 가전부문에 대한 표현 중의 하나로
실제는 완전히 거짓말이 되어버린 말이다. 이는 '조선산업은 이
제 한국에서는 한계에 달했다. 더는 어렵다'라는 말과 같은 시대
에 등장했던 말이다. 그러나 지금도 숱한 곡절을 겪으며 화려하
게 살아 있는 산업분야이다. 이 말은 한국의 IMF 외환위기 때 대
우그룹을 경쟁력 없는 그룹으로 폄훼하기 위해 사용되었던 말이
기도 했다.

'백색가전', 요즘은 듣기 쉽지 않은 단어이지만 말 그대로 흰색
으로 된 가전제품이란 뜻이다. 과거 이 분야 최고의 회사인 GE

사가 냉장고·세탁기·에어컨·전자레인지 등은 백색으로 통일하고, TV 등 오디오·비디오 제품은 갈색으로 통일하면서 굳어진 용어이다. 특히 냉장고나 세탁기는 제품 특성상 청결한 이미지를 강조해야 한다는 점 때문에 제품 개발 초기부터 흰색을 즐겨 써 왔는데, 이로 인해 붙여진 이름이다. 그러나 21세기 들어서면서 가전제품의 색상은 검정, 빨강 등 점차 다양화된다.

나는 가전제품이 폭발적으로 성장했던 시기인 1983년에 대우전자에 입사하여 2010년 오리온PDP를 떠날 때까지 약 30여 년 동안 냉장고, 세탁기, 전자레인지, PDP, OLED 등의 다양한 제품에 관여했었다.

업무 분야로는 생산 및 품질관리로 시작하여 프랑스에 설립된 전자레인지 생산공장을 총괄했고, 세탁기사업부에서는 공기방울 세탁기 공급, 대우전자서비스(주)에서 A/S 분야, 그리고 오리온 PDP, OLED에서 전문경영인으로 활동할 때까지 거의 모든 분야에서 일을 해 보았다. 30년의 직장생활에서 대우그룹의 대표적인 가전제품을 두루 경험한 것이다.

그중에 크게 기억에 남는 일은 세계 최초로 '공기방울 세탁기'라는 당대 최고의 가전을 개발, 생산해 주목을 받았던 일이고, 프랑스 로렌에서 전자레인지 생산법인 대표를 했던 4년간의 시간이다.

당시 세계 최고 수준의 선진국이라는 프랑스에서 후발 신흥국인 한국의 기업 '대우'라는 이름을 현지에 각인시키는 데 한몫을 했다. 그리고 연간 23만 대 생산하던 공장을 140만 대 생산이 가

우리에겐 세계경영이 있습니다

능한 유럽 최대 전자레인지 공장으로 발전시켰다. 개인적으로 세계경영을 외치던 대우그룹의 해외투자 성공사례 1호로 선정되는 영광까지 안게 되었다.

한국 최초, 대우그룹 해외투자

1993년 2월 나는 설렘과 두려운 마음을 동시에 느끼며 대우전자 파리법인장인 이성 부장과 함께 파리에 도착하였다. 다시 기차를 타고 로렌으로 가는 두 시간 동안 여러 가지 생각이 교차하였다.

지난 1987년 대우가 프랑스와 합작해 만든 '대우전자 프랑스(DAEWOO Electronics France S. A 이하 DEF)'는 전자레인지 생산법인으로, 나는 생산공장의 법인장을 맡아 이곳에 부임한 것이었다.

대우전자 프랑스는 1987년에 프랑스 정부의 전폭적인 지원으로 설립한 1천 8백 평 규모의 전자레인지 생산공장으로, 당시 조립라인 2곳에서 연간 23만 대, 하루 8백 대 정도를 생산 중이었다.

프랑스에 대우가 전자레인지 공장을 짓게 된 것은 로렌 지방의 자연환경과 독특한 역사와 무관하지 않다. 로렌은 알퐁스 도데의 〈마지막 수업〉으로 잘 알려진 알자스 로렌이다. 풍부한 철광산지에다 독일과 접경지역이어서 바로 그 양국 간 분쟁이 끊이지 않았던 곳. 이 〈마지막 수업〉은 비스마르크가 독일을 통일한 후 1870년에 발발한 보불전쟁에서 프랑스가 패하면서 독일의 지배를 받게 된 때를 배경으로 한 작품이다.

대우의 전자레인지 공장이 있던 롱위는 프랑스 로렌 지방 주요 도시 중 하나로 벨기에와 룩셈부르크의 국경지대에 위치해 있다. 오래전부터 서유럽의 철강과 석탄 생산을 해오던 곳으로, 활발한 경제활동이 전개되었던 지역이다.

그러나 1969년 철강노동자들의 장기파업과 노사문제 및 경영난 등으로 이 지역 제철소가 연달아 문을 닫게 되고 대규모의 실업이 발생하였다. 이를 해결하고자 프랑스 정부는 롱위에 기업투자를 유치하고자 다양한 투자 인센티브 제도를 시행하였다. 공장부지와 공장건설 비용을 거의 무상으로 제공하고 상당한 보조금을 지급할 뿐 아니라, 현지 금융기관을 통한 금융지원과 세제 우대 조치까지 포함하고 있었다.

이에 대우는 김우중 회장의 지시로 1987년부터 합작 법인(대우 지분 51%) DEF DEAWOO ELECTRONICS FRANCE를 설립하고자 프랑스 정부의 사업승인을 획득하여 롱위에 공장 부지 20,000㎡를 확보하고 여기에 6,000㎡ 규모의 공장을 건설하였다. 필요한 자금은 프랑스 정부에서 부담하였고 대우는 공장건설이 완료된 후 공장 부지 및 건물을 1프랑(당시 1프랑=150원)에 거의 무상 수준으로 인수하였다.

1987년 대우는 이 공장에 조립라인 2개를 설치하고 SKD 방식*Semi-Knock-Down으로 생산을 시작하였다. 이후 SKD 방식에서

---

* SKD 조립방식: 부품을 제외한 일부 구성품이나 결합체가 조립된 상태로 포장되어 선적, 운반되어 현지 공장에서 전체적으로 조립이 이루어지는 방식이다. 흔히 반 조립 생산방식이라 부른다. 여기서 KD(Knock Down)이란 분해, 분리의 뜻으로 CBU(Complete Bulit Unit)에 따라 CKD, SKD, DKD으로 구분한다.

우리에겐 세계경영이 있습니다

CKDComplete-Knock-Down 방식으로 전환하였다.

완전 조립 생산방식인 CKD는 부품들을 그대로 수출하여 현지 공장에서 조립하는 방식이다. CKD의 장점은 한국에서 대부분을 완성품으로 수출하는 것보다 현지의 값싼 노동력을 이용할 수 있고 관세가 싸서 가격 경쟁력을 가질 수 있다는 것이다. 2개 조립 라인 모두 한국 광주공장과 동일한 사양을 적용하여 Heat-run** 방식의 110m 라인을 적용하였다. 이 초기 단계의 CKD 생산방식으로 1991년 초부터 생산을 시작하여 조립라인을 통해 1992년에는 연간 22만 대까지 생산을 늘렸다.

한편 CKD 생산방식을 위해 프레스, 용접, 도장 등의 제조 공정을 위한 설비 투자도 병행하였는데, 필요한 자금은 프랑스 정부가 저리로 융자하여 주었다.

반덤핑 제재에 맞선 공장 증설과 대대적인 리모델링

그러나 영업과 판매가 잘되면 누군가 감시하며 시비를 걸게 되어 있다. 수출이 잘되면 해당 국가는 늘 반덤핑이라는 카드를 내놓는다. 우리의 전자레인지도 예외가 아니었다. 유럽에서 전자레인지 판매 때, 혹시 덤핑으로 판매하는 것은 아닌지에 대해 한국과 중국 등 아시아국가에 대한 조사가 시작되었다. 이에 대비하여 1994년에 장기형 본부장의 승인을 받아 공장을 증설하기로

** Heat run: 자체 발열하는 부품을 실제 사용 상태에서 운전하여 온도 상승, 신뢰도, 안정성 등을 확인하는 시험.

결정하였다. 기존의 공장을 2라인에서 5라인으로 늘리며 공장부지는 2.5배(50,000㎡), 공장건물은 4배(23,000㎡)로 늘리기로 하고 한국의 본사와 광주공장, DEF직원들로 프로젝트팀을 구성하였다.

증설 프로젝트를 추진하면서 프랑스정부의 인센티브 제도를 활용했다. 국토개발청 관리들과 수차례에 걸쳐 협상을 하고 대우에 우호적이고 업무추진이 적극적인 국토개발청 로렌 지방 공무원과 파리의 중앙 정부까지 함께 가서 설득하면서 저리 자금을 포함한 여러 지원을 받을 수 있었다.

생산 기간 중에 공장을 증설해야 하는 것은 어려움이 많았다. 공장의 규모를 4배로 증설하려니 기존의 공장에 붙여서 3배의 확장 공사를 해야 했다. 공사기간은 직원들이 여름휴가를 떠나 공장이 비는 3주간 전광석화같이 진행을 해야만 했다.

그 작업의 내용을 한번 정리해 본다. 모두가 불가능하다는 것을 해냈기 때문이다.

❖ 일단 작업 공정 설계과정에서부터 건축설계 엔지니어와 회사와의 치밀한 소통이 필요했다. 부분별 시공 협력업체 선정은 엔지니어링사가 3개의 복수 견적을 준비해오면 DEF가 그중 한 곳을 선정해서 공사 완료 후 대금 지불도 협력업체로 직접 지급하도록 하였다. 프랑스 건설업체는 하이빔 판넬 등을 미리 설계대로 준비해 와서 현장에서는 크레인 등을 이용한 조립방식으로 하여 생산성도 높이고 공기가 빠르게 진행되도록 준비하였다.

❖ 우선 공사 기간 중의 안전문제가 중요했다. 특히 기존의 생산공장이 가

우리에겐 세계경영이 있습니다

동되어 직원들의 활동이 있는 기간도 있기 때문이다. 현지 설계 엔지니어링사와 수차례의 회의와 수정을 거쳐 설계도를 완성하였다. 안전을 고려하여 물류 시스템이 가동되는 구역과 직원들 동선인 출퇴근, 주차 구역을 완전히 분리하였다. 공장의 왼쪽을 직원들 주차장으로 하고, 오른쪽과 뒤쪽은 자재와 완제품이 이동하는 상하차上下車 트럭킹Trucking코스와 독Dock을 설치하였다. 트럭 이동코스에는 사고 예방을 위한 안전 신호등까지 설치하였다.

❖ 모든 자재와 완제품은 독Dock 시스템을 통해 상하차함으로써 물류 흐름과 관리 인력을 최소화할 수 있도록 하였고, 기존의 공장은 자재 창고로 바꾸면서 전면에도 독을 설치하였다. 공장 입구와 독이 같이 있어 외관상으로는 깔끔하지 못했지만, 기능상으로는 훌륭한 역할을 하였다. 김우중 회장 공장 방문 시 상기 내용을 보고 드렸더니 공장은 효율이 중요하다고 강조하며 흔쾌히 인정하시어 기분이 좋았다. 전면과 우측면에서 자재 공급을, 중앙에는 생산, 뒤쪽은 완제품 창고를 배치하고 완제품 출하용 독 4개를 설치히였다. 동시에 4개의 컨테이너 저입Stuffing이 가능하도록 하여 대량 생산, 출하에 대비하고 물류는 앞에서 뒤로 흐르도록 배치하였다.

❖ 기존의 지원시설들은 활용해야 하는데 디자인이나 사양이 오래된 것이라 새로운 공장 이미지에 걸림돌이 되었다. 사무실도 기존 사무실에 붙여 확장하였는데, 기존 사무실의 어두운 색상은 새로 증설되는 사무실에 적용하는 흰색과 파란색의 밝은 이미지와 전혀 맞지 않았다. 고민 끝에 기존 사무실과 증설된 사무실을 전부 같은 페인트칠을 해서 비용을 절감하고 공기도 단축하였다. 2층으로 올라가는 좁고 가파른 철 계단은

철거하고, 콘크리트로 완만하고 넓은 계단으로 새로 설치하였다.

❖ 공장의 증설은 여름휴가 3주 동안에 기존 110m의 2개 라인을 걷어내고 새로 라인을 깔았다. 기존 라인을 걷어내고 새로운 2개 라인을 추가로 설치하는 증설작업을 3주 만에 해내는 것은 거의 기적에 가까웠다. 공사기간 중 걱정이 많았으나 광주공장 지원 인력과 설비업체 기술자가 공장 재가동 하루 전까지 밤을 새워가며 열심히 해준 덕분에 무난히 완성할 수 있었다. 휴가가 끝나고 넓은 휴게공간과 밝고 깨끗하고 멋있는 새로운 공장 모습을 본 프랑스 직원들은 "와!" 하는 감탄사를 연발했다. 프랑스 직원들은 남녀 구분 없이 흡연을 많이 하는데, 넓은 휴게 공간이 흡연실을 겸하고 있어 직원들이 휴식시간에 편하게 흡연을 할 수 있게 되어 좋아했다.

❖ 공장 내부도 기존 공장은 어둡고 환경이 나빠 자재 창고로 바꾸는 조치를 했다. 대신 신설 공장을 깨끗하고 쾌적한 환경으로 만들어 조립라인 2개를 설치하고, 생산 가동 중임에도 바로 3번째 라인을 추가로 설치하였다. 생산라인은 기존 110m에서 60m로 단축된 Heat Run Line을 제거하고 생산성이 많이 향상된 라인을 설치하고 작업방식도 좌식에서 입식으로 바꾸었다.

❖ 자재 공급은 자재 창고에 자기 자리를 정해서 적시에 일정량을 라인에 공급할 수 있도록 하고, 부품 박스도 작업자가 작업에 편리하고 가까운 곳에 설치하여 생산성을 향상하였다.

❖ 완제품 적재 라인은 생산라인과 분리하여 완전히 자동화하였다. 완제품 5라인의 생산량을 로봇으로 라인별 모델별로 신속하게 분류하여 화물 운반대에 적재하게 하여 설비관리 담당자 한 명으로 전체를 커버할 수

우리에겐 세계경영이 있습니다

있었다.

❖ 용접라인은 전자레인지 내상자Cavity를 만들기 위해 철판을 용접하여 상자를 만드는 공정이다. 용접라인은 수동 라인에서 반자동 라인으로 변경하며 작업자 안전을 위해 안전 펜스를 프랑스 기준에 맞춰 설계하고 설치하였다. 이후 용접라인 사고는 한 건도 없었다. 까다로운 프랑스 안전 심사도 통과하였다.

❖ 프레스 라인은 철판을 가공하여 내상자Cavity와 캐비넷Cabinet을 만드는 공정이다. 기존 단발공정에서 완전 자동 2라인으로 개선하였다. 이송 장치도 자동화하여 200톤 프레스 5대와 4대를 한 라인으로 연결하니 생산성 향상은 물론이고 품질도 향상되었다. 자동화된 프레스 제작 공장의 힘차고 우렁찬 소리가 지금도 귀에 쟁쟁하다.

반덤핑 관세 발효에 대응

1995년 4월 EU는 반덤핑 관세 조사 결과를 발표하였다. 한국의 대우, 삼성, 엘시, 중국 업체 등에게 20~32%에 달하는 관세가 부과되었다. 그때까지 CKD, SKD 방식으로 한국에서 공급받던 전자레인지 자재 중 대우전자 SKD 방식으로 만든 제품에 관세 27%가 부과된 것이다. 그렇게 관세를 주고는 사업성이 없기에 CKD 방식의 현지 생산으로 전환할 수밖에 없었다.

긴급히 3라인, 3교대로 가동하며 8라인 체제로 운영해야만 유럽 전체 물량을 공급할 수 있는 상황이 되었다. 그러다 보니 생산라인의 반장, 조장, 근로자로도 부족하여 수리 기사들과 고참 작업자까지 반장, 조장으로 편성하고 파견 임시직을 계속 채용하였다.

DEF공장은 기능직 인력 채용 시 파견 근로자로 근무를 하다가, 6개월 이후에 라인의 반장, 조장이 평가하여 우수 인력에 대해서만 선별적으로 정규직으로 채용 보충하는 방식을 선택하였다. 파업을 많이 하는 프랑스 내에서 좋은 노사관계를 유지할 수 있는 수단 중의 하나가 되었다.

갑자기 3교대 라인 운영이 불가피하여 노사협의회를 개최하여 반덤핑 관세를 부담하게 된 회사 상황을 설명하고 동의를 구하였다. 노조에서도 회사 상황이 그렇다면 이해한다며 3교대 가동을 흔쾌히 받아들이고, 바로 다음 주 월요일부터 3교대로 운영할 수 있었다. 프랑스인들의 합리적인 정신을 이해하는 좋은 계기가 되었다.

유럽 최대 전자레인지 공장 구축

1996년 5월 대우전자 신임부장단 프랑스 전자레인지 공장 방문.

갑작스럽게 3교대 근무, 3라인에서 8라인으로 증설해 가동하다 보니 한국에서 공급되는 원부자재가 턱없이 부족했다. 매일 밤 12시까지 자재 부족 현황을 정리하여, 서울 아침 8시 출근 시간에 맞추어 통화하고 팩스로 보냈다. 급한 것은 항공편으로 실어오는 조치를 몇 달간 계속하였다.

동시에 조립라인 2개를 긴급히 발주하며 공장가동 중에도 신규 라인 설치 작업도 하였다. 3개월이 지난 7월이 되면서 5개 라인을 가동한 후 야간 근무를 없앴다. 비로소 3교대에서 2교대로 8개 라인을 가동하며 생산도 안정을 찾기 시작했다. 생산성이 대폭 향상되어 증설 전에는 하루 8시간에 4백 50대를 만들던 것이 8시간에 1,400대까지 만들었다. 본사의 생산공장 1,200대보다 생산성이 더 높아졌다.

연도	생산량(단위 천 대)	생산성(라인당 8시간 생산량)
1993년	232	420
1994년	307	450
1995년	1,094	1,200
1996년	1,263	1,200
1997년	1,400	1,400
증가	6배	3.3배

프랑스 전자레인지 공장의 생산량 증가.

반 덤핑관세 제소의 당사자였던 물리넥스Moulinex는 프랑스의 연간 120만 대 전자레인지 최대 제조회사였는데, 대우전자가 연간 140만 대를 생산하면서 물리넥스 전자레인지 공장은 가동을 중단하게 되었다.

우호적 노사관계로 세계경영 뒷받침

당시 프랑스에는 3개의 노동조합이 활동 중이었다. 프랑스는 복수 노조 가입이 허용되고 있었으며 노사분규에 의한 파업은 일상적인 현상으로 받아들여지고 있었다. DEF에도 노조가 결성되어 있었고 과거 강성 철강 노조를 중심으로 하였던 롱위 지역의 특성상 DEF의 노조 역시 상당히 강성을 띠고 있었다. 그러나 진지하고 합리적인 노사협의와 노사 간 상호이해를 통해 어려움을 극복할 수 있었으며, 3교대 근무라는 갑작스러운 근무 조건 변화조차도 아무 문제없이 시행할 수 있었다.

2개 라인에서 5개 라인으로 확대하는 과정에서 어쩔 수 없었던 3교대 작업은 5개 라인의 안정적 설치에 따라 2교대 작업으로 변경할 수 있었다. 이 시기에 종업원은 3백 명 수준으로 증대되었고, 생산성도 대폭 향상되었다.

1993년 이후 매월 노사협의회에 법인장이 직접 참석하여 안건 하나하나를 협의한 결과, 초기에 노조가 준비하던 4페이지 분량의 협의 안건은 일 년이 지나자 반 페이지로 줄어들었다. 봄가을 야유회, 크리스마스 파티, 직원 스키여행 등의 종업원 행사는 모두 노동조합 예산으로 시행하였고 회사는 연 1회 보조금만 일부 지원하였다. 주재원들은 모든 행사에 참석하여 현지인과 친목을 도모하였고, 노조위원장 역시 노조 업무만 하지 않고 용접라인에서 실제 작업을 하는 모범적인 노사관계를 보여주었다.

매년 크리스마스 파티를 노조가 주관하여 큰 홀을 빌려 전 직원들이 파티복을 입고 연예인들처럼 멋진 차림으로 나타나 식사, 와인과 함께 즐거운 대화와 경쾌한 댄스를 즐겼다. 흥겨운 댄스 파티 분위기 속에 주재원 부부들은 댄스에 익숙하지 않아 구경만 했던 것이 기억에 남는다.

선진국 시장 투자와 생산기반 구축 과제

반덤핑 관세 제도에서 가장 중요한 과제는 부품의 현지 조달이었다. 대우는 해당 제도에서 요구하는 60% 수준의 현지 부품 비율 규정을 맞추기 위해 다각적인 연구를 거듭하였다. 그중 핵심 부품인 마그네트론의 현지조달을 위해 도출된 방식은 매우 혁신적이었다. 영국에 있는 일본 업체 산요SANYO 공장에 한국 광주 공장에서 생산되는 마이크로웨이브발진發振 핵심부품과 산요에서 생산하는 알루미늄 프레스물을 보내이 산요의 영국공장이 마그네트론을 조립하게 하였다. '메이드 인 영국'의 부품을 DEF에 납품하도록 한 것이었다. 우리는 이를 통해 본사 이익 기여도 증대는 물론, 부품의 현지화 비율 달성에도 상당한 효과를 거둘 수 있었다.

대우전자는 일찍부터 수출 중심의 가전제품 제조회사를 표방하여 매출에서 수출 비중이 90% 이상 되었다. 선진국인 미국, 유럽국가에 나가는 수출 물량이 증가하면 해당국가 제조업체들의 반덤핑 제소가 있을 것을 예상하고 이에 대응하기 위하여 적극적으로 해외 현지공장을 설립하는 방식으로 해외로 진출하는 경영전략을 구사했다.

EU 지역의 경우, 프랑스 로렌의 전자레인지 공장(1989.2)과 TV 공장(1993.3), TV CRT 공장(1996.6), 영국 북아일랜드에 VCR 공장(1989.4), 스페인 빌바오에 냉장고 공장(1998.5), 폴란드 바르샤바에 TV 공장(1993.11) 등이 있었다.

미국 시장을 겨냥한 나프타NAFTA 지역은 멕시코 국경지역 TV 공장(1998)과 TV CRT 공장(1996.6), 꿰레다로에 가전공장(냉장고, 세탁기, 전자레인지 1995.11) 등이 있었다.

이렇듯 대우그룹은 대외적으로 세계경영을 선포하기 이전부터 글로벌화를 시작하였는데, 이런 적극적인 수출지향 전략을 기반으로 반덤핑, 블록화와 보호무역주의에 대비하였다.

선진국 시장에 생산공장을 설립할 경우, 현지 정부의 유치 인센티브 제도를 적극 활용하여 본사의 직접 투자 비용을 최소화하였다. 선진국들이 제조업 유치로 고용이 증대하는 효과를 노리고 인센티브 제도를 많이 내세우는 틈새를 활용하였던 것이다. 막연히 선진국 시장에 대한 두려움을 떨쳐내고 틈새를 파고들어 효과적으로 생산기반을 구축하는 글로벌 경영전략이 남달랐다.

나의 가전 분야 30년 인생에 전개되었던 프랑스에서의 4년. 힘은 들었지만 대우라는 이름으로, 대한민국의 국민으로서 살아온 가장 보람된 기간이었다.

1987년부터 프랑스 로렌 지역에 전자레인지 공장 프로젝트를 추진하며 1989년 SKD 방식 생산 개시, 1991년 CKD 방식으로 생산이 이어지던 1993년에 법인대표이자 공장장으로 부임하여 공장을 운영하였다. 이에 만족하지 않고 1994년의 대규모 공장 증설로 1995년부터 연간 100만 대 이상을 생산하게 되었다. 반덤핑 관세제도가 발표된 이후 1997년에는 140만 대까지 생산, 판매하여 유럽 최대의 전자레인지 생산공장이라는 의미 있는 성과와 좋은 경영 실적을 남기고 프랑스를 떠나게 되었다.

한국의 IMF 외환위기로 대우그룹이 해체되고 대우전자가 워크아웃되면서 본사 지원이 줄고 점차 생산이 감소되면서 2003년에는 경쟁력 있던 프랑스공장이 영원히 문을 닫았다. 세계경영의 현장이었던 그곳에서의 일들이 기억으로만 머무른다는 것이 그저 안타까울 뿐이다.

우형동

1960년 대구에서 출생하여 영남고등학교, 경북대 법대 행정학과를 졸업하고 서강대학교 언론대학원에서 매스커뮤니케이션을 전공, 수료하였다. 1984년 대우그룹 공채로 입사하여, 대우전자 총무부, 영국현지법인(DEUK)을 거쳐 (주)대우영상미디어부문에서 홈비디오사업, 외국영화수입사업을 담당하였고, 국내 최초의 영화전문 케이블방송 DCN(현OCN)을 기획, 설립한 후 5년간 편성책임자를 역임하였다. 1998년 대우를 떠난 후 (주)씨맥스커뮤니케이션즈를 설립하여 스파이스TV를 개국, 운영하였다. 지금은 (주)씨맥스이앤씨의 대표이사로 재직하면서 외국영화 수입배급사업 및 미디어컨텐츠 유통사업을 하고 있다.

뉴미디어 시대의 개막과
영화 전문채널의 탄생
: 대우전자, DCN(현 OCN) 설립과 운영

우리는 어떻게 아카데미 시상식을
생중계로 볼 수 있게 되었을까?

지난 2019년 말, 김우중 회장님의 별세 소식으로 우울하던 중 반가운 소식을 들었다. 대우 출신들의 글을 모아 책을 발간한다고 한다. 영상미디어 분야 종사자들은 누구나 대우가 케이블 TV 분야의 선구자였다는 사실을 알고 있지만, 요즘의 학생들이나 일반 국민들에게 이야기하면 잘 모른다. 그러나 OCN 등의 케이블 TV 전문채널, 메가박스 영화관을 포함한 영화관의 발전, 한국영화의 자막에 올라가는 투자자 이름에 스쳐지나가는 이름들, 대우에서 열정을 불태웠던 우리 영상미디어사업부문 출신들의 활약을 그냥 기억으로만 갖고 있기에는 너무나 아깝다는 생각이 들어 지난날을 추억하며 이야기를 시작해 본다.

콘텐츠 확보가 중요한 홈비디오 사업

나는 1989년부터 1991년까지 약 3년간 영국 북아일랜드에 소재한 대우전자 최초의 해외공장이자 VTRVideo Tape Recorder 생산공장인 'DEUKDaewoo Electronics UK Ltd'에서 근무를 하였다. 입사는 3년차이지만 스물아홉 살의 어린 나이에 해외 현지법인 근무를 시작한 것이다. 그후 6개월이라는 아주 짧은 기간에 연간 30만 대를 생산하는 공장을 준공하고, 영국 현지인들 5백여 명을 채용하여 전량을 유럽 현지에 완판하는 성공신화를 창조하는 데 일조하였다.

이때 나는 그곳에서 짧은 기간 동안 일에 대한 자신감을 갖게 되었다. 1991년 말 본사로 귀임하니 홈비디오사업을 수행하는 비디오테이프사업부가 기다리고 있었다. 해외의 많은 영화사로부터 홈비디오 판권을 수입하는 부서였다.

당시, 전국에 3만 개가 넘는 비디오대여점이 있을 정도로 급성장한 홈비디오사업은 대우전자에서 생산, 판매하는 VCRVideo Cassette Recorder에 필요한 콘텐츠 부족을 보완하는 차원에서 출발한 사업이었다. 특히 화면 해상도와 관련하여 베타방식과 VHS방식의 경쟁을 두고 대우전자, 삼성물산, SK가 3강을 이루고 그 밖에 수많은 군소업체가 명멸하던 시기였는데, 당연히 우리 사업부의 실적도 꽤 좋았었다.

홈비디오사업의 실무를 맡아 하면서, 외국영화의 홈비디오 판권을 지속해서 수입하기 위해서 세계 3대 영화 마켓인 AFM(American Film Market, 미국 LA, Santa Monica), Cannes Film Market(프랑스, Cannes), MIFED(이탈리아, 밀라노) 등 주요 영화 마켓에도 참가했다. 여기에서 수많은 영화 세일즈 회사들과 미팅하고 협상하게 되는데, 보통 영화 마켓에 출장가면 일주일 동안 하루에 10여 개 회사씩 거의 70여 개 이상의 외국 영화사들과 영어로 미팅을 하게 되니 체력적으로도 상당히 힘든 일이었다.

당시 6,7명의 인원으로 구성된 비디오테이프사업부에서 홈비디오 사업만 진행한 1993년 연간 매출은 50여억 원이었다. 2년 후 영상미디어 분야로 사업을 전환하며 방송, 영화, 비디오, 극장사업으로 사업 다각화를 한 결과, 짧은 기간에 연매출이 수백억 원에 이르게 되었다. 단순히 매출 비교만 해도 사업의 규모와 잠재력을 알 수 있었다. 나는 여기서 원소스멀티유즈 사업 개념과 문화콘텐츠 사업의 미래 확장성을 내다보고 영화 관련 종합엔터테인먼트 사업으로의 확대, 발전을 주도하였다.

케이블방송의 시대 도래

1993년 3월 어느날 우연히 신문에서 정부 공보처(현재 문화체육관광부)가 내놓은 공고문을 읽게 되었다. 국내 뉴미디어 시대를 열기 위해 뉴스, 영화, 음악, 스포츠 등 전문 분야별로 구성된 케이블방송을 도입할 것이며, 이 방송채널사업을 희망하는 사업자는 제안서를 작성하여 7월 15일까지 공보처에 제출하면 심사를 거쳐 허가 여부를 결정한다는 것이다. 이 공고문을 보고 불현듯 영국에서 SKY TV를 봤던 경험이 떠올랐다. 여기에 홈비디오사업을 수행하면서 체득한 영화판권 사업에 대한 노하우가 연결되면. '아! 우리 대우가 영화 채널을 운영하면 정말 좋겠다'는 생각이

들었다. 그러나 그냥 혼자 마음속만의 꿈이었다.

두 달 후, 해마다 5월이면 푸른 지중해의 해변 도시 칸에서 열리는 '칸영화제'에 출장을 가게 되었다. 때마침 우리 본부장이신 정주호 전무와 처음으로 동행 출장을 하게 되었다. 칸 영화 마켓을 찾는 것은 분명히 과중한 업무로 힘든 출장이긴 하지만 한편으론 아름다운 지중해의 푸른 바다와 맑은 하늘, 자유로운 영혼인 영화감독과 배우들 그리고 수많은 관광객과 각양각색의 노천 카페들로 인해 매우 낭만적인 곳이기도 했다.

칸에서의 저녁 식사 중 본부장님께 영화방송채널사업에 대한 기본적인 구상을 설명하며 "우리 대우가 진출하면 좋겠다"는 의견을 드렸다. 그랬더니 "좋은 생각이다. 잘 추진해 봐"라며 바로 격려해 주셨다. 그래서 출장에서 돌아오자마자 바로 문서로 정리한 후 본부장을 거쳐 배순훈 사장까지 일사천리로 결재를 받았다.

막상 결재를 받고 나서 곰곰이 생각하니 뉴미디어 사업에 대해 내가 아는 게 너무 부족한 것을 그제야 깨달았다. 제안서에는 프로그램 편성뿐 아니라 재무 관련, 기술, 방송시설 관련, 방송전문인력 관련 등 다양한 부문이 망라되어야 하는데, 고작 영국에서 SKY TV 수신자로서 몇 년간 경험한 것과 영화판권에 대해서 제법 아는 것 말고는 아는 게 없었다. 제안서 제출 마감 시한은 채 두 달도 남지 않았는데….

영화 전문방송 채널의 사업자로 선정

그때부터 7월 마감일까지 약 50여 일 동안은 내 인생에서 가장 치열하게, 가장 집중해서 일했던 시기로 기억에 남는다. 그렇게 할 수밖에 없었다. 토요일, 일요일도 쉴 수 없었고 하루에 4시간 이상 자지도 못할 만큼 일에 매진하였다.

마침내 7월 15일, 비로소 나는 4권의 책으로 제본된 총 6백 쪽 분량의 '케이블방송 영화 전문채널 운영사업 제안서'를 종합유선방송위원회에 제출하였다. 그리고 집으로 돌아오자마자 깊은 잠에 빠져들었다. 나중에 깨어보니 만 22시간이 지난 다음 날 오후였다.

당시는 방송채널 사업이 허가제였고 공보처가 심의 및 허가 주관 부처였는데, 8월이 되자 공보처에서 제안서 프레젠테이션을 준비하라는 연락을 받았다.

결전의 날은 밝았고 본부장님을 모시고 공보처 차관과 방송담당 공무원들 앞에서 사업제안서 프레젠테이션을 하였다. 마침내 9월, 최종 29개의 장르별 케이블방송 채널 운영사업자를 선정, 발표하였는데 여기서 우리 대우가 영화 전문방송 채널의 사업자로 선정되었다.

빠른 의사결정, 진취적 기업문화가 낳은 열매

이 일을 시작으로 1998년 대우를 퇴사할 때까지 나는 DCN＊편성책임자로 근무하며 우리나라 초기 케이블방송이 어떻게 성장 발전하는지를 지켜봤다. 대우에서 내 주요 업무는 홈비디오사업을 통해 섭렵한 영화 및 방송 관련 지식을 기반으로 영화방송 채

＊ DCN: Daewoo Cinema Networks의 약자이다.

널사업, 극장운영 사업, 국내 영화제작사업, 해외영화 수입배급 사업 등 영화 관련 종합엔터테인먼트 사업에 진출할 것을 기획, 품의해 승인을 받는 것이었다.

나와 팀원들이 아무리 많은 기획안을 만들어도 이를 회사가 승인하지 않으면 실행해 옮길 수 없는 사업이 대부분이었다. 건설이나 중공업처럼 제품이 있는 사업도 아니기에 오로지 보고서만으로 판단하는 업종의 특성상 쉽게 기획되고 쉽게 버려지기도 하는 사업이다. 그런 의미에서 대우의 남다른 기업문화는 이 사업을 진행하는 데 매우 적합했다. 자율성을 보장하고 빠른 의사결정과 권한 위임으로 힘을 실어주었기 때문이다.

사실 대학 졸업 후 다른 대기업그룹에 먼저 입사를 했었다. 가을 졸업이라서 1984년 5월에 입사하여 수개월을 근무했으나 뭔가 적성에 맞지 않고 기업문화도 답답해서 사표를 내고 집에서 잠시 쉬다가 그해 11월에 대우그룹 공채로 입사하게 되었다. 대우는 매우 진취적이고 통제성 규정이나 기존의 관례에 의존하지 않았기 때문에 의사결정이 빠르고 어떤 프로젝트도 전광석화처럼 헤쳐 나갈 수 있었다.

일주일 걸릴 미국 출장을 1박 2일에

영화채널 방송사업자로 선정되었지만, 1995년 3월 케이블방송이 정식 출범할 때까지의 일 년 남짓한 기간 동안 준비할 일이 태산처럼 많았다. 스튜디오를 비롯한 주·부조정실 등 방송시설설치, 전문인력 확보 및 교육, 천여 편 이상의 국내 및 해외 영화

우리에겐 세계경영이 있습니다

의 케이블방송 판권 확보 등 어느 하나 쉽지도 않은 데다가 실무
경험도 없었다.

영화 판권 확보와 관련한 에피소드가 한 가지 있다. 영화판권
의 확보는 핵심 공급처라고 할 수 있는 미국의 주요 메이저 영
화사들과의 접촉, 협의, 협상, 계약이 필수적이라고 할 수 있다.
나는 1993년 12월 23일 하루에 유니버설, 파라마운트 및 MGM
3개 영화 메이저 스튜디오와 각각의 미팅을 잡아놓고 출장길에
오르게 되었다.

마침 본부장님께 출장을 보고하니 자세한 설명 없이 사람 한
명을 공항으로 보낼 테니 그분과 같이 출장을 다녀오라는 것이
아닌가! 그래서 그분과 함께 LA행 비행기를 타고 내리자마자 바
로 유니버설, 파라마운트와의 합동 미팅 장소인 유니버설스튜
디오 인근의 힐튼호텔로 향했다. 거기서 약 4시간의 긴 미팅을
끝내고 다시 택시를 타고는 산타모니카에 있는 MGM으로 가서
또다시 약 2시간 미팅을 한 후 밤 9시가 넘어서야 숙소인 LA코리
아타운에 있는 옥스포드팔레스호텔로 와서 짐을 풀 수가 있었다.

늦은 저녁을 먹으러 한국 음식점들이 즐비한 호텔 주변을 돌아
보았지만, 문을 연 곳이 보이지 않았다. 한참을 헤맨 끝에 조그
마한 순댓국집을 발견했다. '24시간 오픈'이라는 사인보드가 눈
에 들어왔다. 같이 간 그분과 함께 순대국밥에 소주 각 한 병씩
을 마시고 돌아와 자고 이튿날 아침에 다시 비행기를 타고 서울
로 돌아왔었다.

함께 출장 간 분은 이후 대우에 합류해 DCN의 대표를 역임하셨

고, 내 평생 존경하고 사랑하며 수많은 추억을 함께 나누어 주신 고 박상헌 본부장이시다. KBS에서 오랫동안 PD로 근무하셨으므로 방송 전문인력의 확보 차원에서 본부장을 초빙한 것이었다.

나중에 고 박상헌 본부장은 그때의 출장 동행을 두고두고 얘기하셨는데 너무나 큰 충격이었다고 하셨다. 보통의 회사라면 최소한 일주일이 걸리는 출장인데 딱 하루 만에 비행기 타고 내려서 미팅 가고 끝내고 또 다른 미팅 가고 밤에 밥 먹고 술 한잔하고 다음 날 아침에 바로 비행기 타고 서울로 돌아오는 것! 그게 대우 스타일이라고 웃으며 말씀하셨던 모습이 눈에 선하다.

전문방송 인력 확보와 교육, 그리고 산실

전문인력의 확보 문제도 난관이 많았다. 뉴미디어로서의 케이블방송이라는 것 자체가 국내에 한 번도 있은 적이 없었다. 그러니 당연히 해당 인력이 있을 수 없으므로 유사한 경력이 있거나, 경력은 없으나 관련 학과를 전공한 사람들 중심으로 확보할 수밖에 없었고 그렇게 해서 가까스로 45명의 인원을 충원하였다.

영화전문채널 DCN을 어떻게 성공적으로 시작할 수 있을 것인가에 노심초사 고민하던 어느날 문득 미국 뉴욕에 본사를 둔 HBO*가 머리에 떠올랐다. 1970년대 초반에 설립되어 명실상부 세계 넘버1이 된 영화전문 케이블방송이다. 새로 뽑은 우리 DCN 인력 중 핵심 멤버들을 이곳에 보내 각 분야별로 집중연수

---

* HBO: Home Box Office, Inc.의 약자이다.

교육을 받고 온다면 큰 도움이 되리라는 생각이었다.

곧장 비즈니스 인맥을 통하여 수소문한 결과, HBO의 수석부사장인 스티븐 로젠버그Steven Rosenberg와 연결이 되었다. 190cm의 큰 키에 카리스마 넘치는 50대의 그는 일면식도 없었지만, 나의 구구절절한 이메일을 받고는 흔쾌히 도와주겠다고 승낙했다. 나는 즉시 분야별 핵심 멤버들로 12명을 선발하여 함께 뉴욕행 비행기에 몸을 실었다.

맨해튼 42번가의 HBO 본사. 우리는 한 달 동안 매일 아침 이곳으로 출근하였고, HBO는 각 분야 전문가들로 구성된 강사진을 만들어 매일매일의 커리큘럼대로 우리에게 정성을 다해 가르쳐 주었다. 물론 그들은 돈은 한 푼도 받지 않았고 현장연수를 시켜주었다.

때론 우리 모두를 데리고 야간 출동해서 〈미스 사이공〉 등 값비싼 뮤지컬 공연도 관람하게 해 주는 등 큰 도움과 따뜻한 정을 베풀어주었다. 이 자리를 빌어 HBO 스티븐 로젠버그와 빌 애서 부사장, 그리고 킴 하타미야 이사 등에게 너무 늦었지만 진심어린 감사 인사를 드리고 싶다.

아카데미 시상식 생방송 중계권 확보

또 다른 에피소드도 있다. 영화의 세계에서는 영화제, 즉 필름 페스티벌이 갖는 의미는 굉장히 크다. 이탈리아 베니스, 프랑스 칸, 독일 베를린 영화제 등이 유명하다.

이 영화제들이 열릴 때마다 해당 도시는 각국에서 온 영화 관계자들로 들썩이고 주요 수상작품들은 큰 영예를 얻고 사람들의 관심을 받는다.

실제로 가장 많은 이들의 주목을 받는 영화제가 있으니 바로 미국의 아카데미 시상식이다. 참고로 아카데미는 세계 영화제가 아니라 미국 자국 내 영화제이다. 그러나 상업영화의 메카인 할리우드에서 해마다 진행되는 시상식은 많은 나라에 중계방송이 되고 파급력 또한 대단하다. 미국과 동시에 생중계하는 나라도 적지 않았다.

그런데 그때까지 우리나라는 아카데미 영화제 시상식은 생중계가 아닌 녹화방송으로 봐야 했다. 이미 수상 내역이 발표된 다음에 보니 재미가 덜했다.

1995년 DCN 개국 직전 방송시설 완비 후 스튜디오 내부.

나는 1995년 DCN 개국 때 아카데미 영화제 시상식을 생방송으로 중계하여 국내 영화전문채널의 탄생 의의를 힘차게 드러내보자는 생각을 하였다. 그 생각으로 아카데미 영화제 시상식의 방송중계권을 전속, 독점으로 소유하고 있는 미국 최대 공중파방송인 ABC관계자와 약 한 달간의 협상 끝에 한국 내에서의 아카데미 영화제 시상식 전속 독점 생방송 중계권을 확보하였다.

그 후 아카데미 영화제 시상식이 가까워지던 어느날, 용산의 주한미군사령부의 어떤 장교로부터 연락이 왔다. 자기들이 해마다 주한미군방송인 AFKN을 통해서 아카데미 영화제 시상식 생방송을 해왔는데, 이번에 미국의 ABC 방송 측에서 대우에 한국 독점판권을 주었으므로 더 이상 AFKN에 중계방송권을 줄 수 없다는 통지를 받았다고 하는 게 아닌가. 주한미군들이 가장 즐겨보는 아카데미 시상식 라이브 중계를 하지 못하면 큰일 나고 자기의 일자리도 유지하기 힘들다며 하소연하였다.

그래서 용산 미군사령부와 몇 차례 회동하여 협의한 후, 나는 설령 AFKN이 우리와 함께 동시에 라이브중계를 하더라도 일반인은 거의 알 수 없을 것이고 우리 DCN에 특별한 부정적 영향이 없을 것이라는 판단에 AFKN도 우리 생방송 중계라인과 연결하여 동시에 방송할 수 있도록 배려해 주었다. 부대원들이 원하는 바대로 이전처럼 편하게 방송을 시청할 수 있게 되자, 그 미군 장교는 대우에게 매우 고맙다는 뜻을 전해왔다.

부동의 시청률 1위 영화 전문 케이블방송 DCN!

드디어 성공적인 개국을 하고 본격적으로 영화전문 케이블방송채널 DCN을 운영하게 되었다. 종합유선방송위원회 주관으로 정기적인 시청률 조사가 있었는데, 우리는 높은 시청률을 얻기 위한 노력도 많이 하였다. 시청률이 곧 광고영업 및 수익과 직결되었기 때문이다.

결론부터 얘기하면 DCN은 개국 이후 3년 연속 YTN을 포함한 29개 전 채널에서 '시청률 1위'라는 위업을 달성하였다. 물론 여기에는 시청률 조사에 대응하는 전략적 편성에 힘입은 바도 크지만, 무엇보다 양질의 영화 콘텐츠를 최대한 확보하여 시간대별로 시청자들의 특성과 요구하는 수준에 부응하는 프로그램을 안정적으로 수급, 편성한 것이 결정적이었다고 본다.

이렇게 글을 쓰다 보니 고맙고 그리운 사람은 더 많다. 그중에서도 어려운 시절에 영화와 방송에 대한 열정을 펼치던 동료들은 대우에서의 인연으로 지금까지 서로 각자의 자리에서 제 몫을 다하고 있다.

20대, 30대의 젊은 시절에 미지의 영화전문 케이블TV DCN을 함께 개척해 나간 동료, 후배의 고운 얼굴들이 파노라마처럼 스친다. DCN에서 함께한 동료, 후배 중엔 아직도 업계에서 중추적인 역할을 하며 업계의 발전에 힘이 되는 분들이 많은 것도 큰 자랑이다.

앞에서 언급한 고 박상헌 초대 본부장을 포함하여 2020년 1월 현재 국내 최대 드라마제작사 (주)스튜디오 드래곤 대표이사,

OCN 편성본부장, 영화사 진진 대표이사, 영화홍보사 제스트 부사장, 영화배급사 (주)이수C&C 대표이사, 케이블TV 채널J 대표이사, 동양그룹 (주)메가랜드 대표이사 역임, 케이블TV 채널 휴 대표이사를 역임한 인재 등이 즐비하다.

개인적으로는 방송, 그리고 뉴미디어 공부를 더 해야겠다고 생각해서 대우에 재직 중이던 지난 1995년 30대 중반의 늦은 나이에 서강대학교 언론대학원에 진학하여 2년 동안 주경야독하였다. 일과 학업을 병행하기 어려웠지만, 덕분에 DCN의 운영에도 보탬이 되었었던 점도 큰 보람으로 생각하고 있다.

한국 IMF 외환위기로 대우그룹이 해체되는 아픔을 겪으면서 국내 최초, 최고의 영화전문 채널 DCN은 동양그룹으로 매각되면서 OCN으로 이름이 바뀌었다. 이후 다시 CJ그룹으로 매각되었지만, 아직도 그 명성과 역량이 업계에서 유효한 것은 나에게 영원한 자부심이다.

김상도

대구에서 태어나 서울대학교 농화학과를 졸업하고 서강대학교와 서울대학교에서 최고경영자과정을 수료하였다. 1976년 대우 무역부문에 입사해 개발상품부, 정보기기수출부, 기획부, 해외관리부 등에서 근무하였다. 사우디아라비아 제다지사 및 도쿄와 후쿠오카 등 일본법인에서 수출 및 기획관리 업무를 담당하였다. 대우전자(주)로 옮긴 후 아시아·중국지역 담당임원, 두바이법인장&아중동사업단장 등을 역임하였다.

퇴사 후 법정관리회사인 (주)파워넷, (주)케이파워텍 대표이사 사장을 맡아 중소기업 회생에 힘썼다. 현재 전국경제인연합회 경영자문위원, 대·중소기업협력재단 시장전문가, 한국장학재단 사회리더 대학생 멘토, 충북 수출FTA 자문관 등으로 활동 중이다.

| 사우디 | ⋯⋯⋯⋯⋯⋯⋯⋯⋯⋯⋯⋯⋯⋯⋯⋯⋯⋯⋯⋯⋯⋯⋯⋯⋯⋯⋯⋯⋯⋯

열악한 초기 중동시장을 개척한
열정과 패기의 종합상사맨
: 대우, 사우디 제다

⋯⋯

드라마 〈미생〉으로도 다 보여주지 못한
중동 무역 최전선에서 일어난 치열한 사투기

　나와 대우의 인연은 쉽게 닿지 않았다. 졸업과 동시에 바로 대우에 입사한 동기들과 달리 나는 우여곡절을 겪었다. 거슬러 올라가면 내가 무엇을 좋아하는지, 잘하는지 몰랐던 것에서 비롯된 것이라 할 수 있다.

　나는 서울대학교에서 응용생명화학을 전공하였다. 부모님 뜻에 따라 농대에 갔으나, 사실 전형적인 문과생이었다. 전공 공부가 적성에 맞지 않았다.

　대학을 졸업하며 독일 맥주회사와 합작사였던 '한독맥주'에 취직하였고 전공과 무관한 합작 투자 업무와 기획, 영업을 담당하게 되었다. 그런데 입사 4년 만에 한독맥주가 부도를 맞아 크라

1 | 도전과 창조

79

운맥주(하이트맥주의 전신)에 합병되는 사태가 벌어졌다. 직원들 대부분이 합병된 회사로 흡수되었다. 그러나 나는 1976년에 대우무역부문의 전신인 대우실업에 경력사원으로 입사했다. 잠시나마 경험했던 기획, 무역 업무를 제대로 배워보고 싶다는 의지가 있었고, 마침 우리나라에 종합상사가 막 태동하는 시기여서 흥미가 있었다.

그중 대우실업은 삼성, 현대를 비롯한 5대 종합상사 중 급여가 가장 높고 진취적인 이미지가 강해 도전정신을 가진 젊은이들이 가장 선망하는 직장이었다. 그렇게 시작한 대우와의 인연은 꼬박 23년이 되었다.

사우디 제다지사 주재원 발령

내가 입사하기 한 해 전인 1975년, 대우실업은 우리나라 종합상사 1호로 선정되었다. 입사 후 처음 근무한 곳은 잡화를 수출하는 개발상품부였다. 뭐든 팔 수 있는 것은 다 팔아서 이익을 남기는 게 당시 종합상사의 수출업무였다.

신입사원으로서 바쁘게 지내던 중에 나는 난데없이 아랍어를 공부하게 되었다. 회사가 사우디아라비아에 지사를 설립해 사람을 보내려는데 직원 중에 아랍어를 할 수 있는 사람이 없었다.

당시 중동 건설 붐이 일었는데 정작 중동에 진출한 국내 건설사들의 경우 값비싼 건축자재는 유럽이나 일본에서 사다가 쓰는 일이 많았다. 정부에서는 이를 개선하고자 종합상사에 국내 철강 제품 등 건설 기자재의 중동 수출을 독려했고 여러 가지 정책과 지원을 하였다.

한국외국어대학교의 아랍어연수원도 중동전문가를 양성하기 위해 만들어졌다. 나는 이곳에 1977년 7월에 입소해 12월까지 6개월간 기숙사에서 숙식하며 아랍어를 공부했다. 중동에서 온 네이티브 어학 교수들에게 아랍어를 배우며 중동에 나갈 준비를 했다.

제다지사로 발령을 받아 출국하기 전에 국제운전면허도 취득하고 본사에서 4주간의 주재원 교육과 1주간의 정부교육을 받았다. 당시 정부에서 해외주재원 출국자의 경우 새마을연수원에서 일주일 동안 교육을 받도록 하였다.

입사 2년만인 1978년 9월, 사우디 제다지사에 홀로 부임하였다. 그 후 약 3년 반인 1982년 2월 본사로 귀임할 때까지 근무하며 대우의 중동 진출의 선두에 섰다.

사우디아라비아는 2018년 기준 3천 3백만 명의 인구를 가진 나라로 대다수가 아랍인으로 구성되어 있으며 이슬림교를 믿고 국왕이 존재하는 군주제의 나라다.

사우디아라비아는 석유수출국기구인 OPEC의 최대 산유국으로서 석유 생산량이 세계에서 3번째로 많으며, 세계 총 생산량의 약 12분의 1을 차지하고 있다.

열악한 생활환경도 비켜가지 못한 외로움

사우디아라비아의 수도는 리야드이지만 사우디 주재 외국 대사관들이 모여 있었던 곳은 최대 상업 중심도시인 항구도시 제다이다. 우리나라 건설업체가 진출한 이후 종합상사를 포함한 무역업체들이 제다에 지사를 설치하기 시작한 것도 내가 근무할 무렵이었다. 대우도 1978년 초에 지사를 설치하였다. 처음에는 지사장 포함 주재원 4명이 사무실 겸 숙소인 빌라에서 함께 생활하였으나, 나중에 제다 중심가에 사무실과 대형아파트를 얻어 지사장과 별도로 주재원 2~3명이 함께 자취하면서 살았다.

당시 제다에는 한국식당이 없어 주로 집에서 라면이나 김치찌개로 식사를 하였다. 지금은 세계 어디에서나 한국 식품을 어렵지 않게 구매할 수 있지만 40년 전에는 사뭇 달랐다. 본사에서 오지지역은 라면, 미역, 김, 김치, 통조림 등 생필품을 일 년에 2번씩 보내주었다. 라면의 유통기한이 6개월이었는데, 선박으로 운송하면 통관 후에는 통상 2개월 남짓 남았기에 열심히 먹었던 기억이 난다.

먹는 것도 먹는 것이지만 열사의 사막기후는 정말 견디기 어려웠다. 연중 낮 기온은 거의 섭씨 40도에서 45도였다. 실내에는 에어컨이 있지만 이동할 때나 실외에서는 한 번도 경험하지 못한 더위를 고스란히 느낄 수 있었다.

게다가 사우디는 술을 금지하는 이슬람 국가 중에서도 가장 보수적인 국가라 아무런 엔터테인먼트가 없었다. 나의 유일한 재미는 가끔 홍해의 제다 바닷가로 가서 무알콜 맥주를 마시고 한국에 있는 가족을 생각하며 향수를 달래는 것이 고작이었다.

외롭고 어려운 환경 속에서 김우중 회장께서 일 년에 두어 번 사우디를 방문하여 격려해주신 것이 큰 위로가 되었다. 사우디 주재원들은 본인이 희망하면 2년 근무 후 선진국으로 이동할 수 있었다. 또 가족 동반 대신 현지 3개월 근무 후 본국에서 한 달 유급 휴가를 주도록 지시하였지만, 실제로 업무가 바빠 보통 5개월 정도 근무 후 휴가를 쓸 수 있었다. 상황이 이러다 보니 급여는 해외 수당, 오지 수당 등을 합치면 상당히 후한 편이었다.

그러나 현지 근무 여건이 워낙 열악했기에 본사에서 부임해온 주재원 2명 중 1명은 6개월을 못 버티고 본사로 돌아가는 경우가 많았다. 나 역시 열악한 근무 환경에서 근무하는 게 쉽지 않았다. 대우의 사훈인 창조·도전·희생정신으로 무장하면서 대한민국의 수출역군으로 전력을 다하여 일에 몰두하면서 힘든 시간들을 이겨낼 수 있었다. 이렇게 강한 성취욕과 도전정신, 남에게 지기 싫어하는 근성을 바탕으로 3년 6개월 동안 제다에서 주재하다가 1982년 2월 말 본사 특수물자부 미주 지역 과장으로 승진하여 귀국했다.

계약 선점을 위해 새벽 2시 출근

내가 부임할 즈음의 사우디 수입상들은 일반적으로 도소매 점포를 직접 운영하고 있었다. 그들은 반드시 샘플을 보고 좋으면 그 자리에서 계약하는 방식이었기 때문에 보통 잡화, 건축자재 샘플을 대형가방에 20~30kg씩 어깨에 메고 다녔다. 소위 보따리 장사였는데 40도가 넘는 열사의 도시에서 시장 바닥을 2~3시간 헤매고 다니면 완전히 땀으로 범벅이 되어 녹초가 되곤 하였다. 점심은 길거리 가게에서 구운 양고기를 넣은 샌드위치 스타일의 케밥과 콜라로 때우곤 했다.

시간이 흘러 단골거래처가 생기자 요령이 생겼다. 당시 철강 등 건축 자재는 포스코 등 한국 공급업체가 중복되어 한국 종합상사 주재원들끼리 경쟁하는 상황이었다. 사우디 통신 사정이 아주 열악했기 때문에 아침 8시 30분에 출근해서 한국의 본사와 통화해 철강제품 등 건축 자재의 가격과 시황 정보를 받으려면 적어도 한 시간은 전화기를 붙잡고 있어야 했다. 통화 후 텔렉스를 받아 직접 오퍼 시트를 타자로 쳐서 바이어 사무실에 가면 오전 10시가 훌쩍 넘었고 이미 다른 상사 주재원이 와있는 경우가 허다했다.

그래서 새로운 전략을 구사했다. 사우디의 새벽 2시가 한국의 출근 시간인 아침 8시다. 사우디에서 새벽 2시는 모두가 잠자는 시간이라 본사와 쉽게 통화할 수 있다는 점에 착안해서 새벽 2시에 사무실에 나가 본사와 통화하여 가격을 받아 오퍼 시트를 작성하고, 다시 집으로 가서 잠을 잔 후 아침 8시 반에 출근하여 9시에 바이어 사무실을 방문하면 다른 종합상사 주재원들을 제치고 주문 계약을 선점할 수 있었다.

새벽 2시에 사무실에 나갔다가 위험에 처한 적도 한두 번이 아니었다. 공식적인 통행금지는 없었지만, 이슬람 율법이 엄격하고 불법으로 체류하는 외국인이 많아 야간통행을 제한하였다. 특히 뛰어다니는 사람은 무조건 도둑으로 간주해 경찰이 총을 쏘는 것도 허용되는 상황이었다. 보통 때는 가방을 들고 천천히 다녀 문제가 없었는데, 하루는 연중 몇 차례 내리지 않는 비가 갑자기 쏟아져 비를 피하려고 무심결에 뛰다 보니, 어디선가 종교경찰이 불쑥 나타나 나의 어깨를 잡고 땅바닥에 넘어뜨렸다. 그나마 조금 하는 서투른 아랍어로 잘 설명해서 무사히 상황을 모면할 수 있었지만, 원칙적으로 총을 쏘아도 무방한 상황이었다. 정말 아찔한 순간이었다.

그 당시 한국에서 운전면허만 따고 주행 연수를 한 번도 하지 않은 상태에서 현지에 부임한 터라 운전이 미숙한 상태였다. 혼자 장거리 사막 길을 밤중에 운전하다가 갑자기 앞을 가로막는 장벽에 부딪혀 차가 옆으로 튕겨 나가는 등 크게 교통사고를 당한 적도 있었다.

이렇게 하루에 두 번씩 출근하면서 밤낮없이 일한 결과, 연간 약 2천만 달러의 수출 실적을 올려 1980년에는 사우디주재 대한민국 특명전권대사로부터 수출유공 표창을 받았다.

제다지사 근무 후에는 대우무역에서 특수물자부 과장, 해외법인 감사팀장, 동구권 테스크포스팀장, 정보기기수출부장, 일본 동경법인 관리부장, 후쿠오카 지사장으로 근무했다. 대우전자로 옮겨서는 아시아·중국 지역담당 임원, 아·중동사업단장 겸 두바이 법인장을 지내는 등 23년 동안 10년 이상 해외 근무를 하고, 세계 78개국에 비즈니스 출장을 다녔다.

대우그룹에서 보낸 23년

회사가 결정한대로, 때로는 무모할 정도로 목숨을 걸고 세계 시장을 누비기도 했지만, 회사로부터 받은 혜택도 적지 않았다.

바쁜 와중에도 아랍어와 일어 등 업무에 필요한 외국어를 공부할 수 있도록 지원을 받았다. 관리자로 역할이 바뀌면서는 서강대학교 경영대학원 CEO 과정을 수료하였으며, 훌륭한 상사 등 리더들에게 많은 실무교육을 받았다.

대우그룹에서 근무할 때 만난 세 분의 존경하는 멘토가 있다. 대우의 서형석 회장은 전형적인 덕장이고, 대우무역의 유기범 사상은 선형적인 용장이다. 대우전자 서두칠 사장은 진형적인 지장이다. 개성이 뚜렷한 세 분의 멘토를 모시면서 그들에게서 자연스럽게 덕德, 용勇, 지智의 인성을 배웠다.

무엇보다 대우의 기업문화는 창조, 도전, 희생의 대우정신을 강조하기에 풀 한 포기 없는 사막에서도 살아남을 수 있는 강인함과 무에서 유를 창조하는 불굴의 정신을 가지게 되었다.

내가 대우에 근무하면서 처음 해외로 나간 곳이 하필이면 연중 기온이 40도가 넘는 열사의 도시 제다였고, 그곳에서 맨땅에 헤딩하듯 잡화, 철강, 화학, 건축자재 등을 판매하는 힘든 경험을 겪었다.

그러나 제다의 경험은 이후 나의 직장 생활에 매우 든든한 뿌리가 되어 잎과 줄기를 틔우고 열매로 맺는 데 큰 영향을 미쳤다.

전쟁 중인 중동과 중남미에 군장비를 팔아봤고, 냉전의 기운이 팽배한 통일되기 전의 동독에 1987년 김우중 회장의 진두지휘하에 진행된 동베를린지사 설립에 참여하기도 했다.

정보기기 수출부장 시절에는 유럽과 러시아에서 PC 및 통신제

우리에겐 세계경영이 있습니다

품을 판매하였고, 당시 세계 최고의 PC 회사인 미국 델컴퓨터에 PC용 모니터를 대량으로 판매하기도 했다.

그 후 대우전자 아시아 중국 담당 임원으로 승진하여 중국에 합작판매법인을 설립하였고, 베트남과 인도에서는 현지회사와 합작을 통해 전자종합공장 프로젝트를 지원했다. 또 태국에서 냉장고공장 플랜트 수출 프로젝트를 진행했고, 미얀마에서는 일본 도시바와 합작해 VCR헤드공장 건설 프로젝트를 주관하기도 했다.

1994년 11월 미국 실리콘밸리에 있는 휴렛팩커드 본사 방문, 모니터 수출상담.

이처럼 나는 '대우맨'으로서 다양한 경험을 쌓으며 수많은 도전을 거쳐 짜릿한 성취감을 맛볼 수 있었다.

그러나 개인적인 성취와 달리 IMF 외환위기의 소용돌이 속에서 대우그룹이 해체되는 아픔을 겪었다. 내가 두바이에서 중동과 아프리카 지역을 총괄하는 대우전자 아·중동 사업단장으로 있을 때였다. 나는 마지막까지 함께했던 산하 법인과 주재원, 현지 직원과 가족에게 피해가 최소화하도록 여러 가지 방법을 모색하였다.

잘나가는 기업에서 승승장구하던 나에게 느닷없이 닥친 이 시련은 이후 기업 회생 전문가로 제2의 인생을 살아가는 데 큰 영향을 주었다.

해외무역 상사맨에서 기업 회생 전문경영인으로

1999년에 한국의 IMF 외환위기로 대우그룹이 해체될 즈음에, 대우를 떠났고 국내에서 전문경영인으로 몇 개 회사를 경험했다. 자동차부품·전자부품을 생산 판매하는 KOSPI 상장기업인 제일엔지니어링그룹 해외영업본부장으로서 사장급 근무와 소형가전제품을 생산 판매하는 (주)카이젤 대표이사 사장 근무, 그리고 창원 대동백화점과 대동유통 총괄사장 등의 근무 경험이다.

대우 23년 동안 나름대로 다양한 업무와 보직에서 많은 경험을 쌓았다고 자부했는데, 대기업이라는 온실 속의 시간이었을 뿐이고 대우를 떠나 경험한 몇 년간의 세월이 훨씬 더 쓰라렸고 소중한 경험이었다. 당시의 시련을 전화위복의 기회로 삼아 지금도 열심히 활동하는 데 큰 힘이 되고 있다.

중소기업에서 일하게 되면서 그동안 대기업에서 정말 과분한 대우를 받았다는 생각을 하게 되었다. 그래서 나는 내가 받은 혜택을 조금이라도 중소기업 직원들에게 나눠줘야겠다고 마음먹었다. 가능한 선에서 종업원의 근무조건을 개선하고자 노력했다. 그리고 열린 대화를 통해 직원들에게 근무 의욕과 동기를 부여한 결과 종업원들의 마음을 얻어 예상보다 빨리 좋은 성과를 거둘 수 있었다.

2005년 1월에 '(주)파워넷'에 법정관리인 대표이사로 취임하며 인생의 터닝 포인트를 맞았다.

파워넷이 춘천지방법원 산하 법정관리회사로서 재무구조가 워낙 나빠 회생불능의 회사라며 만류하는 이들도 있었으나, 대우그룹의 근무 경험과 여러 중견기업 CEO를 지내면서 얻은 소중한 경영철학이 있었다. 그것은 바로 '직원들과의 소통으로 기를 살리고, 비전을 공유하여 뜻을 한데 모으며, 솔선수범과 투명경영으로 직원들에게 신뢰를 얻는 것'이었다.

뼈를 깎는 구조조정과 경영혁신으로 회사를 정상궤도에 올렸고 지속적인 흑자를 실현하는 알찬 기업으로 성장시켰다. 그 결과로 2009년 11월에는 대한상공회의소로부터 '기업혁신대상 대통령상'을 수상하기도 하였다.

이어서 누적 적자로 도산 위기에 몰려 법정관리를 신청한 (주)미르이앤디에스로 옮겨 '케이파워텍'으로 회사명을 변경한 후 정상화시켰다.

이 일을 계기로 나에겐 새로운 도전이었던 전문경영인으로서도 널리 인정받게 되었다.

제너럴리스트를 꿈꾸는 젊은이들에게

결과적으로 나는 대기업, 중소기업을 모두 경험해 본, 흔하지 않는 경력을 갖게 되었다. 그러면서 자연스럽게 요즘 청년들이 대기업, 중소기업을 보는 식견에 관한 것을 조언해주고 싶은 마음이 생겼다.

만약 제너럴리스트가 더 어울리거나 장래에 창업할 의사가 있는 젊은이라면, 대기업보다 중소기업이 더 맞을 수도 있다. 업무가 굉장히 세분화한 대기업에서는 조직의 일개 부품으로 전락하기 쉽지만, 중소기업에서는 한 사람이 여러 업무를 수행하게 되며 짧은 기간에 다방면으로 포괄적인 업무를 습득할 수 있기 때문이다.

젊음의 가장 큰 특권은 '꿈'을 그릴 수 있다는 것이다. 젊은 사람이 자신의 꿈을 그리기보다 남이 만들어 놓은 꿈에 얹혀 가길 바란다면 젊음을 스스로 포기하는 것이나 다름없다.

꿈은 항상 자기가 가지고 있는 능력보다 20~30% 높게 가져야만 목표를 달성하기 위해 부단히 노력하게 되고, 그 과정에서 자신의 능력도 부쩍 향상할 수 있다.

또 장기적으로 목표를 향해 달리자면 반드시 체력이 뒷받침되어야 하므로, 젊었을 때부터 술, 담배를 절제하고 규칙적인 운동을 통해 체력 관리를 시작해야 한다.

게다가 영어는 하루아침에 숙달되지 않으므로 잠깐씩이라도 꾸준히 공부해야 하고, 취업 준비 틈틈이 인문학적인 교양서적을 읽어야만 사고의 틀을 넓히고 유연하며 주체적인 사고를 할 수 있다. 나 역시 학창시절을 돌이켜 볼 때 대외 활동에 정신이 팔려 영어공부를 등한시하고 인문학 서적을 충분히 못 읽었던 것이 가장 후회스럽다.

　대신 좋은 학점을 받았던 것은 취직할 때 분명 도움이 되었다. 또 과회장이나 기숙사 자치위원장 등 다양한 학생활동을 하고 운동을 열심히 하여 체력을 단련한 것도 나중에 CEO로서 리더십을 발휘하는 데는 큰 도움이 되었다.

　무엇보다 자신의 재능과 적성을 잘 알고, 자신이 하고 싶고 또 잘할 수 있는 분야를 선택해서 평생에 걸쳐 부단히 노력해야만 성공할 수 있다.

박태준

1984년에 고려대학교 사회학과 졸업 후 대우무역에 입사, 1990년 8월 중국 대련지사 신설요원으로 발령받아 1996년 2월까지 중국 동북지역 무역, 전략투자업무 총괄 책임자로 근무했다. 본사 귀임 후에는 해외 신규사업 개발부서인 해외사업부장으로 해외사업전략, 신규사업개발 등의 업무를 담당하였다. 파키스탄의 라호르-이슬라마바드 간 고속버스 운수사업과 중국 요녕성 대련-심양, 산동성 제남-청도, 강소성 남경-상해, 사천성 중경-성도, 섬서성 서안-한중 간 고속버스 운수사업, 계림의 대우버스 생산사업과 고속버스의 중국 내 마케팅을 성공적으로 진행해, 두 번에 걸쳐 '김우중 회장 공로상'을 수상하였다.

대우 퇴사 후에는 풀무원, 매일유업 등에서 해외사업을 추진하였고, 현재는 로봇 플랫폼 솔루션 회사인 상화 XR의 국내외 마케팅 총괄 부사장으로 재직 중이다. 무역협회, 농식품부, 농수산식품유통공사 연수원 외래교수를 역임했고, 서울대 보건대학원, 연세대, 서강대, 성균관대, 강원대 등에서 해외사업, 수출영업 등의 특강을 통한 재능기부 활동도 하고 있다.

독립투사의 심정으로 중국 만주에서
최초에 최선을 더하다
: 대우, 중국무역시장 초기 개척사

중국 시장경제를 불신한 서방기업이
빠져나간 자리에 깃발을 꽂고 선점의 기회를 잡다

   아직 정식 국교 수교도 되지 않아 대사관이나 영사관도 없는 나라인 '중공, 중국'에 첫발을 내려놓있다. 1990년 8월 30일 오후 6시, 중국 민항기에 몸을 싣고 홍콩을 떠난 지 5시간, 중국의 동북지역 관문도시 대련국제공항에 도착했다. 당시 중국 유일의 국제선이었던 중국항공공사 소속 중국민항 B737편이었다.

   그로부터 1996년 2월까지 5년 반 동안 대우의 '중국 동북3성 총괄지사장'으로 세계 최대 인구를 가진 나라, 새롭게 경제개발의 기치를 올리며 세계 최고의 시장으로 급부상하는 나라에서 대우를 넘어 대한민국 시장 개척의 경험들을 기억에서 소환한다.

   상사맨의 꽃이라는 해외주재원, 처음으로 받은 지사근무 발령의 설렘은 대학 때부터였다. 정말 일하고 싶었던 대우무역이라는 종합무역상사에 입사해서 기획조정실과 석유화학 수출사업본부에서 6년여를 근무하고 처음으로 지사 발령을 받아 나가는 것이었다. 그러나 그 설렘도 잠시, 걱정이 앞섰다. 당시 남조선이라 부르던 한국 사람은 공식적으로 대우와 내가 첫 회사이자 첫 주재원이었다. 항구도시 대련(大連, 따이롄)은 무역일꾼으로 위장한 북한의 공작원들이 많은 곳이고, 공산주의 국가에서의 시장개발과 무역거래의 확대 가능성에 대한 걱정 등 여러 가지 생각이 교차했다. 막막함을 달래고자 근거 없는 자신감으로 마음을 가다듬으면서 중국, 아니 중공中共이라고 불리던 그곳에 도착했다.

중국의 기대와 추락

向前看! 샹치엔칸! '앞前을 보고 나아가자!'에서,

向錢看! 샹치엔칸! '돈錢을 보고 나아가자!'로 된 국민 구호.

1988년 서울올림픽의 성공적인 개최를 보며 중국은 불과 100년 전까지만 해도 매년 조공을 바치던 변방의 속국이자 분단국가 대한민국에서, 그 당시 자기들은 꿈도 꾸지 못할 세계올림픽이 열리는 것을 보며 무슨 생각을 했을까? 뼛속 깊은 아쉬움과 부러움 속에 올림픽이 치러지는 것을 보면서 중국 지도부와 인민들은 과연 무슨 상념과 만감에 젖었을까? 특히 '8'자는 재물과 관련 있는 숫자라 남녀노소를 막론하고 거의 신앙의 대상인데, 그것도 두 개나 붙어 있는 해에 올림픽을 치렀으니 그 부러움은 이루 말할 수 없었다고 나중에 친한 중국인 친구한테 직접 들었다.

우리에겐 세계경영이 있습니다

아마도 국가, 기업, 개인 등을 막론하고 돈을 벌어야 힘이 생긴다는 생각을 굳히지 않았을까? 이미 중국은 1980년대부터 중국식 자본주의의 큰 발자국을 떼기 시작했다. 잘 먹고 잘살면, 중국 공산당의 이념적 정책도 얼마든지 수정 가능하다는, 덩샤오핑의 '흑묘백묘론'이 나온 것도 그때였다. 돈이 돈을 어떻게 벌어들일 것이냐가 경제정책의 현실적 실행 나침반이었다.

그러나 당시 막 개혁개방 정책을 표방, 시행하던 중국은 청천벽력 같은 사건을 접하게 된다. 바로 1989년 6월에 일어난 천안문 사태이다. 이는 1989년 4월 15일, 후야오방의 사망 이후 천안문 광장 등지에서 시위대와 인민이 벌인 반정부 시위를 중국 공산당 정부가 유혈 진압하며 많은 인적 피해*를 초래한 사건이다.

이 사태는 개방경제정책에 큰 위기를 초래했다. 서방의 자본과 회사들이 썰물처럼 탈중국을 서두르게 되었다. 해외투자자본의 중국 철수는 시장에서 대단히 빠르게 확대되며 2차, 3차 부정적 효과로 이어진다는 것을 의미했다. 2차 자본금 미투자, 내수, 수출, 가공수출 지역의 경제활동과 제반 여건 위축은 물론이고 외국회사의 생산시설, 법인 및 지사의 폐쇄로도 이어지고 심지어 유학 및 여행 자제 정책까지 줄을 이었다.

대우는 오히려 이때야말로 중국진출의 절호의 찬스이자, 지금

---

* 애초 공식 발표로는 민간인 사망자 300여 명, 부상자 7천여 명이 발생한 사건이다. 국제적십자협회는 2,600여 명으로 사망자를 발표했다. 이후 중화인민공화국 공안부가 1990년 7월 10일 제5차 국무원 보고에서 정식 발표한 것을 따르면, 민간인 사망자는 875명, 민간인 부상자는 약 14,550명이었으며, 군인과 전경은 56명이 사망, 7,525명이 부상당했다. (출처: 위키백과)

무역거래이든 투자든 중국 내에 지사나 법인을 낸다면 중국 정부
에 인상적으로 자리매김할 수 있으리라 판단하였다. 당시 중국은
미수교 국가였다. 이러한 결정은 이후에 다른 한국 대기업이나
서방 기업이 쉽게 받을 수 없었던 중국 정부 발주 프로젝트의 사
업 인허가를 '대우'가 순조롭게 받는 기반이 되었다.

중국의 시장가치를 일찌감치 내다본 대우

그런 의미에서 대우는 이미 1987년에 중국 중남부 해안의 푸
지엔성 푸조우(복주, 福州)에 가정용 냉장고 공장을 합자투자 방식
으로 진출하는 등 국내 어떤 기업보다 빠르게 중국 대륙에 본격
진출을 한 터였다. 동시에 1980년대 중반부터 베이징의 중앙정
부는 물론 주요 지방과 중대형 국영기업, 크게 될 만한 사영私營
기업들과 친대우, 친한국 경제 인맥을 만들기 시작했다.

한편으로 나는 1987년 일 년 동안 매일 아침 업무 시작 전 한
시간씩 회사 내 외국어반에서 초급 중국어를 공부했다. 다행히
좋은 성적으로 고급 중국어를 공부하는 기회가 주어져 1988년
하반기 6개월 동안 한국외국어대학교 중국어연수원에 들어갔다.
하루 종일 중국어를 집중해서 배웠는데, 연말까지 총 720시간의
상급 중국어를 기본으로 공부했다. 이를 통해 중국문화, 생활 관
습, 비즈니스 관행, 각 주요 지방의 특이한 전통문화까지 폭넓고
깊게 공부하는 소중한 기회를 가지게 되었다. 당시 회사 동료들은
하루 평균 12~14시간씩 일하고, 토요일도 근무하던 터라, 나는
일 대신 공부만 하기에 미안한 마음으로도 더욱 열심히 진지하게

수업에 임했던 기억도 있다.

우리가 새롭게 개척했던 중국 동북지방 3개성 지역은 오래전부터 전략적 요충지로도 평가받아온 곳이다. 러시아와 연접해 있는 헤이룽장성(흑룡강성), 두만강과 압록강 상류가 인접한 지린성(길림성), 압록강 하류와 발해만을 끼고 있는 랴오닝성(요령성) 그리고 내몽골 자치구 동북지역을 합쳐서 일컫는 중국 동북지역이다. 철강금속, 석유화학, 기계, 자동차 등 중화학기계공업이 발달했고 러시아와 북한을 접하고 있다.

32살 대리 3년차인 나는 무모한 자신감과 패기로 무장한 채 겁없이 발로 뛰어다니며 오더를 수주해 나갔다. 목표는 분명했다. 중국 동북3개성 지역에 우리 대우의 장기적이고 안정적인 비즈니스 거점의 확보와 한국 수출의 신시장 개척! 우리는 이를 위해 매년 무모해 보이는 수출목표 수치만 정하고 일본 종합상사가 이미 오래전부터 영업하고 있는 '적진'에 깊숙이 침투했다.

32살, 대리 3년 차의 무모함과 시장 침투 도전

여기서 '무모함'이라 표현한 것은 신설지사라 전년 대비 올해 예상목표 수치가 없어서 비교점이나 기준점이 없었고, 친북한 성향의 미수교 국가인 데다 한국의 어떤 기업도 지사가 없던 땅이었기 때문이다. 마치 적들에 둘러싸여 있다는 느낌이었다. 이토추, 미쓰비시, 마루베니 등 일본 종합상사라는 경쟁기업과 한국 제품에 생소하여 절벽과 같았던 중국 기업을 적들로 표현한 것이다. 적진 한복판에 투입된 특수부대원이 전략거점 기지를 확보하기 위해 사력을 다해야 하는 비장한 마음가짐으로 오더 수주 활동을 전개했다.

안중근 의사께서 이토 히로부미를 처단한 하얼빈역이 있는 중국 흑룡강성도 나의 시장개척 목표구역이었다. 당시 아무도 몰랐던 33살의 같은 나이 젊은이인 안중근 의사도 초개같이 목숨 바쳐 독립운동을 했는데 나도 뭔가를 이뤄내야 하지 않을까라는 생각을 하며 마음을 다지게 되니 힘들다고 느껴질 게 없었다. 정말 '죽을 각오'로 만주평야를 유랑하며 싸웠던 독립군과 의병들. 체계화된 군사교육이나 전투훈련 없이 크고 작은 전투에서 막강한 화력으로 무장된 일본 정규군과 절대 열세의 전투를 벌이는 모습이 눈에 선했다.

신설지사에 전임자가 없으니 모든 수출 오더 수주 영업활동은 내가 시작하고 마무리하면 그게 곧 회사의 매뉴얼이 되었다. 본사 영업본부에서 나의 성공과 실패 경험은 본사 해외영업본부에서 직원들 입에 오르내리는 사례 연구의 대상이 되었다고도 했다.

처음이다 보니 부족한 것도 많았다. 중국 수출 상담에서 제일 중요한 인내심, 미개척 중국 지역의 발전 가능성에 대한 정보와 이해가 많이 부족하였다. 수출 가격, 오퍼 프라이스 등의 정책적 배려 부족으로 영업활동도 일부 지장이 있었다. 거래계약 성사라는 실제 성과를 가지고 직접 찾아다니고 대화하며 시장의 발전 가능성을 이해시켜 나갔다. 내부 조직원 설득도 못 시키면서 어떻게 바이어를 설득시키겠냐는 생각과 당장의 절실함이 오히려 힘이 되기도 했다.

비즈니스를 통해 만난 중국 사람들의 성향은 무척이나 보수적이어서 서로 신뢰를 쌓는 데 많은 정성과 시간을 들였다. 어쩔 수 없이 잦은 술자리를 가졌다. 참고로 헤이룽장의 성도인 하얼빈은 '하얼빈에 가서는 자기 술 실력 자랑하지 말라'는 얘기가 있을 정도로 주량이 대단했다. 대부분의 고량주는 50% 이상 고도수의 술이다. 중요한 계약은 술을 곁들인 식사 자리에서 이루어졌다. 한 치의 양보도 없는 치열한 비즈니스 세계에서 술과 음식은 한껏 긴장한 심신을 잠시나마 풀어주고 분위기를 부드럽게 하는 훌륭한 매개체였다. 초기 계약은 물론 다음 계약으로, 충실한 계약이행은 또 새로운 계약으로 나아가는 식으로 발전해나갔다. 덕분에 나같이 술에 약한 주재원들은 어떤 때는 술에 절어 몸이 당해내질 못할 때도 있었다.

하지만 발로 뛰며 얼굴 직접 보고, 될 때까지 들이대는 영업에 이길 장사꾼은 없다. 진짜 영업맨은 SKY대 출신도 아니고 MBA도 아니다. '들이대' 출신들이 영업을 세일 잘할 수 있다는 믿음은 젊은 시절부터 몸으로 직접 겪은 경험이다. 대우맨들이 바로 그 '들이대'의 동문이요, 산 증인들이다.

중국지사의 성과와 사회적 가치

약간의 오차가 있을 수 있겠으나, 1996년 3월까지 약 5년 반 동안의 주재 근무를 마치고 본사로 귀임할 때까지 내가 이뤄낸 의미 있는 성과를 되돌아본다.

무역거래로는 석유화학, 철강금속, 건설기계, 기술부품 등 한국산 제품 수출 약 8천만 달러와 금속, 건설자재, 곡물, 가공수산물 등 수입원 및 가공 수출지원 개발 약 3천 5백만 달러의 거래를 직접 개척했다. 그 성과로 1994년 대우그룹 창립기념일에 김우중 회장의 공로상을 받기도 했다.

중국 투자로는 직간접적으로 기여한 프로젝트로 연간 250만 톤 생산이 가능한 산동 시멘트생산공장 3억 달러 단독투자사업, 산동성 옌타이 중공업 굴삭기공장 3천 5백만 달러 등의 간접지원 총액 약 3억 3천 5백만 달러의 간접지원, 그리고 대련의 미주수출용 텐트공장 350만 달러, 흑룡강성 무단쟝 제지공장 1천 6백만 달러 등 직접 지원 총액 약 2천만 달러의 투자가 있다. 중국 동북지방 수출입시장 개척 1억 5백만 달러, 투자 간접지원 약 3억 3천 5백만 달러, 투자 직접실행지원 약 2천만 달러의 실적을 이룬 것이다.

그리고 국가 간의 교류나 상호호혜의 경제원조 방침을 실행하는 주체이자 코디네이터로서의 역할도 컸다. 정부의 수출입은행과 외교부, 산업자원부 등이 예산을 책정하는 경제개발협력대외차관기금EDCF 사업이 있었다. 종합상사가 시행하는 중국과의 첫 번째 시행사업에 다른 회사와 경합을 벌이면서도 길림성 연길공항 확장건설(약 1천 8백만 달러), 천진 남강대교 건설(약 2천 3백만 달러) 등 한국 정부의 상징성인 큰 프로젝트를 대우가 수주하는 데도 폭넓게 직간접적으로 기여하였다.

대우무역이 베이징·따이렌·상하이·칭따오 설립신청서를 중국 정부에 제출했던 1990년 8월은 한중수교 이전이라 대우 홍콩

우리에겐 세계경영이 있습니다

법인의 명의로 우회 진출하여 지사를 설립했다. 그러나 실제 한국산 수출품목들은 모두가 경쟁국이었던 일본, 유럽, 미국의 제품 대비 고율의 관세가 매겨져 가격 경쟁력이 낮아서 수출시장에서 어려운 점이 많았다.

어디서나 제품은 품질, 기술과 함께 가격 경쟁력이 있어야 마케팅에 강점을 가질 수 있다. 또 지속적인 오더 수주로 이어질 수 있기 때문에 비슷한 시기에 중국 내 한국 수출시장을 개척하던 상하이, 베이징, 칭따오 지사도 마찬가지였지만 중국 동북지방은 유난히 보수적인 지역이라 그 신규시장 개척에 수많은 난관이 있었다. 그러나 중국시장 진출은 전폭적으로 지원을 아끼지 말라는 김우중 회장의 기본 마인드를 바탕으로, 본사 각 사업본부와 제조생산업체들의 유기적이고 전략적인 협력, 대우 특유의 시장개척 역량, 주재원들의 공격적이고 도전적인 마케팅 활동이 어우러져 만들어 낸 종합예술판 마케팅 교과서를 현장에서 새롭게 써 가면서 우리들은 중국 수출시장을 개발해 나갔다.

회사의 자산은 이렇게 전 세계 5대양 6대주 각지에서 지사, 본사, 그룹사들과의 협업하에 이루어 낸 땀과 피의 결정체다. 사업이 진행되는 기간 동안 실제로 거래에 불만을 품은 사람들에 의한 납치, 폭행, 강도, 린치 위협과 항공기 사고, 현지 교통사고로 인한 사고사 등이 있었다. '항공기 추락사고에는 꼭 1, 2명의 대우 직원이 있다'라고 할 정도로 세계를 누비다 보니 크고 작은 위험에 노출되기도 했다. 그러나 한편으로는 달러 자산과 해외의 한국자산은 우리나라 국세로 이어지고 국부와도 연결되며 엄청난 일자리를 만드는 등 국가 경제발전에도 많이 기여했다고 자부한다.

소중한 배움과 평생의 경쟁력

중국 속담에 이런 말이 있다. '친구 하나 많아지면, 길 하나 많아진다(多一個朋友 多一條路, 뚜오이거펑요우, 뚜오이탸오루).'

중국에서도 가장 보수적 성향이 강한 동북지방에서는 비즈니스 상담이나 협상을 처음 할 때는 '아는 형님, 아는 친구'를 찾아 그 사람 또는 건너, 건너라도 소개를 받아야 상담이 원활하다. 공들여 일 년 마케팅을 해도 힘든 일이 단 5분간의 전화통화로 거래의 실마리가 잡히기도 한다.

여기에는 두 가지가 중요하다. 하나는 소개해준 사람의 신뢰와 성사된 이후의 감사 인사다. 신뢰는 수출 상품의 품질과 가격경쟁력을 기본으로 클레임 등 문제가 생겼을 때 내 일처럼 잘 해결할 것이라는 믿음을 말한다. 한 치도 어긋남이 있어서는 안 된다. 그리고 거래를 이어가는 과정에서 반드시 소개해준 사람과 해당 정보의 공유는 물론이고 성사 후에는 반드시 물질로 인사를 해야 한다. 아무리 친해도 그냥 식사 자리나 감사 인사로 소개해 준 사람을 사후관리 차원에서도 홀대해서는 거래 액수가 커지지도 않고 심지어는 문제가 발생해도 해결의 접점을 찾기가 어렵다.

'대우와의 거래는 믿을 만해'라는 말은, '그 친구와 거래는 할 만해, 너도 해봐'로 연결된다. 중국의 상업 관행은 사람과의 관계에서 시작하고 발전하고 지속하고 또 종칠 수 있다. 비즈니스 네트워크란 한국의 다단계사업이나 보험영업에서 생겨난 말인지는 몰라도, 중국사업에서는 관계망, '꽌시왕'에 들어가기 위해 어떤 수고나 비용, 희생도 감수한다는 뜻으로 중국 사람과의 인간관계 형성은 아무리 강조해도 지나침이 없다. 거기서부터 거액의 거래나 투자도 성사되고 순조로운 협상도 시작된다.

"先情後商, 씨엔칭 허우상, 관계를 쌓은 후에, 비즈니스를"이라는 인간 냄새 물씬 나는 말도 있지 않은가.

대우의 중국시장 개척은 그야말로 창조적인 신규시장 개척, 희생적인 노력과 자세, 도전적인 마케팅 활동, '창조, 도전, 희생'이라는 대우정신의 결정판이라 생각한다. 중국 시장 개척의 효시기업, 즉 스타트업으로서 역사상 1800년 넘게 대륙의 부속국 혹은 변방의 조공국가에서 적어도 경제분야에서 리더급 우위의 국가라는 입지를 굳히는 데 기여하며 초석을 다졌다는 것에 자부심을 가진다.

1998년 7월 대우가 개최한 주한중국 대사관
장팅옌(張庭延, 장정연, 1992. 9 ~ 1998. 8) 초대대사의 이임 송별연.

구자삼

1975년 삼보증권에 입사, 1983년 대우증권으로 통합되면서 대우증권 런던 현지법인 사장, 국제본부장, 법인 본부장을 역임하는 등 증권업계에서 총 24년을 근무했다. 2000년에는 자산운영업계로 자리를 옮겨 현대산업 계열사인 HDC자산운영회사의 대표이사 사장을 역임하였고, 김포도시개발공사 이사회 회장, 산림조합중앙회 이사회의 전문이사 등등 경영 및 금융부문의 자문활동을 하였다.

이후 학계로 옮겨 서울대학교, 숭실대학교에서 강의도 하였고 우송대학교에 이어 수원과학대학에서 교수로 활동하였다. 대학의 정년퇴임 후에는 2015년에 외교통신부 신하 KOICA에서 자문관으로 파견되어 미얀마 협동대학에서 교수와 자문위원으로 활동하며 2년간 금융에 관해 현지 교수들과 세미나, 강의를 하였다. 2018년에는 정통부 산하 NIPA에서 파견되어 몽골 금융위원회의 정책자문관으로 '몽골정부의 증권정책 방향'을 자문하고 '한국 증권 정책' 방향에 대해 전수활동을 하다가 2019년 6월에 귀국하였다.

런던 금융시장에 뿌리내린
한국 최고의 증권회사

: 대우증권, 런던 현지법인

선배도 선례도 없던 해외 현지법인이 이룩한
대한민국 해외 파이낸싱 역사의 굵직한 첫 획

경제와 산업이 정상으로 돌아가는 데에 금융은 피와 같은 것
이다. 경제와 산업이 몸이라면 금융은 피가 되는 것이다. 피가
멈추면 심장이 멈추는 것처럼, 금융은 기업을 이끌어나가는 데
원동력이며 기업 성장의 심장이라고 할 수 있다. 가정에서 살림
을 꾸리려면 집안에 자금이 충분해야 살림살이가 잘 돌아가는 것
처럼 기업도 풍부한 자금력이 뒷받침되어야 안정적으로 성장할
수 있다.

종합상사에서 시작한 대우그룹이 비교적 짧은 시간 안에 여
러 계열사를 거느리고 성장할 수 있었던 데는 '필요 자금을 조달
할 수 있는 금융능력'이 뛰어났기 때문이다. 더욱이 1970~1980

년대 당시 한국은 금리는 높고, 자금이 부족한 나라이었기에 기업 성장을 위해서는 자금 조달이 최우선 과제였다. 성장 부문에 끊임없이 투자하기 위해서는 자금이 필요했고, 이 자금을 얼마나 잘 조달할 수 있느냐에 따라 기업 성장의 결과는 달라지는 것이다.

당시 대부분의 한국 대그룹들이 금융의 필요성을 잘 인식하였고, 대우그룹도 예외는 아니어서 금융업 참여에 대한 열망이 강했다. 1970대 초반 당시 수출 주도로 빠른 속도로 성장해가던 대우는 1970년에 동양증권을 설립하고 1983년 삼보증권을 인수하며 상호를 변경, 우리가 아는 '대우증권'이라는 회사를 탄생시켰다. 1980년대 초반은 증권회사의 대형화가 이루어진 시기로 대우는 우리나라 증권회사의 대명사였던 삼보증권을 인수, 합병함으로써 업계 1위의 증권사를 두게 되었다.

이후 대우증권은 한국 증권업계에서 '증권사관학교'라고 불릴 정도로 훌륭한 인재를 배출했다. 금융투자 협회장, 중대형 증권회사 사장 등 헤아릴 수 없을 정도다.

대우증권의 해외 진출

일찍부터 해외시장 개척에 관심이 있었던 대우였기에 금융 부문에서도 해외시장 진출에 관심이 컸다.

대우그룹의 경영 방침인 '세계경영' 역시 대우증권에서도 예외는 아니었다. 대우그룹의 '신흥 시장 진출 전략'과 맞물려 대우증권은 해외시장에 발 빠르게 진출하여 해외 각 지역에 금융 자회사들을 설립하며 국제 금융 시대를 열었다. 대우증권은 뉴욕, 런던, 홍콩, 싱가포르, 일본 등 금융 중심지에 법인 또는 지사를 마련해 다양한 방법으로 국제 금융 업무 활동을 개시하였다. 해외 거점의 주요 요직에 금융 전문가들을 배치하였고 당시 국내에서는 미처 도입하지 않았던 다양한 금융기법을 통해 그룹의 대규모 자금 조달을 위한 가교 역할을 하였다.

대우증권은 1980년대 들어서는 일찌감치 해외시장에 눈을 돌려 1984년 도쿄사무소, 1985년 뉴욕사무소, 1986년 런던사무소, 1988년 홍콩사무소를 개설하였다. 1990년대 들어 이들 사무소는 법인으로 바뀌면서 글로벌 자본 시장의 핵심 거점으로 자리잡았다.

이후 대우증권은 국내 최초 코리아 펀드(뉴욕 상장) 출시, 국내 최초 민간 경제연구소인 '대우경제연구소' 설립(1984), 국내 최초 대형 트레이딩룸 설치(1990) 등 증권업계에서도 수많은 '최초'의 기록을 남겼다.

1990년대 사회주의권 국가들이 문호가 개방될 때 가장 먼저 적극적으로 현지에 진출하여 헝가리 부다페스트에 현지 은행인 '헝가리 대우 은행'을 설립하기도 했다.

또한 아무도 중국시장을 거들떠보지 않던 1990년 초 당시 중국시장 비즈니스 활성화를 위해 '상하이 증권거래소' 업무인가를 국내 최초로 받은 곳도 대우증권이다.

나 역시 대우증권 초창기인 1975년에 입사해 IMF 외환위기로 대우그룹의 해체와 1999년 말 대우에서 계열분리가 될 때까지 약

24년간 증권업계에 근무하면서 많은 것을 경험하였다. 그중 기억에 남는 몇 가지 에피소드를 소개하고자 한다.

뉴욕과 런던에서 만난 거물

대우증권이 '외국인들의 한국 투자의 중심'으로 자리잡기까지는 다방면으로 조직적인 노력이 필요했다. 해외 유명 투자자들을 고객화하기 위해 런던, 뉴욕, 홍콩 등 12개의 국제 금융시장에서 '한국기업의 성장성'에 대해 규칙적으로 대규모 설명회를 열고 한국 주식과 채권을 전 세계 금융기관에 소개하면서, 홍보활동을 하였다.

또한 그들을 한국 안방에 초대하여 한국기업의 현장을 방문하게 하면서 한국에 대한 이해를 높이고 친밀도를 증진해 나갔다. 덕분에 다양한 세계 굴지의 투자가가 대우의 고객이 되었다. 뉴욕의 유명한 헤지펀드인 '조지 소로스'의 '퀀텀 펀드'도 우리 고객이었고, 세계 5대 큰손으로 유명한 '월스트리트의 살아있는 전설'로 불리는 '템플턴 펀드'도 대우증권 고객이었다.

사업설명을 하기 위해 템플턴의 본사가 있는 바하마에서 템플턴 경을 직접 만났다. 그가 한국에 대해 해박한 지식을 가지고 있다는 사실에 감명받았다. 그러면서 장기 가치투자의 전설로 유명한 자신의 저서 『가치투자의 기본서』를 선물하면서 자신의 '기본 투자원칙'은 "비관론이 극에 달할 때 투자하라! 이것이 나의 첫 번째 원칙이다"라고 했다. 이는 지금까지도 증권가에서 꼭 지켜야 할 명언으로 남아 있다.

런던의 국제 기관투자자를 고객으로 만드는 것은 간단하지 않았다. 특히 영국 금융전문가들은 외부사람들에게 '개방되지 않은 네트워크'의 전통을 갖고 그들끼리만 왕래하는 문화를 갖고 있다. 잘 알고 있는 동료회원끼리만 뭉치는 '그들만의 리그'로 외부사람이 내부자 모임에 끼어든다는 것은 쉽지 않았다. 매번 세계 주요 펀드 기관담당자와 만나려고 했으나 거절당한 게 한두 번이 아니었다.

　이때 도움을 준 친구가 있었다. 홍콩에서부터 오래 알고 지내던 햄브로스 은행에 근무한 데이비드 피츠허버트David Fizherbert가 손수 써준 '소개편지' 덕분에 이러한 문제를 결정적으로 해결할 수 있었다. 소개해준 사람은 영국의 명문 사립 이튼 칼리지를 졸업하고 옥스퍼드를 나온 인재였다. 금융계의 80% 이상이 옥스브리지(Oxbridge, 옥스퍼드대와 캠브리지대의 합성어) 출신인 점을 감안하면, 영국 명문 사립고등학교와 일류대학을 나오지 않으면 발붙이기가 어려운 것이 런던 금융가의 실상이었다. 영국에서 학연과 지연 등의 인간관계가 그렇게 크게 작용하는지 전혀 예상하지 못했고 상상을 초월할 정도였다.

　"나와 오랜 기간 막역한 한국 친구인데, 나를 대하듯 해달라"는 이 친구가 쓴 친필 편지의 효과는 매우 놀라웠다. 그 인연으로 하나둘씩 주요 고객을 만나기 시작했고, 국제경쟁력을 갖춘 세계 금융기관과 조금씩 유대관계를 맺기 시작했다. 그들이 주관하는 신규발행 유로채권의 인수단으로 참여하기도 하고, 때로는 대우 기업조사 분석자료를 통해 소통하며 대우의 신뢰와 명성을 쌓아나갔다. 사람을 만나서 신뢰를 형성하고 이를 바탕으로 누군 가에게 소개해 준다는 영국식 소개문화의 진정한 의미를 다시 새 기게 되었다.

덕분에 해외 유명 기관투자가를 대우증권의 장기 고객으로 많이 만들어 갔다. 유명 해외기관 고객수가 제일 많다고 히여 1990년 글로벌 금융 전문지 〈유로 머니Euro money〉 표지에 사진 과 함께 대우증권의 활동 상황을 '커버 스토리'로 상세히 소개하 기도 하였다. 당시 국제화 초기인 한국 증권계에서 최대 관심을 끈 사건이기도 하다.

1억 5천만 달러 해외 발행 성공

1990년 초에는 한국 기업이 주식이나 채권을 해외에서 발행 하면 한국 금리보다 훨씬 저렴하게 국제시장에 자금을 조달할 수 있었기 때문에 많은 관심이 있었다. 특히 신주인수권부 사채 발 행은 기업에서 조달 금리를 절약할 수 있어서 나라 안팎으로 집 중적인 관심을 받았다.

런던에서 추진했던 가장 기억에 남는 스토리는 한국 증권사 최 초로 런던 현지법인이 주간사를 맡아 성공적으로 US$ 표시 1억 5천만 달러 규모를 발행한 것이다.

1991년에 주식회사 대우가 신주인수권부 사채를 발행했는데, 당시 한국 증권 역사에서는 최초로 대우증권 런던 현지법인이 주 간사가 되어 자금 조달에 성공한 것이었다.

당시에는 한국 회사가 국제 금융시장에서 자금을 조달하는 것이 쉽지 않았다. 당시만 해도 런던 기관투자가에게 한국은 낯선 나라였고 대우라는 이름은 더더욱 잘 알지 못했기 때문이었다. 런던 해외 금융시장에서 기관투자가가 선뜻 나서지 않고 관심을 받지 못했던 시기이니 대우의 신규 발행 성공 여부는 큰 관심거리였다.

우선 세계 유수 투자가가 밀집된 지역에서 로드쇼를 통해 국제 투자자의 관심을 끌도록 대우의 역할 및 자금 조달의 필요성에 대한 설명회를 개최하였다. 이전 같으면 국제 금융회사 IB들이 주선해주던 일을 이젠 대우증권 런던 현지법인이 단독으로 맡아 독립적으로 진행하기 시작한 것이다.

국제 금융시장에서 '대우'라는 이름을 전 세계에 알리는 로드쇼 즉 사업설명회가 '스위스 주네브'를 시작으로 유럽투어를 진행했다. 당시 대우그룹의 국제금융 담당 임원이 총집결해서 대우그룹의 전략과 미래사업 전망을 설명했다. 진행부분은 주간사인 대우증권에서 맡아 신행하었나. 국세본부장과 부사장이 한국경제, 증시 및 런던 시장에서 공모 방법, 절차, 분배 방법 등을 설명하였다.

런던 현지법인 사장이었던 나는 행사의 사회자로 전체적인 진행을 맡았다. 이 행사를 통해 유럽 기관투자가들의 관심을 이끌어내 투자하도록 해야 하는, 매우 중요한 마케팅 이벤트였고, 더욱이 국제무대에서 '대우'의 이름을 선보이는 만큼 꼼꼼한 준비가 필요했다. 해당 지역의 투자자 명단을 만들고, 장소를 섭외하고 그들을 초대하였다. 런던 현지법인 설립 후 가장 큰 행사인

데다가 현지 펀드매니저를 대상으로 투자할 수 있도록 관심을 끌어야 하는 로드쇼이므로 사회를 맡아 진행한다는 것만으로도 매우 긴장되었다.

모든 것이 영어로 진행되는 것이어서 영어가 제 2외국어인 스위스 주네브, 취리히를 거쳐 프랑스 파리의 설명회까지는 무난히 진행하였다. 해당 지역의 유수 투자자들이 많이 참가하여 성공을 예감할 수 있었다.

마지막 영국 에든버러와 런던의 사업설명회는 더 긴장되는 순간들이었다. 본토 영어로 진행해야 하는데 전부 한국을 잘 아는 전문투자자들이 다수 포진되어 있기 때문이었다. 대우에 대한 이해도를 높이기 위해 국제적인 관점으로 비교하고, 영어로 설명해야 하기 때문에 걱정이 앞섰다. 게다가 참여자 일부는 웨일즈나 에든버러의 지방 사투리 억양이 억세서 알아듣기 쉽지 않았기 때문이다. 사전에 예상 질문을 준비하였으나 때로는 그들이 질문한 내용을 이해하지 못하여 반복하는 등 버벅거린 적도 있었다. 그러나 오래 알고 지내던 현지 기관투자자들의 협조 덕분에 성공적으로 마칠 수 있었다. 어느 나라에서든지 현지 기관과의 좋은 관계나 친밀도가 얼마나 중요한지 실감하는 시간이었다.

주식회사 대우에서 발행한 신주인수권부 사채를 한국 최초로 런던 금융시장에서, 그리고 한국 증권사 단독으로 주간사 업무를 맡아 성공한 것이다. 그해 12월, 대우는 당시로는 표면금리 연 5.5%, 전환프리미엄은 6.69%의 좋은 조건으로 룩셈부르크 증권거래소에 상장하였다. 그때 일이 어제 일처럼 생생하다.

우리에겐 세계경영이 있습니다

가보지 않은 길을 개척하는 도전 정신

당시 대우의 해외 신주인수권부 사채 발행 업무는 외국 금융 회사의 힘을 빌리지 않고 독자적으로는 처음 해 본 주간사 업무였다.

걱정이 앞섰지만, 대우그룹의 도전과 개척정신으로 시작한 것이다. 해외 신주인수권부 사채는 당시 해외 금융시장에서 최초로 발행된 한국 금융상품이었다. 물론 일본 회사의 경우는 자주 있었지만, 한국의 증권사로는 처음으로 단독 주간사를 맡아 성공적으로 마친 것이다. 이를 통해 해외 금융시장의 세계 기관투자자들에게 대우의 이름을 알리는 계기가 되었다. 또 대우의 경쟁력, 대우그룹의 추진 전략, 국제 조직역량 강화 등 중기 전략 방향 및 비전, 대우의 세계경영 전략에 대해서도 알리는 계기가 되었다.

성공적으로 발행을 마친 덕분에 외국 투자자들의 한국 투자 활성화에 힘입어 일 년 만에 한국기업의 전환사채 및 인수권부 사채 가격 등 한국 선물이 상승세를 보였다. 삼성전자 전환사채의 경우 액면가의 2배 정도 올랐고, 같은 기간 중 대우중공업 전환사채 및 대우인수권부 사채, 유공(지금의 SK), 금성사(지금의 LG) 등이 20% 이상 상승하여 해외 금융시장에서 한국 증권 상품의 명성을 각인시키는 계기가 되었다.

당시 런던에서 글로벌 금융인으로서의 삶은 늘 가보지 않은 길을 처음 가는 것이었다. 최초로 새로운 런던 고객을 직접 만나 비즈니스를 만들어내야 하는 책임자로서 신규 법인을 운영하다

보니 늘 머릿속에 새로운 비즈니스 방법에 관한 생각으로 가득했다. 매번 가보지 않던 길을 가야 하고, 새로운 일을 개척해 나가면서 '생각하면 길이 보인다'라는 믿음을 갖게 되었다. 금융전문가들의 일은 일맥상통하기 때문에 축적된 전문지식과 경험을 응용하면 새로운 아이디어가 나오고, 일을 쉽게 풀 수 있었다. 런던의 업무는 모두가 당시 기준으로 한국 최고 아니면 최초이기 때문에 선배도 없었고 사전 지식을 가진 동료도 없었다. 그러나 깊이 곰곰이 생각해 보면 아이디어가 떠오르기 마련이란 믿음이 이젠 나의 좌우명이 되었다. 한 번의 성공엔 또 다른 성공이 뒤따른다.

대우의 인지도 향상과 또 다른 성공

런던 현지법인 사장으로 해외 금융분야에서 대우워런트 발행의 주간사를 성공적으로 수행한 이후에 유럽에서 대우의 명성과 인지도는 높아져갔다. 성공과 전문지식을 계속 쌓아가며 또 다른 성공을 예견할 수 있었다. 한국의 자본자유화로 증권시장이 개방되었던 1992년에는 그렇게 깐깐하던 외국 기관투자자들이 먼저 대우증권과 거래하기를 원했다. 외국인 투자가를 상대로 한 국제위탁 영업부문에서 국내외 증권회사 중 대우증권이 시장점유율 1위를 차지하였다.

1992년에는 이런 일도 있었다. 대우증권의 런던 고객인 '퀀텀펀드'가 5대 대형증권회사 주식을 각 1,000만 달러씩 총 5,000만 달러 매입을 주문하였다. 당시 1,000만 달러면 '증권 종목'의 일일 거래금액에 해당하는 큰 금액이어서 오전 장에 모든 증권회사가 상종가가 되었는데, 시장 관계자들은 왜 그런지 이유를 몰라 어리둥절했다. 당시 각 경제신문 1면에는 '해외 단기 투기자금의 국내 진출'이라고 대서특필했던 때도 있었다. 이러한 매매 주문이 유독 대우 창구만을 통해서 나왔다는 것은 대우의 명성과 신뢰도에서 비롯되었을 것이다.

대우와 금융, 나의 인생 3모작

대우증권의 금융 부분에서 최초로 '세계경영 모토'로 당시 신흥시장인 헝가리, 우즈베키스탄 등에 진출하여 현지에 은행을 설립하여 운영하는 등 '가보지 않은 길을 뚜벅뚜벅 걸어가는' 기업가 정신이 대우의 최대 강점이었다.

이러한 기업가 정신은 전문적인 지식과 경험이 있을 때만 꽃피운다. 기업가 정신과 전문적인 지식이 융합할 때 성공이 뒤따라온다.

대우의 강점은 기업가 정신이다. 창의적인 도전 정신이다. 대우는 가장 진취적인 기업으로 미래의 가능성이 있다고 판단되는 지역이면 어느 지역이라도 진출하는 청년 같은 기업이다. 이러한 강점을 통해 세계경영을 뿌리내렸고, 미수교국도 과감히 진출하여 성공하였다.

대우의 신흥국 진출 전략의 성공 사례는 수없이 많다. 특히 헝가리, 베트남 등 신흥국 시장을 선점하여 신규로 설립된 현지 은행과 증권회사들은 한국에서 성공했던 대우 초기의 경영 사례를 그대로 도입하여 독보적인 경쟁력을 이어나갔다. 미얀마, 몽골 등 개발도상국의 정부 정책 자문관으로 활동하면서 느낀 것은 그들이 대우의 발전 전략의 산 경험을 배우고 싶어하므로, 이를 밑바탕으로 '신흥시장에서 독보적인 경쟁력'을 추구한 대우의 전략은 지금도 신흥국에서는 유효하다는 것이다.

이러한 해외 금융의 전문적인 지식이 이후의 나의 삶에도 빛을 발하여 다양한 일을 수행하는 데 힘이 되었다.

대우증권을 떠난 뒤에도 투신운용사 대표로 부임해 일하면서 당시 외국인을 위한 펀드 설정 및 상장 경험이 비즈니스의 토대가 되었다. 또한 당시 이런 경험을 통하여 대학에서 국제금융 및 증권투자 분야를 학생들에게 가르치는 교수 활동을 하며 생생한 글로벌 금융시장의 실전 사례를 학생들과 공유하는 데도 크게 도움이 되었다.

이는 기업뿐만 아니라 다양한 분야에서도 통용되었다고 생각한다. 나는 대학에서 은퇴 후 60대 후반에 정부기관에서 파견된 자문관으로 미얀마, 몽골 정부의 정책 자문을 했다. 이 나라에서 절실한 것이 대우의 창조 정신임을 다시 한번 떠올릴 수 있었다.

1990년대 초반 개혁·개방을 시작한 동구권 국가, 발전 초기의 개발도상국까지 진출하는 '대우의 금융진출 전략'은 이처럼 다양한 부분에서 유용하게 사용될 수 있음을 재확인하게 되었다.

금융부문에 있어서도 대우는 해외진출을 통해 최고의 기업가치를 창출할 수 있음을 각인시켜 주었다. 미국 유명대학 MBA 코스의 사례집에서도 '대우'의 케이스를 공부할 정도였다. IMF 외환위기로 그때 꿈꾸었던 대우그룹의 '세계경영'의 꿈은 사라졌지만 글로벌 기업들의 신흥국 곳곳에서의 성공 신화를 바라보면서 그때 '대우의 신흥국 선점 전략'이 아직 살아 숨쉬어 다시 보는 듯하다.

2018년 7월 몽골 금융위 부원장 등 관계 국장들과의 회의.
(과학기술정보통신부 산하 NIPA에서 정책자문관으로 파견)

2

현지화와 최적화
LOCALIZATION

현지인의 마음과 정신을 사로잡은
빠르고 과감한 도전의 역사

김재섭

1960년생으로 광주제일고등학교와 서울대학교 기계설계학과를 졸업했으며, 1983년 지금 회사의 전신인 대우중공업에 입사 후 공작기계 분야에만 매진했다. 대우그룹 해체 이후에 대우종합기계 상무보, 중국 두산기상 법인장(상무), 두산인프라코어 기획조정실장(전무)과 2009년부터 공작기계부문장(전무/부사장)을 거쳐, 2013년부터 31개월간 건설기계사업부문의 오퍼레이션본부장(사장)을 맡았다. 현재 2016년 5월부터 두산그룹에서 분리, 독립된 회사인 두산공작기계(주) 대표이사를 맡고 있다.

| 중국 |

묵묵히 걸어온 공작기계의 한 우물, 전략적 경쟁력을 바탕으로 세계시장에 우뚝 서다

: 대우중공업, 공작기계 대표주자로 중국 진출

"뿌린 씨 열매 거둘 내일에 살자"

지난 2019년 3월 22일, 대우그룹 창업52주년 기념행사장에 참가해서 옛 동료, 후배는 물론이고, 나에게 삶의 가르침을 주셨던 당시의 선배님, 사장님 등 경영진을 만났다. 그 자리에서 부른 사가社歌〈대우가족의 노래〉 2절의 가사 한 구절을 접하는 순간 마음이 뭉클해져 옴을 느꼈다.

지난 세월이 바로 이 사가의 노랫말과 정확하게 맞닿아 있었기 때문이다.

내게 있어 대우그룹 소속의 직장생활 절반의 기간은 씨를 뿌리는 시간이었고, 대우를 벗어난 절반의 기간은 열매를 거두는 시간이었기 때문이다. 1983년 입사했던 나의 직장생활 36년의 절반이 되는 1999년, 대우그룹은 해체되었다.

대우에 다니는 17년 동안 매주 월요일 아침이면 사무실 조회할 때와 회사 차원의 행사 때마다 이 사가를 불렀다. 나이도 어렸고, 직급도 낮은 시절이라 그냥 저냥 불렀던 것 같다.

이후 한국자산관리공사 체제로 지내다가 2005년 회사가 두산그룹에 매각되고, 2016년 사모펀드 MBK 소속의 독립된 공작기계전문회사인 '두산공작기계'로 이어지는 19년간은 이런 사가를 부를 일이 없었다.

그런데 36년만에 참석한 대우그룹 창업 행사에서 반추해 보니 대우그룹 해체 이후에 주인이 바뀌었지만 '글로벌 공작기계 세계 5위'라는 회사의 업적은 대우에서 뿌린 씨 덕분임이 명확했다.

대우는 1976년 정부의 부실기업인 한국기계공업을 정부의 권유로 인수한 이듬해인 1977년에 경남 창원에서 공작기계사업을 본격적으로 시작했다.

Before 김재섭, After 김재섭

멀티형, 융합형 인재가 각광받고 한 우물보다는 여러 우물을 파는 게 낫다는 인식이 대세인 요즘과 달리, 내가 대학을 졸업하고 사회생활을 시작할 무렵에는 첫 직장이 평생직장이 될 거라는 암묵적인 사회적 분위기가 남아 있었다.

진로와 직장에 대한 고민이 가볍지 않았지만, 입사하지 않는

우리에겐 세계경영이 있습니다

한 지금처럼 기업에 대한 정보를 알 수 없었기 때문에 그 당시에는 다분히 필연을 가장한 우연의 기회로 첫 직장을 구했던 것 같다.

그러나 막상 지금 한 회사의 전문경영인인 CEO로 일하고 있고 나름대로 뭔가 성취한 성공적 인생으로 평가된다면 '한 우물만 판 덕분'이라는 생각이 든다. 36년의 축적된 경험이 빛을 발한 것이기 때문이다.

하지만 IMF를 겪은 후 평생직장에 대한 개념이 사라지고 직장이나 직종을 바꾸는 것에 대한 거부감도 확연히 없어지는 추세다. 실제로도 제2, 제3의 직업을 가지고 인생의 후반전을 치르는 사람들도 많아졌다. 그 소용돌이 속에서 나와 같이 오랫동안 직장인으로 살아남는 경우는 점점 줄어들고 있는 듯한 분위기는 안타깝다.

현재 내가 대학 졸업 후 입사하여 36년간 계속 다니고 있는 회사는 이름만 다를 뿐 같은 회사이다.

대우중공업, 대우종합기계, 두산인프라코어를 거쳐서 2016년 5월부터는 두산공작기계(주)로 불린다. 한국 최대 사모펀드인 MBK Partners가 대주주(100%)로 있는 독립된 공작기계 전문 제조회사이다.

나는 금융위기 이후 2009년부터 4년간은 사업본부장을 맡았었고, 2016년 5월부터 현재까지 두산공작기계(주)의 대표이사를 4년째 맡고 있다.

2013년부터 잠시 건설기계사업의 오퍼레이션 사장 역할을 한

적이 있지만, 첫 직장생활을 시작한 후부터 지금까지 오직 공작기계에만 종사해온 것이다.

지금은 두산공작기계(주)의 대표를 맡아 회사 경영을 책임지고 있지만, 사실은 경영자이기 전에 '공작기계 전문가'로서 평생을 살아온 셈이다.

기계공업의 핵심 '공작기계'

공작기계라고 하면 일반인들에게는 낯설게 느껴질 것 같아 잠시 설명으로 이해를 돕고자 한다.

공작기계는 기계를 만드는 기계라는 의미로, '마더 머신Mother Machine'이라고도 불린다. 주변에서 흔하게, 자주 볼 수 있는 것들이 공작기계 산출물이다. 자동차부품, 항공기부품, 스마트폰 등 IT제품의 부품, 의료기기부품 등 제조 산업 전반에 걸쳐 필요한 부품 생산의 필수적인 장비가 바로 공작기계다.

공작기계는 금속을 다루는 것과 비금속을 다루는 것 두 가지로 나뉘는데, 두산공작기계는 금속을 다루는 공작기계를 제조, 판매하는 회사이다.

금속을 절삭하는 공작기계는 가공방법에 따라 TCTurning Center 와 MCMachining Center로 구분한다. TC는 공작 대상물을 회전시키면서 형상을 만드는 기계이고, MC는 장비의 작업대 위에 고정된 공작 대상물을 대상으로 형상을 만들어가는 기계이다.

두산공작기계는 독자적인 기술력으로 설계, 개발한 TC와 MC를 제조하는 공작기계 전문회사로서, 약 380여 종의 모델을 보

우리에겐 세계경영이 있습니다

유한 국내 최대, 세계 5위 규모의 글로벌 회사이다.

2001년에는 대우종합기계(두산공작기계의 전신)가 자체 개발한 TC(터닝센터)와 MC(머시닝 센터) 모두 한국 정부가 선정한 '세계일류상품'에 선정되어 현재까지도 유지 중이다.

두산공작기계는 최근 글로벌 경기 침체에도 불구하고 연간 1조 4,000억 원을 초과하는 매출과 두 자리 수 이상의 영업이익률을 꾸준히 달성하고 있다.

2018년에는 1조 7,800억 원의 매출, 16,800대를 판매하면서 판매대수에서 세계 1위가 되는 역사적인 기록을 세우기도 하였다.

이렇듯 두산공작기계는 세계 절삭가공기계 분야에서 일본과 독일 등 공작기계 선진 경쟁사들과 어깨를 나란히 하는 위치에서 있으며, 대한민국을 대표하는 공작기계 제조회사로 성장하였다.

현재 직원 수는 약 1,900여 명(해외인력 포함)이며, 한국과 중국에 3개의 생산시설과 4개 해외 판매법인을 두고, 국내외 160여 개 딜러 네트워크를 갖고 있다.

대우에서의 첫 번째 터닝포인트, 중국으로 떠나다

오늘날 공작기계에 관한 한, 내가 전문적인 엔지니어이자 최고 기업의 전문경영인이 될 수 있게 된 데는 '대우'에서의 첫걸음이 있었기 때문이다.

대학에서 기계설계학을 전공한 나는 졸업한 해인 지난 1983년 대우그룹 공채로 입사했다. 대우중공업의 연구원 병역특례로 입사 후, 창원에 있는 공작기계사업본부에 배치되어 길고 긴 객지 생활이 시작되었다.

약 1년 동안의 현장 OJT 과정을 거친 후, 생산기술 실무자로 출발해 10여 년 정도 공작기계 엔지니어로서 일했다.

차장 직급이던 1993년부터 가공 부문의 생산부장 역할을 맡으며 직장생활에서의 첫 번째 중요한 터닝포인트를 맞았다.

그때까지 기술 분야 엔지니어로서 성장해 왔다면, 이때부터는 한 부서를 책임지는 부서장이 되면서 사실상 경영관리자로서의 단계를 밟기 시작한 셈이다.

그런 나에게 또 다른 실제적인 터닝포인트는 마치 약속이나 한 듯이 이로부터 10년 후에 있었다.

공작기계 제조 부문 전체를 책임지는 생산담당 역할을 하고 있던 2003년 초, 전혀 예상하지도 못했던 상황이 나에게 다가왔다.

당시 회사 차원에서 상당 기간 검토를 해왔던 중국 현지공장 설립이 가시화되면서 중국공장 책임을 맡을 사람으로서 내가 지목되어 중국으로의 파견 제안을 받은 것이다.

사실 대우는 어느 기업보다 빨리 중국에 큰 관심을 보이며 중국과 정식 수교도 되기 전부터 중국 시장에 진입했다.

1987년 복건성 복주에 냉장고 합작공장을 설립한 이후, 강소성 남경에 유리공장, 산동성 제남과 사수에 시멘트공장 등의 투자사업과 북경을 시작으로 대련, 상해에서 무역지사 업무를 수행함과 아울러 중국 전역에 지역 특성에 맞는 공장을 세우고 판매

활동을 활발히 전개하고 있었다.

중국의 공작기계시장에 관심이 많았던 대우는 1990년대 말부터 공작기계 장비를 수출해서 팔기 시작하였다. 시장의 반응이 나쁘지 않자 중국 현지업체와 전략적 협력 관계를 맺기 위해 여러 가지 방법을 알아보던 중 중국과 수교가 되었고, 이때부터 중국과의 거래가 본격적으로 활발해졌다.

그러나 한국의 IMF 외환위기와 대우그룹의 해체로 인해 개별기업으로 분리되는 과정 속에 독자생존해야 하는 절체 절명의 상황에서 해외진출을 신경 쓸 수가 없는 시간이 지나갔다.

이런 중에 내가 중국 근무를 제안 받은 시기는 정확하게 '대우그룹'이 아니고 독립된 '대우종합기계'라는 회사였다.

1999년에 대우그룹의 주력사들이 워크아웃에 들어가면서 대우그룹은 완전히 해체되었다. 대우중공업도 3개 회사로 분리되어 대우종합기계, 대우조선해양, 청산을 위한 잔존법인인 대우중공업이 되었고, 나는 대우종합기계 소속이 되었다. 다행스럽게 2년 만인 2001년 말에 대우종합기계가 워크아웃에서 졸업하였고 2005년 4월에 두산그룹에 매각이 되었다.

중국 근무를 제안 받은 2003년은 한국자산관리공사(캠코, KEMCO)가 대주주로서 적당한 시기에 매각할 것을 전제로 경영이 지속되었는데, 당시 CEO는 대우중공업 시절에 모셨던 양재신 사장이셨다.

일반적으로 금융권 관리회사는 해외사업에 투자하는 것이 쉽지 않지만 최고경영층은 공작기계의 글로벌시장 흐름이나 중국

시장의 성장 가능성을 그냥 보고만 있을 수 없었을 것이다.

특히 중국경제 전반의 성장을 예상한다면 '기계를 만드는 기계'인 공작기계의 중국 진출은 머뭇거릴 수가 없는 상황이 된 것이다.

그러던 중 2002년 중국시장 연간 판매가 600대를 넘어서자 회사에서는 아예 중국 현지에 공장을 지어 판매를 확대해보자는 분위기가 형성되었다.

이미 굴삭기 공장이 운영되고 있던 산동성 옌타이가 적합 지역으로 부상하고, 공작기계사업본부 내에 TF팀이 꾸려져 구체적인 타당성 검토가 진행되었다.

그런데 TF팀에 전혀 관여하지 않았던 내가 중국으로 가야 한다는 제안을 받게 되니 사실 당황스러웠지만, 하루 만에 가족과 상의하곤 중국에 갈 것을 결심하였다.

중국 산동반도 동북단에 위치한 옌타이烟台는 당나라 때부터 외국과의 통상이 활발히 이루어지던 곳으로 저렴한 인건비, 부품의 현지 조달, 한국과 지리적으로 가까운 위치로 인한 물류비용 절감 등이 가능한 곳이었다.

우리 대우공작기계가 공장 설립을 하고자 할 무렵 옌타이라는 곳은 이미 여러 나라에서 많은 기업이 진출해 어느 정도 제조업 기반을 갖춘 공업 도시로 자리잡고 있었다.

하지만 나는 입사 이래 창원공장에서 생산 분야 업무만을 해온 터라, 아무 것도 모르는 중국에 가서 공장을 짓고 운영한다는 게 엄두가 나지 않았다. 회사에서도 이런 나의 막막함을 이해했는지

같이 일할 만한 사람을 누구든 2명 선발해서 같이 가라고 했다. 2명의 수족만으로 해외공장 전반을 운영하려면 슈퍼맨이 필요하기에 당시 생산 부문에서 핵심적인 역할을 맡고 있었던 팀장 2명과 함께 중국 진출 업무를 시작했다.

우선 법인설립 준비 과정을 거쳐 2003년 7월 1일 대우기상機床연대유한공사를 출범시켰다. 하지만 공장을 짓는 동안은 중국에 상주할 필요가 없어 1년은 기존 직책을 유지한 채 해외출장으로 오가면서 공장 가동을 준비했다.

공식적으로 중국 땅에 상주하면서 머문 시간은 2004년부터 2007년까지 4년 정도이며, 그 사이에 회사 이름도 바뀌었다. 2005년에 두산그룹에 매각이 되어 두산인프라코어(주)의 중국 투자 자회사의 하나인 두산기상(연대)유한공사로 이름이 바뀌었다.

돌이켜 생각해보면, 세계에서 가장 규모가 큰 시장인 중국에 그때라도 진출하지 않았었더라면 지금 중국에서의 성과는 기대하기 이려웠을 것이다.

회사도 이런 기대와 희망으로 과감히 중국에 공장을 짓고자 결정했겠지만, 그 시작은 절대 녹록하지 않았다.

초기 설립 과정의 긴박했던 순간을 고스란히 기억하는 내게 중국공장은 사업에서 선택과 집중이란 얼마나 중요한 것인지를 방증해주는 잊지 못할 기억이다.

냉혹한 중국 시장과 위기

2003년 3월부터 1년 가까이 창원과 중국 옌타이를 오가며 창원공장 생산총괄 책임자와 중국법인 대표로서 공장 건설이라는 두 가지 역할을 동시에 수행하게 되었다.

법인을 설립한 후 토지를 계약하고, 공장 건설의 설계도 진행하고, 현지인을 채용하여 한국 연수도 시키고, 현지에 맞는 제품 개발 준비까지 일사천리로 진행하였다.

그런데 현지 공장 생산 후 판매 준비를 하는 과정에서 중국 진출 타당성 검토 내용 중 판매체계와 관련하여 결정적으로 이상한 점을 뒤늦게 발견하였다.

첫째, 판매체계에 관한 내용이다. 2001년에 100여 대를 수출했고, 이듬해인 2002년에 600여 대를 판 것은 모두 '달러'로 거래하는 수출 판매인데, 중국 현지공장에서 생산하는 제품은 모두 현지화폐인 '인민폐'로 거래해야 하는 것이었다.

당시만 해도 중국의 고객이 해외에서 장비를 수입하려면 외환거래 허가를 받아 달러로 거래했고, 중국 내에서의 거래는 모두 인민폐로 거래가 이루어지는 구조였다.

그동안 달러를 받고 수출로 거래하던 중국 수입시장의 경쟁자들은 선진시장에서 이미 경험한 경쟁자들과 다름이 없었지만, 중국 현지에서 생산되는 제품이 국내에서 인민폐로 거래되는 시장에는 전혀 다른 경쟁자가 있었고, 가격 조건 또한 전혀 다른 수준으로 거래되고 있었던 것이다.

한 마디로 중국 내에는 달러로 장비를 수입하는 시장과 현지생산 장비를 인민폐로 거래하는 내수시장이 따로 있었다.

사실상 수요시장의 구조와 경쟁상황을 전혀 모르고 중국 진출

우리에겐 세계경영이 있습니다

을 결정하게 된 셈이다.

둘째, 투자 타당성과 관련된 내용이다. 당초 투자 위험을 감안하여 우선은 조립공장만 짓고 추후 2단계로 가공설비 투자와 부품 현지화 단계를 진행하는 것으로 되어 있었다.

초기에 모든 부품을 한국에서 가지고 가서 조립만 할 경우 제조원가는 한국보다 오히려 더 비싸지게 되는 구조를 가질 수밖에 없었다.

그런데 내수시장은 수입시장과 달리 중국에서 제조되는 장비들과 경쟁해야 하기 때문에 달러로 거래되는 수입시장과 가격 수준에 있어 차이가 많고 경쟁자도 달랐다.

한 마디로 모든 부품을 수입하여 조립만으로 완성품을 만들어 내수시장에서 판매를 하겠다고 하는 것은 원가구조적인 측면에서 아예 발상부터가 말이 안 되는 구조였다.

이렇듯 중국 내수시장의 구조와 경쟁 상황에 대한 문제점을 파악하였을 때는 이미 되돌아설 수 없는 길을 너무 멀리 왔다는 생각이 들었다.

결론은 주어진 현실에서 무조건 해결 방안을 찾아야만 했고, 무엇을 어떻게 해야만 하는가에 집중하여 해법을 고민했다. 누구와도 상의하거나 원망할 수도 없는 외로운 결단이었다.

1단계 조립공장의 건설이 진행되는 중에 당초 2단계로 계획되어 있었던 가공공장 건설과 설비투자, 협력사 공동 진출을 통한 부품개발을 앞당기는 방향을 결정했다.

내수시장에서 가격 경쟁력을 갖춘 장비를 만들어 경쟁자들을 물리치고 고객들에게 판매하려면 한시라도 빨리 2단계까지의 계획을 앞당기는 것밖에는 다른 도리가 없었다.

이런 상황이 주어진 데 대해 아쉬워하는 것 자체가 사치스럽고 이미 무의미한 것이었다.

결국 법인 설립부터 시작해서 1년 만에 주어진 상황을 모두 수습하고 공장 건설, 현지인 교육훈련, 부품개발 및 협력사 공동 진출, 판매망 준비 등을 동시에 진행하였다.

타당성 검토 과정이나 의사결정 단계가 어떻게 이루어졌든지 간에 다시 되돌아설 수 없는 절박한 상황에서 현실을 있는 그대로 받아들이고 오직 앞만 보고 간 셈이다.

우여곡절 끝에 1년 후 2004년 3월에 공장 건설을 완료하고 4월 8일 생산을 개시했다. 6월 8일, 현지 생산 첫 제품인 장비를 출시하는 행사를 갖게 되었다.

그러나 기대와 달리 판매는 저조하였다. 그동안 수입시장에서만 판매를 해왔기에 중국 내수시장에서는 대우라는 브랜드에 대해 인지도가 약한 게 현실이었다.

판매 개시 후 연말까지 6개월 동안 고작 37대가 팔리고, 2년 차인 2005년에는 107대가 팔리는 저조한 매출이 계속되었다. 피 말리는 시간의 연속이었다.

2006년에 들어서야 비로소 내수시장에서도 서서히 평판이 알려지면서 공장은 점차 안정을 찾아가기 시작했다. 그나마 '대우' 브랜드가 오랜 세월 심어놓은 뿌리의 힘이었다.

오래 전부터 잘 알려진 대우 브랜드의 명성에 우리가 현지에서 생산한 공작기계의 품질에 대한 인지도가 점차 정착되기 시작했던 것이다.

이렇게 회사 설립부터 2007년 말까지 만 4년을 꼬박 중국공장의 안정화에 매달렸다. 나뿐 아니라 함께한 임직원들의 마음고생은 이루 다 말할 수 없었다.

그러나 내가 결정하고 선택한 운명에 책임을 져야 했으므로 할 수 있는 모든 것을 다 쏟아 부은 4년이 아니었나 싶다.

그사이에 회사의 주인과 이름이 바뀌어 또다시 2016년 독립법인인 두산공작기계로 회사 이름이 바뀌는 변신이 있었지만, 중국공장은 여전히 같은 자리에서 같은 제품을 만들고 있다.

2004년 6월 현지 생산 1호기를 판매한 이후 2015년 9월, 10년 만에 옌타이공장 생산 1만 대 판매를 달성하기에 이르렀다.

2004년 6월 중국 옌타이 대우공작기계 1호기 출하 기념식.

그리고 2016년 단일회사로 독립한 이후 판매가 급격히 증가하여 2018년 한 해에만 4,500대를 팔아 중국시장 시장점유율 1위를 기록하는 놀라운 성과를 거두게 되었다.

2003년에 발을 들여놓기 시작한 중국의 17년은 나에게 좌절과 성공 그리고 회사의 성장을 이끌어준, 인생의 전부와 다름없는 곳이다.

엔지니어에서 최고경영자로

2005년 회사가 두산인프라코어로 바뀐 후, 2008년 초 갑자기 본사 기획조정실로 발령이 났다. 2003년 중국 발령과 마찬가지로 내가 전혀 예상하지 못한 자리였다.

공작기계뿐만 아니라 회사의 전 사업 부문을 모두 봐야 하는 자리였는데, 결과적으로 최고경영자 옆에서 혹독하지만 정교하게 경영자 수업을 받은 1년이 되었다.

그러던 중, 금융위기로 공작기계사업이 큰 위기에 처하게 되었을 때인 2009년 초에 다시 창원공장으로 복귀하여 본부장 역할을 맡게 되면서 사업 부문 최고경영자의 길에 들어서게 되었다.

공작기계 산업은 경기를 직접 반영하는 산업이다. 그래서 불황이 오게 되면 제조공장들이 멈추게 되고, 제조공장이 멈추면 공작기계의 수요도 당연히 줄어들게 된다.

2009년 판매가 이전보다 반토막이 나고, 장비를 더 만들 일거리가 없어 2009년 상반기에만 55일간 공장 가동을 멈추는 고통을 겪게 되었다.

절체절명의 위기에 처한 공작기계호號의 키를 잡은 선장으로서, 2010년도에 바로 V자형 회복을 이끄는 데 결정적 역할을 하게 된 것도 역시 '중국'이었다.

세계 경제의 회복을 견인했던 중국시장이 가장 먼저 되살아나고, 중국 판매가 조기에 회복되면서 다시 공작기계사업이 정상궤도를 달릴 수 있게 되었다.

이렇게 중국은 개인적으로 보아 떼려고 해도 뗄 수 없는 인연이 된 셈이다.

한 기업을 이끌어가는 자리는 언제나 외로운 결정을 해야 하는 자리다. 후세대의 관점에서 보았을 때 어떤 결정이 맞는가를 끊임없이 고민하고 스스로 결정해야 한다.

36년간의 경험에 의해 내 나름의 의사결정 5원칙을 반영해 적용하는 게 있다.

'전략, 고객, 가치, 지속, 공감'의 다섯 가지다.

▶ 먼저 그 결정이 회사가 추구하는 전략에 부합되느냐를 먼저 따져보아야 하나.

▶ 고객의 입장에서도 맞는 방향인가를 우선 고려해야 한다.

▶ 나의 결정으로 인해 얻어지는 가치가 무엇인가?

▶ 내가 없더라도 그 결정이 지속될 수 있을 것인가?

▶ 나의 결정 내용에 대해 해당 구성원들 대다수가 공감하는지를 생각해보고 결정해야 한다.

또한 경영자로서 반드시 직접 주도적으로 챙기는 5가지가 있는데, '전략, 제품개발, 품질, 원가, 사람'이 바로 그것이다.

- ▶ 리더가 전략을 잘못 짜면 회사가 망하게 되고,
- ▶ 제품의 경쟁력이 없으면 해당제품의 사업이 엉망이 되고,
- ▶ 품질이 잘못되면 장사가 안 되고,
- ▶ 원가가 나쁘면 수익이 안 나오고,
- ▶ 결정적으로 사람을 잘못 쓰면 폐기망신한다.

이런 생각으로 회사에서 이루어지는 수많은 일 중 최소한 5가지는 직접 디테일하게 챙기고 있다.

시장이 돌아가는 상황을 매일 밀착해서 모니터링하고, 제품개발의 모든 과정을 깊숙이 들여다보고, 매주 2시간씩 필드에서 발생한 주요한 품질문제를 직접 챙기고, 매달 판매되는 모든 제품에 대한 실질 수익성 분석 결과를 따져보고, 사람에 대해서만큼은 사소해 보이는 한 사람까지도 소홀히 다루지 않는 이유가 바로 그것 때문이다.

기계공업의 선구자, 대우중공업(대우종합기계)

두산공작기계가 2018년 기준 매출 1조 7천 8백억 원으로 세계 5등의 기업으로 성장하기까지, 2018년에 판매대수 기준으로 전 세계 1등을 기록하고, 2018년 중국시장에서 CNC 공작기계 판매 1위라는 위업을 달성하기까지 중국 옌타이공장의 기여도는 말할 나위 없이 매우 크다.

중국 공장 초기에 무슨 수를 써서라도 반드시 돌파구를 찾겠다는 절실함으로 문제를 해결하고자 했었고, 회사 경영진 역시 빠른 의사결정으로 힘을 보태준 덕분에 오늘의 중국이 있고 현재의

두산공작기계의 위상이 가능한 게 아닐까를 생각한다.

지금 생각해보면 운도 좋았다. 중국시장 진출이 조금 늦었거나, 만약 그때 하지 않았더라면 오늘날 중국시장에서의 위상은 불가능했을 것이다.

나는 지금도 한 달에 한 번 중국시장에 가서 직접 잠재력이 큰 고객들의 최고책임자들을 만난다.

상대의 격格을 유난히 중시하는 중국 상거래 문화상 의사결정 최고책임자를 만나려면 내가 직접 가는 게 가장 유효한 방법이기도 하고, 내가 직접 가야만 공장 전체를 둘러볼 수 있는 기회가 주어진다. 그래야만 각각의 고객마다 공략해야 할 전략적 방향성을 정확히 찾을 수 있기 때문이기도 하다.

대학 졸업 후 이 회사에 다닌 지 36년이 지났다. 10년은 엔지니어로서 생활했고, 나머지 26년은 매니지먼트를 하면서 여기까지 왔다.

회사 이름은 몇 번 바뀌었지만, 공작기계를 중심으로 하는 일은 바뀌지 않고 함께 일하는 사람들도 여전하다.

이렇게 변함없이 한 우물을 팔 수 있었던 것은 내 인생 전반기 18년의 대우 정신이 몸에 배여 기초가 되었다고 해도 과언이 아니다.

아울러 40여 년 동안 수많은 변신과 우여곡절을 겪어오는 과정속에서도 글로벌 시장을 지향하는 마인드와 뿌리를 중시하는 정신이 깃든 기술경쟁력에 손상을 입지 않고 전통을 유지할 수 있었기에 모든 것이 가능했지 않았을까….

김정인

1950년 부산에서 출생해 성균관대학교 경영학과를 졸업하고 미국 하와이주립대 경영학 석사(MBA)를 취득하였다. 1976년 그룹공채로 대우에 입사한 후 대우무역에서 해외수출입 업무를 담당하였다.

대우 해외사업본부장을 역임하고 이후 대우자동차 베트남 생산판매 법인 대표로 오랫동안 베트남에서 근무하였다. 베트남 하노이 한인회장, 하노이 한국국제학교 재단 이사장, 재(在)베트남 한국상공인연합회 회장, 민주평통 동남아서부협의회장 등을 맡았다. 한국과 베트남 양국의 경제협력에 공헌하고 교민사회에 봉사한 것을 인정받아 대한민국 국민훈장 목련장 등 상을 받았다.

베트남인이 가는 곳은
한국인이 길을 연다
: 대우자동차, 베트남 생산판매 법인과 한인사회

자동차 생산판매에 이어 고속도로, 시내버스 프로젝트까지
베트남의 길이 되고 발이 되며 쉼터가 되다

"대표님, 언제부터 베트남에서 거주하면서 사업을 시작하셨나요?"

"베트남에서 지금 가상 핫한 사업 아이템이 무엇인가요?"

"베트남에서 사업을 시작할 때 주의해야 할 점이 있나요?"

"이 사업을 하면 베트남에서 가능성이 있을까요?"

"베트남의 관련 부처에서 허가를 받아야 한다는데 어떻게 해야…"

"자녀들을 좋은 학교에서 교육하고 싶은데 추천할 만한 학교
가 있는지요?"

내가 요즘 가장 많이 받는 질문들이다. 지금은 인터넷을 통해
많은 정보가 넘치지만, 막상 실제로 나에게 가치 있는 정보를 찾
기란 쉽지 않다. 또 각자의 사정이 다르기에 그들의 입장과 눈높

이에서 원하는 정보를 맞춤형으로 찾는 것은 또 다른 어려움이다.

베트남의 미래가치를 어느 나라, 어느 기업보다 빨리 알아챈 대우는 베트남이 도이모이라는 개혁개방정책을 채택하자 곧바로 투자를 시작했고 일찌감치 이곳에 자리 잡았다.

나는 1990년대 후반부터 이곳 현지에 거주하면서 지금까지 대우와 베트남이 어떻게 성장하고 변화하는지를 가장 가까이에서 지켜보았다.

나는 입사 후 대우의 도전정신을 발판으로 세계 곳곳을 다니며 무역, 자동차 사업 등을 하면서 새로운 시장을 개척하였다. 베트남 하노이에 대우자동차 공장을 완공한 후, 처음에는 베트남 시장에서의 성공만을 바라보았지만, 점차 대우라는 기업이 베트남에 어떤 이미지로 각인되었는지, 나아가 어떻게 현지인과 조화를 이뤄 살아가야 하는지에 대해 고민하게 되었다. 그 결과 앞서 많은 이들이 궁금해하는 질문에 답을 줄 수 있는 식견을 갖출 수 있게 되었다.

나는 지난 1976년 8월 그룹공채로 입사하였다. 처음 발령받은 곳은 대우중공업이었고 그곳에서 철도차량, 산업기계 영업부에서 근무하였다. 2년 후에는 대우무역으로 옮겨 수입부 업무를 수행하였다. 화학, 기계 및 일반 상품을 수입해 국내에 판매하는 일이었다. 약 8년간 근무 후 대우아메리카 뉴욕지사로 나갔다. 그룹 차원에서 필요한 원부자재, 자동차설비 및 부품을 구매해 한국으로 보내는 일이 주요 업무였다. 특히 이때 대우자동차 르망에 들어가는 부품 및 자재 구매에 주력하였다. 5년간의 뉴욕

생활을 마친 후 귀국해서는 물자사업부장으로 목재, 건축자재 수입 판매를 하면서 미얀마 합판공장의 운영을 지원하였다.

대우에 재직할 때 나의 주요 업무는 수입 국내판매 및 수출 상품 시장개척이라 할 수 있다. 다양한 프로젝트를 가지고 해외시장에 투자하여 현지 제조공장이나 유통 네트워크를 설치하고 현지 사업을 수행하였던 것을 포함하여 36년을 대우라는 이름으로 일해 왔다.

미얀마 목재공장 합작법인, 파키스탄 모터웨이 사업 지원

내가 동남아시아와 거래하면서 미얀마에 관심을 가진 것은 바로 이때였다. 1980년대 당시 미얀마, 즉 버마*에 대해 알려진 것이 거의 없었다. 사회주의 국가로, 우리나라와 교류가 없었기 때문이다. 그래서 일반인들에게 미얀마는 그저 동남아시아에 있는 가난한 사회주의 나라라는 인식이 전부였다. 그러나 미얀마는 남북한 면적의 3배에 달하는 국토에 쌀, 석유, 가스, 디크, 보석 등의 천연자원이 풍부한 나라다. 하지만 30여 년 동안 군사통치, 사회주의를 고수한 결과 극빈국으로 전락하였고 이에 1989년부터 자본주의 시장경제체제를 도입해 경제를 부흥시키고자 하였다. 그리고 국가명도 아예 '버마'에서 '미얀마연방'으로 바꾸었다.

대우는 이런 미얀마에 한발 앞서 투자를 결정하고 1985년 양

---

* 버마: 미얀마국의 다수 지배집단 세력인 버마족에서 온 이름. 양곤이란 지명도 버마어인 랭구운에서 바뀐 것이다.

곤지사를 개설해 국내기업 중 가장 먼저 진출하였다.

미얀마는 풍부한 천연자원을 가지고 있지만, 연평균 기온이 섭씨 27도에다 3~5월 건기 중에는 섭씨 40도를 웃도는 열대성 몬순 기후다. 사람들이 살기에 쾌적하지 않지만 대신 나무가 잘 자라는 기후라 목재 자원이 매우 풍부하다.

이 점에 착안한 대우는 목제품 생산거점을 마련하기 위해 1989년 미얀마 목재법인 설립을 추진하였다.

그런데 미얀마의 총 수출 가운데 절반이나 차지하는 원목사업을 외국 합작기업이 투자 허가를 받기란 쉽지 않았다. 장장 2년여에 걸친 협상 끝에 미얀마 목재합작법인을 설립하였다.

미얀마 목재법인 생산 공장은 1992년 4월 가동에 들어갔다. 처음에는 내수용 합판을 생산하였고, 1993년 4월부터는 생산 라인을 개선해 수출용 제품도 생산을 시작하였다. 다른 경쟁업체와 비교했을 때 품질이 우수해 미얀마 국방부 조달청이 제품을 구매하는 등 내수시장에서 좋은 성과를 내기도 하였다. 대우는 이 외에도 미얀마에 봉제공장, 가전합작공장, 자동차판매법인, 무역법인 등 총 5개의 법인을 운영하였다.

이 과정에서 나는 동남아시아 국가에 대한 많은 정보를 접하고 생생한 경험을 하였다. 동남아시아의 자연환경, 사회주의 시스템, 그러한 환경 속에 살아가는 사람들을 직접 대면하면서 이와 유사한 국가와의 거래 시 필요한 것, 주의할 점 등을 배울 수 있었다.

미얀마 합판공장 설립 외에 또 다른 큰 프로젝트를 진행했다. 바로 파키스탄 고속도로 휴게소사업 및 시외버스 운수사업 법인 설립이다.

대우건설은 1992년부터 파키스탄의 수도 라호르와 제1의 산업도시 이슬라마바드를 잇는 6차선 고속도로를 단독으로 건설하였다. 자동차가 달리는 도로라는 의미에서 '모터웨이'로 이름 붙여진 이 프로젝트는 낙후된 경제를 살리고자 하는 파키스탄의 의지가 고스란히 담긴 국책사업이었다.

파키스탄 최초의 고속도로이자 공사 금액이 파키스탄 실질 예산의 4분의 1이 넘는 11억 6천만 달러에 달했다. 리비아 대수로 공사에 이은 세계 건설 역사상 최대 규모이고 단일 도로건설 규모로는 세계 1위로, 국내 최초의 턴키 베이스 도로건설 수주 등 대단한 의미를 지닌 큰 공사였다.

국책사업, 기간사업의 성격이 강한 공사에 직접 참여하는 기술 인력뿐만 아니라 이를 지원하는 간접 부서의 역할도 중요하다. 모든 것이 처음이기 때문에 기준을 만들어가며 하나하나 계약을 하면서 진행해야 하기 때문이다. 나는 그중에서도 도로 건설 후 450km 곳곳에 필요한 6개의 휴게소를 세워 운영하는 일과 200여 대의 시외버스 운수사업에 관한 일을 맡아 진행하였다. 파키스탄은 이와 관련한 경험이 전혀 없었기 때문에 공사를 맡은 대우가 고속도로 완공 후 여러 가지 운영에 관한 인프라를 제공하기로 한 것이다. 덕분에 시외버스 안에 여승무원을 배치하고 차내 케이터링을 제공하며, 안전 보안 장비 설치 등 최초로 현대식 운행 시스템을 정착시켰다.

아쉽게도 한국의 IMF 외환위기와 대우그룹 해체로 인해 파키스탄 휴게소와 시내버스 운영권은 삼미사에 매각되었는데, KBS 〈신화창조〉라는 프로그램에서 '삼미'가 개척한 스토리로 포장되어 방영되었다.

나는 이 일을 진행하면서 자동차 부품 수출입을 해 본 경험에 더하여 운수사업에도 전문적이고 포괄적인 지식을 얻을 수 있었다. 이후 대우자동차 아시아태평양자동차 수출본부장으로서 동남아시아 자동차 수출은 물론 홍콩 현지법인과 호주 현지법인을 설립하는 데 이때의 경험이 큰 도움이 되었다.

비담코(VIDAMCO)에서 자동차 생산판매 시작

나와 베트남의 인연은 1990년대 중반부터다. 대우는 늘 그래왔듯이 남보다 한발 앞서 베트남에 진출하였다. 일찌감치 베트남의 잠재성을 알아보고 자동차회사인 '비담코VIDAMCO'를 설립해 1993년 12월 베트남 정부의 라이선스를 취득하였다.

2011년 3월 비담코 딜러 컨퍼런스 기념행사.

우리에겐 세계경영이 있습니다

먼저 하노이 시내버스 프로젝트를 시작하였다. 이 프로젝트는 대중교통 체계 현대화 작업의 하나로 베트남 당서기장이 김우중 회장께 요청하여 실시하게 된 인프라 프로젝트다.

이 사업을 하기 위해서는 조인트 벤처Joint Venture 허가 및 설립이 필요하였다. 3년에 걸친 노력으로 베트남 정부의 라이선스를 취득하게 되었다. 1차로 500대의 베트남 대우자동차 조립버스를 납품하게 되었으며, 시내에 주행하는 버스는 대부분 대우로고가 새겨져 '달리는 광고판'이 되었다. 또 대우 시내버스 운행으로 현대적 운행시스템 체계 수립을 위한 노선을 확정하였고, 자동운행 관리, 내부관리 시스템과 정비사업소, 터미널 운영 등의 노하우를 전수해 주었다.

대우는 3년에 걸친 라이선스 작업으로 시외버스, 트럭, 택시, 호텔, 오피스빌딩, 스포츠센터, 식당, 주유소 등 13가지 사업에 참여하였다. 1995년 당시에는 외국인에게 허가하지 않던 서비스 업종 라이선스를 받고 도심 요시 8군네에 23만㎡의 정류장 및 데포 등을 평방미터 기준으로 0.35달러에 1999년 1월 허가를 받았다. 그러나 대우그룹 해체 이후에 라이선스를 반납하여 현재는 당시 파트너사가 국영기업으로서 고도의 성장을 하고 있다. 지금 폭등한 도심 부동산가격하에서 평방미터 당 평균 3천 달러로 환산해 보면 어마어마한 자산을 반납하게 되었으니 아쉬운 생각이 들기도 한다. 그러나 당시 공공사업은 당연히 베트남 정부에게 돌려줘야 한다는 김우중 회장의 경영철학으로 우리가 사회공헌에 앞장서게 된 것은 참으로 의미 있는 일이었다고 생각한다.

또 1995년에는 승용차공장을 착공하여 이듬해 본격적인 생산에 돌입하면서 8개월 만에 1,100여 대를 판매하였다. 1994년 베트남 전체 승용차 신규 등록대수가 6,200대 수준인 것을 감안하면 대우자동차가 얼마나 인기가 있었는지 짐작할 수 있을 것이다.

나는 이 시기에 비담코VIDAMCO 승용차공장과 하노이 시내버스 운수회사 설립을 주도하면서 베트남에 대해 더욱 잘 알게 되었다. 이후 대우 해외사업본부장을 거쳐 1999년에는 '베트남대우모터스Vietnam Daewoo Motor Co'의 법인대표로 베트남에 본격적으로 자리를 잡기 시작했다. 현지에서 승용차 및 버스 조립, 생산과 내수 판매를 시작하였다.

2002년부터는 'GM대우베트남'으로 회사 이름이 바뀌었지만 처음과 같이 계속 법인대표 전무로서 베트남 내의 자동차 생산과 판매에 매진하였다.

20여 년 베트남에서 근무하는 동안 가장 큰 성과는 역시 베트남에서 대우라는 브랜드가 최고의 자동차 메이커로 자리 잡도록 한 것이다.

당시 베트남에는 벤츠, 포드, 크라이슬러, 도요타 등 전 세계 유수의 자동차 회사가 14개나 진출하고 있었다. 내수시장 자체는 작았지만, 시장 잠재력을 보고 모두 뛰어든 것이다. 사정이 이렇다 보니 경쟁이 정말 치열했다. 이런 시장에서 대우가 얼마나 판매할 수 있을지 쉽게 예측하기 어려웠다.

우리에겐 세계경영이 있습니다

처음에 작은 조립공장과 직영점 하나로 시작하였지만, 순전히 영업력만으로 전국 각지에 25군데 대리점을 구축하였다. 스파크 Spark를 비롯한 4개 생산 모델로 시장점유율 1위를 3년 연속하여 달성한 덕분에 1억 달러 이상의 과실을 본사에 송금하는 좋은 성과도 내게 되었다.

오랫동안 베트남에서 일하다 보니 하노이 교민사회에도 자연스럽게 합류하며 여러 가지 사업을 함께하게 되었다.

하노이 교민사회를 위해 다양한 사업 전개

현지에서 일하기 위해서는 '현지화'가 매우 중요하다. 베트남 정부와 각종 공공기관과의 접촉도 잦고 현지 채용인들과 함께 일해야 하니 베트남의 시스템, 문화를 이해해야 하는 게 기본이다. 이는 전 세계에 흩어져 있는 대우인들이라면 모두가 실감하는 말일 것이다.

나는 여기에 한 가지 더해 현지 교민사회에 많은 공을 들였다. 1990대 중반 이후 베트남에 들어오는 한국기업이 많아지자 교민도 자연스럽게 늘어났다. 주재원, 사업가, 학생 등 교민이 늘어나자 이들을 대상으로 자영업을 하고자 하는 한국인들이 또 들어왔다.

나는 하노이한인회장을 하면서 한인소식지를 발간하고, 베트남 한국상공회의소 회장 재임 중에는 '제1회 베트남비즈니스포럼'을 개최하면서 전 세계 상공회의소장 연합체를 구성하였다.

그중 개인적으로 가장 큰 성과라고 생각하는 것은 하노이에

'한국학교'를 설립한 것이다. 가족과 함께 해외에서 일하는 사람들의 제일 중요한 관심은 자녀들의 교육 문제다. 선진국에는 국제학교도 많고, 현지 학교 수준도 나쁘지 않았지만 당시 베트남은 그렇지 못했다. 일을 마음 놓고 하기 위해서는 가정이 편안해야 한다. 그만큼 한국 교민들에게 자녀들의 교육은 매우 중요하고 민감한 사안이었다.

학교를 세우려면 우선 건물을 지어야 했다. 교민 성금 4백만 달러와 한국 정부지원금 4천 8백만 달러 총 8백 8십만 달러를 모았다. 그리고 베트남 정부로부터 약 5천여 평의 대지를 제공받아 현대식 학교를 세웠다. 그후 한국에서 교사를 초빙해와서 수업을 시작하였다.

훨씬 이전에 '사과나무 대안학교'에서 20여 명의 학생을 데리고 있었다. 2016년 하노이한국학교는 54명의 초등학생을 시작으로 베트남학교의 건물 1개 층을 임차하며 3차례 이사를 한 후, 현대식 학교의 설립을 계기로 학생 수가 대폭 늘어나 현재 초중고교과정 2천여 명의 학생이 수업을 받고 있다. 하노이에 있는 외국인학교 중 가장 큰 규모이며, 한국에서도 정식 학교 인가를 받아 교장 선생님은 한국 교육청에서 직접 파견하게 되었다.

나는 2005년부터 2015년까지 재단 이사장을 맡으면서 교민 자녀들이 대한민국의 정체성을 갖고 올곧게 성장하는 것을 지켜보았다. 재학생들이 비담코 자동차공장 견학을 와서 이런저런 질문을 하던 모습이 눈에 선하다.

베트남 한인학교 설립과 운영에 공헌한 것을 인정받아 지난

2017년에는 대한민국 국민훈장 목련장을 받기도 하였다.

이밖에 민주평화통일자문회의 동남아 서부협의회 회장으로서 다양한 국제포럼을 실시하는 등 정부의 신남방경제정책에 맞춰 베트남 주변 메콩 5개국과의 공공외교의 장을 구축하는 데에도 힘을 보탰다.

덕분에 분에 넘치는 상을 한국과 베트남 양국에서 여러 번 받았다. 2002년 대한민국 대통령 산업포장, 2009년 대한민국 대통령 국민포장, 2017년 대한민국 국민훈장 목련장 등을 한국 정부에서 받았다. 베트남 정부에서도 2004년 국가 산업훈장, 2005년 국가 공로훈장 등을 받았다. 대부분 1999년부터 비담코 법인장으로 재직하면서 어려운 여건에서도 탁월한 경영 능력을 발휘해 높은 시장점유율 유지와 함께 지역경제에 크게 기여한 점을 인정받아 수상한 것이다. 이와 함께 2002년부터 한인회장으로 일하면서 베트남인을 위한 각종 지원사업을 펼친 데다 양국 간 우호 증진에 대한 기여도 인정받았다.

베트남 현지 전문가로 활동 중

나는 2011년 GM비담코를 퇴직한 뒤 여전히 베트남에서 Sein I&D Vietnam라는 회사를 운영하고 있다. 베트남 현지 대기업들의 SoC 및 인프라 개발산업에 대해 해외 파이넌스를 제공하는 컨설팅 사업과 하노이 시내 43만 평의 부지에 스마트시티 개발사업을 한국 및 현지 기업과 컨소시엄으로 하는 개발산업을 진행하고 있다. 내가 처음 베트남에 터를 잡았을 때 하노이 교민이

8천 명이던 것이 지금은 18만 명으로 늘었다. 15년 이상 베트남을 지켜보며 이들의 인구와 소득 변화에 주목하였다. 지금 베트남의 1인당 GDP가 2천 7백 달러 정도다. 한국이 1987년 3천 달러를 넘었는데, 지금 베트남이 한국의 1980년대 후반, 1990년대 초반과 비슷하다고 보면 된다. 산업구조는 다르지만, 공통으로 보는 건 앞으로 폭발적으로 성장할 베트남 내수시장을 이끌어갈 10대 후반에서 20대에 이르는 베트남 신소비자 계층이다.

일종의 스타트업이라고도 할 수 있는데, 당연히 처음에는 실패도 있겠지만 데이터가 쌓일수록 시장을 더 잘 이해하게 되고 성공확률도 높아지리라 생각한다.

내가 겪은 베트남 사람들은 영리하고 부지런하며 손재주도 좋은 편이다. 이런 특징을 잘 살릴 수 있는 컴퓨터그래픽을 비롯한 IT 관련 직종도 생겨나는 등 머지않아 베트남에서 큰 반향을 일으키리라 예상한다.

베트남의 성장률은 동남아의 인도네시아, 태국, 싱가포르, 말레이시아, 필리핀 등 주요 6개국 중 최고치를 기록하고 있다. 2018년 기준, 베트남 기업의 전체 인수합병 규모는 76억 달러(약 8조 9천 809억 원)로 이 가운데 한국 기업의 투자 규모는 22억 달러(약 2조 5천 997억 원)에 이른다. 한국이 베트남 기업의 지분을 가장 많이 인수한 국가가 된 것이다.

일찍이 베트남에 진출한 대우는 여전히 좋은 브랜드 명성을 유지하고 있다. 하노이 중심부에 우뚝 서 있는 대우호텔과 대우아파트는 하노이에서 아직 최고의 명성을 유지하고 있는 비싼 주거

지다. 실제로 대우 출신들이 여러 가지 사업을 활발히 펼치고 있으며 교민사회를 선도하고 사회에 기여하는 이들이 적지 않다. 선배들이 이렇게 어렵게 닦아 놓은 길을 후배들이 잘 따라왔으면 하는 바람이다.

현재 시행되고 있는 GYBM 등에서 대우의 뿌리가 이어지고 있으며, 이들이 진출할 때 대우정신인 창조, 도전, 희생으로 무장하고 최선을 다하는 모습을 볼 때 큰 보람을 느낀다. 전체를 위한 자기희생과 남을 위한 봉사는 산술적인 손해가 아니며 시대를 뛰어넘는 덕목으로 이해하고 차세대에도 이어간다면 그것도 보람이 아닐까 생각한다. 대가 없는 미래가 없듯 우리의 희생 위에 조국의 번영이 자라나는 것이라면 그것도 최고의 애국이라고 생각한다.

김상태

서울 태생으로 1983년에서 2004년까지 대우전자(주), (주)대우, 대우통신(주), 대우C&C, (주)머큐리 등 21년간 대우에 재직하며 국내영업, 마케팅, 광고, 해외영업, 통신장비 서비스 업무를 담당하였다. 이후 다국적기업의 임원과 정보통신산업진흥원(NIPA) 전자정부자문관 및 대한무역투자진흥공사(KOTRA) 수출전문위원으로 근무하였다. 현재는 한국전자정부공개소프트웨어포럼(KOGOS)의 부회장이다.

현지인과 함께 이룬 동반성장으로
세계경영의 모범사례를 성취하다

: 대우C&C 우즈베키스탄

"대우와 미스터 킴은 나의 스승입니다"

2007년 11월 타슈켄트에서 열렸던 한 파티장에서 호스트인 보브르 사장의 인사말이었다. 그는 우즈베키스탄의 대우C&C에서 근무했던 현지 직원으로, 대우가 철수한 후 사무기기 유통회사를 창업하여 성공한 회사의 사장이다. 파티는 자신의 회사에 경영고문으로 참여한 나를 환영하는 자리였다.

우즈베키스탄 현지 직원과 7년 후의 만남

1996년 5월, 나는 38세 젊은 나이로 우즈베키스탄에 부임하여 대우통신의 현지법인을 설립했다. 그후 2000년 2월까지 법인장으로 근무하였다.

보브르Bobur는 대우C&C에서 근무할 당시 사장인 내가 걸레와 왁스를 들고 전시대와 전시품의 먼지를 닦는 것을 보고 자신도 청소를 시작했다고 한다. 지방 큰 도시 유지의 아들인 보브르는 남자가 걸레질을 하는 것은 부끄러운 일이라 생각했다. 당시 대부분의 우즈베키스탄 남자들은 그렇게 생각했다. 자신이 일하는 회사의 사장으로 '미스터 킴'이라 불리던 내가 물통에서 걸레를 빠는 것을 보고 그는 생각이 바뀌었다는데, 사실 나는 별 기억이 없다. 그저 손이 바쁠 때 직원들과 함께 매장을 정리했던 생각만 난다.

보브르는 창업 이후 활동 범위를 크게 늘려 가전제품 유통, 곡물 수입, 광물 수출과 호텔을 포함한 20여 개 기업을 보유하고 있었다. 공산주의 구소련 연방에서 독립한 우즈베키스탄의 자본주의 경제 구축 초기, 수요가 급증하는 사무기기와 가전제품 유통을 통해 탄탄한 유동성을 확보하고 이를 기반으로 정부에서 민영화하는 기업들을 인수하여 이룩한 성공이었다.

중앙아시아의 거점 우즈베키스탄의 대우C&C

대우통신은 27만 회선의 전전자교환기TDX 수출에 이어 국내 최초로 중앙아시아 우즈베키스탄의 수도 타슈켄트에 PC와 사무

우리에겐 세계경영이 있습니다

자동화OA기기 무역법인인 대우C&C를 설립했다.

대우C&C는 타슈켄트에 대형 C&CComputer and Communication 매장을 개설하고 주요 도시인 사마르칸트, 부하라, 페르가나를 포함한 10대 도시에 매장과 서비스센터를 개설했다. 이를 시작으로 러시아, 우크라이나, 카자흐스탄, 키르기즈스탄, 아제르바이잔 등 독립국가연합Commonwealth of Independent States, CIS의 다른 국가에도 C&C 매장을 개설해 컴퓨터, 전화기, 팩시밀리, 복사기, 키폰, 모니터, 프린터 등의 판매를 대폭 강화하며 우즈베키스탄을 세계경영의 사무기기 분야 CIS 지역 거점으로 정하였다.

1997년 대우C&C 브리핑. 김우중 회장님과 통신부문 경영진의 모습.

대우가 우즈베키스탄을 중앙아시아의 거점으로 삼은 데는 여러 가지 이유가 있었다. 금, 원유, 가스 등 자원이 풍부하고 특히 중앙아시아 국가 중에서 원면 생산량이 가장 많은 우즈베키스탄은 농업국가로 인구가 많고(2322만 명, 1996년) 20만 고려의 후예들이 살고 있는 나라로 비교적 경제가 안정되어 있었다. 수도인 타슈켄트는 당시 인구 200만 명의 구소련 제4의 도시였다.

대우는 1992년에 국내 종합상사 가운데 처음으로 타슈켄트에 지사를 설치하고 원면, 통신, 자동차, 전자, 금융 분야에서 시장을 개척하기 시작했다.

대우C&C 역시 산업발전에 따라 확대되는 PC와 OA기기 수요에 맞춰 매장과 광역 유통망, 판매 후 서비스 조직을 갖추기 위해 법인으로 설립되었다.

25년 전의 우즈베키스탄은 지금과는 사뭇 달랐다. 당시 우리나라와 비교해 생활환경에 많은 차이가 있었다. 사실 경제적인 면보다 더 큰 것은 문화였다. 오랫동안 사회주의 체제였던 나라라 개방 후에도 여전히 사회주의 풍토가 많이 남아 있었다. 또 대부분 이슬람교를 믿고 있으며 80여 개의 민족이 모인 다민족 사회였다. 하지만 농경민족 특유의 근면함과 성실함을 가지고 있어 양질의 노동력을 구할 수 있었다.

대우C&C는 OA기기 등을 판매하는 매장을 가지고 있었기 때문에 서비스 직군 인력이 많이 필요했다. 제품의 품질이나 가격 이상으로 고객응대와 서비스가 매출에 큰 영향을 미친다. 현지법인의 성패도 결국은 사람인 것이다. 따라서 전시장과 판매장 및 서비스센터에서 일하는 직원들을 채용하고 관리하는 게 무엇보다도 중요했다. 법인설립에서 가장 신경을 쓰고 정성을 기울였던 일이 바로 현지인 채용이었다.

한상(韓商)의 소중한 인적자원

우즈베키스탄의 대우 법인과 지사에는 고려인들이 많았다. 눈에 띄는 붉은 색 헤어 컬러에 화려한 스타일이 돋보이는 나탈리 Nataliay는 우아한 매력을 가진 지적인 여성이다. 그녀는 모스크바 대학에서 역사를 강의하다 부모님이 계신 우즈베키스탄으로 온 고려인 2세이다. 내가 법인장을 하던 4년 동안 대외 통역업무와 사내 통역팀의 팀장이었다.

나는 서른여덟 젊음에 세상 모든 일을 다 해낼 수 있을 것 같은 자신감과 의욕이 넘쳤지만 1인 주재원으로서 정말 시간이 부족했다. 당시 나의 근무시간은 오전 8시에서 밤 10시까지였기에 2교대 통역이 필요했었다. 하루 14시간을 일할 수 있는 현지인이 없었던 탓이다.

당시 우즈베키스탄은 상업적 법규는 미비하지만 인허가 사항은 구미 자본주의 국가들보다 훨씬 엄격했다. 많은 규제 속에서 6개월 만에 외국인 100% 지분의 현지 법인을 설립하고, 관세를 줄이기 위해 현지 조립공장을 설립하고, 한국 상품 수입을 위한 허가취득과 통관을 하느라 하루 14시간도 부족했었다.

그 상황에서 내게 큰 도움을 준 나탈리는 대우법인 철수 후 우즈베키스탄 한국대사관에서 대사통역으로 근무하였고 내가 다른 한국기업의 해외사업 고문과 정보통신산업진흥원NIPA의 전자정부자문관으로 우즈베키스탄에 주재할 때 매번 큰 도움을 준 유능한 사람이다. 그럼에도 스스로는 자신의 업무 능력을 모두 대우C&C에서 배웠다고 말하는 사람이다. 참고로 나는 1996년 대우C&C 법인장을 시작으로 2016년까지 우즈베키스탄에 네 번에 걸쳐 8년간 주재하며 대우맨의 경력에 이어 지역 전문성을 쌓았다. 공공업무를 수행한 2015년 전자정부 자문관 시절에는 한국 전자정부의 적극적인 해외진출 수행 공로로 행정자치부장관 표창을 받았다.

리디아Lidia 역시 고려인 2세로 물품대와 배당금의 본사 송금을 위한 환전을 맡아준 늘 신중했던 여성이다. 뒤에 다시 설명하겠지만 현지화를 달러로 바꾸기 위해 나는 3각 무역을 했는데 개념은 간단하지만 국세청, 관세청, 대외무역성, 중앙은행 등 다수 정부기관의 허가가 필요했다. 리디아는 이를 위한 수많은 신청서, 허가서, 계약서들을 모두 맞추어냈던 경리 책임자였다.

또 다른 고려인 2세 엠마Emma에게는 총무팀을 맡기는 등 다수 고려인을 중간 관리자로 채용하였고 다른 대우 법인들도 고려인을 많이 채용했다. 고려인의 아픈 역사가 모국 기업의 진출을 반기는 마음을 크게 만드는지 민족 고유의 성실함에 대우의 열정이 녹아든 고려인 2세들의 활약은 대단하여 우즈베키스탄에서 대우의 현지화에 크게 도움이 되었다. 그분들 역시 대우라는 모국기업에서 상대적으로 높은 보상의 혜택을 받을 수 있었다. 지금도 고려인 2세와 3세는 우즈베키스탄에서 대장금과 BTS 같은 한류를 적극 받아들일 수 있도록 사회 분위기를 만드는 분들이다. 나는 세계 어디에서나 한민족의 핏줄은 김우중 회장이 강조하신 한상韓商 인적 자원의 소중한 축이라고 생각한다.

직원에서 오너로 이끈 성취감

대우의 자율적 문화는 과감한 위임전결 규정의 힘을 받아 한국 기업문화를 처음 접하는 직원들을 리더로 만들어 나갔다. 또 현지채용 직원들의 뛰어난 성장을 보아 온 대우의 경험은 한국 기업들이 개발도상국 진출 시 현지 인력의 육성과 지속적인 관계관리를 중시하도록 시사한다.

통관과장 툴쿤Tulkun은 소통 능력이 뛰어난 직원이었다. 우즈베키스탄인이라 세관의 중간관리자급 공무원들과 대화가 잘 되었다. 복잡한 관세 행정의 전산화는 요원했던 시절이라 세관 관계자들과의 소통 능력은 매우 중요했다. 막 하역된 컨테이너를 당일 통관시키는 실력을 보고 바로 과장으로 승진시키고 급여를 두 배로 올려 준 직원이다. 관련 서류의 결재권과 집행 가능 업무추진비 상한액도 대폭 올려 주었다. 이후 통관일은 거의 신경을 쓰지 않아도 되었고, 툴쿤은 현지 로컬회사에 다니는 같은 또래의 친구들보다 훨씬 높은 급여와 식급에 아주 만족해했나. 지금은 정부기관의 차관급 고위 공무원이 되어 대우 현지법인 시절 인사 시스템과 전결규정을 자신의 부처에 일부 적용하고 있다고 한다.

참고로 우즈베키스탄은 직업공무원 제도가 아니어서 민간과 공공분야 간의 이직이 빈번하다. 그리고 사실 대우의 전결 규정은 다른 대기업에 비하여 매우 파격적이었다. 수출품의 가격과 결제조건이 적정하면 10만 달러짜리 계약도 사원급 담당자의 전결로 가능했다. 아마도 지금의 경제 규모로는 10억 원에 상당하는 금액이다.

이고르Igor는 타타르인의 피가 흐르는 멋진 청년이다. 우즈베키스탄 사람들은 정이 많은지 아니면 나와 함께 일한 시간에 대한 추억이 낳은지 종종 깜짝 선물로 나를 당황하게 만들기도 하였다. 우즈베키스탄에 다시 부임한 지 얼마 되지 않았을 때 한 전시장에서 우연히 만났는데, 소형 냉장고만한 값비싸 보이는 정수기를 선물로 안겨 주는 게 아닌가. 그는 대우C&C 시절 팩스 기기 판매마진을 결정하는 회의에서 "수입가에 관세 계산하기도 복잡한데 왜 회사가 마진까지 붙이나요?"라는 오랜 배급경제 체제 생활에서 나오는 담백한(?) 질문으로 나를 당황하게 만든 직원이다. 알고 보니 이제는 러시아에서 수입한 정수기 부품을 조립하여 자신의 브랜드를 붙여 파는 꽤 성공한 중소기업의 사장이 되었다.

대우의 세계경영과 현지화가 한국은 물론 진출 국가의 경제 발전과 현지 인력의 양성에 어떻게 기여했는지 볼 수 있다.

막심Maksim은 영문계약서 협상에서 불리한 조항을 빼내고 스스로 만족해하던 맑은 눈의 러시안 청년이다. 본국의 어려움 속에 법인의 인력을 줄일 때 남게 해주어 고맙다고 한다. 나는 많이 지난 일이라 어색했다. 막심이 없으면 어떻게 일을 했겠느냐고 어려운 시절에 남아 있어줘서 감사했다고 말했다. 막심은 우즈베키스탄에 진출한 서유럽 국가 기업의 중앙아시아 총괄 지사장이 되어 있었다.

우리에겐 세계경영이 있습니다

대우에는 김우중 회장의 신흥국 진출 '50대 50의 원칙'이 있다. 현지에서 번 이익금은 반만 회사에 남기고 나머지는 현지에 환원한다는 방침이다.

이 원칙에 따라 일선에서는 현재 사업에 안주하지 않고 다음 단계로서 더 넓은 분야의 유관 사업 발굴을 위해 노력하게 되었고, 그 과정에서 기존의 현지 파트너 역시 이미 거두고 있는 동반성장의 과실을 의식하고 더 많은 도움을 주었다.

내부적으로는 일상 업무의 전결권한을 과감하게 현지채용 직원에게 위임하였고, 이로서 자연스럽게 현지 인력의 역량강화가 이루어져 주재원은 더 큰 사업에 도전하는 선순환이 만들어졌다.

마찬가지로 다수 주재원이 있는 규모가 큰 법인에서는 주니어 주재원에게도 큰 재량권이 부여되어 본사의 대리급 직원이 현지 법인에서는 부장급 업무를 수행하였다. 결국 대우는 회장부터 먼 개발도상국의 현지채용 직원까지 자신이 능동적으로 추진한 업무가 주는 성취감으로 일할 수 있었다.

현지에 옮겨 심은 대우 문화

사내 통역 직원 비올라Viola는 영어 강사로도 일했다. 구소련 연방이었던 우즈베키스탄은 러시아어권 국가로 당시에 영어 가능자는 거의 없었다. 따라서 사내 커뮤니케이션은 물론 서방 외국인 고객 응대에 큰 애로가 있어, 전 직원을 대상으로 업무 시작 1시간 전 영어교육을 시키고 교육 장려금을 지급하였다. 시간당 1달러씩 매일 하면 월 25달러인데 당시 현지 로컬회사 근로자 월급이 50달러 내외였으므로 우리 직원들에게는 교육 수당만으로도 꽤 큰 보너스가 되었다. 더구나 강사에게는 시간당 2달러 수당을 지급하니 요즘 말로 열강에 열공이었다.

대우는 본사나 해외법인 공히 근무시작이 오전 8시라 교육을 받으려면 7시에 출근해야 했지만 덕분에 직원 대부분이 단기간에 일상적인 영어 응대가 가능한 수준이 되었다. 사내 영어교육은 현지직원의 역량강화를 현지화의 한 방법으로 접목한 사례다.

대우 성공신화 요인의 하나인 창의적인 현지화 전략은 현지법인의 판단을 신뢰하고 자율성을 최대한 보장하며 사람을 중시하는 본사의 정책이 있어 가능했다. 인건비의 약 30%를 추가 투자하여 현지채용 전全 직원을 대상으로 외국어 교육을 하겠다는 계획을 승인하는 것은 지금도 일반 기업에서는 쉽지 않은 일이라 생각한다.

동명이인 이고르Igor는 나보다 열 살은 많은 러시아인이다. 펜치만 있으면 탱크도 만든다는(?) 구소련 엔지니어의 전형으로 법인이 판매하는 사무기기 A/S는 물론 사무용 비품까지 뭐든지 수리하고 만들어 내던 사람이다. 직원들은 이고르를 '맥가이버'라고 불렀다. 러시아 맥가이버에게 부품, 장비와 소요인력을 채용해 주니 판매 후 서비스 개념이 없었던 시장에서 그의 A/S팀은 일약 차별화된 강점으로 대우 컴퓨터와 사무기기 런칭에 큰 힘이되었다.

일선 현장에서 대우의 첫 번째 사훈 '창조'의 실체는 종종 차별화된 업무방식이나 성공신화의 지역 간 이식으로 일상적으로 실현되었다. 그것은 업무 전반에서 창조적 제안과 추진이 가능하도록 하는 개방적인 대우문화의 효과였다.

같은 러시아인으로 늘 웃는 얼굴의 바리스Boris는 나와 가족들을 태워다 준 운전기사이다. 나는 회사가 비용을 지불하는데 가끔이라도 가족들이 탈 것이 부담되어 회사 경비로 새 차를 구매하는 대신 한국에서 타던 차를 싣고 갔었다. 나의 이런 딸깍발이 성격은 대우의 사내문화와 잘 맞았다. 과감히 위임된 전결 규정과 수준 높은 자율성을 보장하는 사규에도 불구하고 대우에서는 기업이나 직원 개인 차원의 부패나 비리가 거의 없었다. 당시 국내 최고 수준 급여의 영향도 있었지만 '세계는 넓고 할 일은 많다'는 성취지향 의식에 세 번째 사훈인 '희생'이 대우의 사내문화로 정착된 영향이 컸다고 생각한다.

당시 타슈켄트의 거리는 티코, 넥시아(씨에로), 다마스, 라노스, 레간자와 같은 대우 자동차로 채워졌었고 지금도 마티즈와 라쎄티와 함께 우즈베키스탄 거리 어디를 가나 가장 흔하게 보이는 자동차이다. 모두 우즈베키스탄 정부와 합작하여 설립한 우즈대우모터에서 생산한 자동차로서, 중앙아시아 최초 자동차 생산국이 된 우즈베키스탄은 티코, 다마스, 넥시아 시리즈의 기념우표를 발행했었다. 대우그룹의 세계경영은 자동차뿐만 아니라 전 세계 지역거점 국가에 다양한 업종의 계열사가 동반 진출하여 시너지 효과를 추구하였다. 우즈벡은 중앙아시아 지역 거점국가로 당시 대우가 검토하던 한 금융센터가 완공되면 "대우뱅크 직원이 대우에어컨이 켜진 사무실에서 대우컴퓨터에 연결된 대우모니터를 보며 대우전화기로 대우교환기를 거쳐 통화하다 대우자동차로 귀가하여 대우TV를 본다"는 우스개가 가능했다.

지금도 아프리카 일부 국가에서 한국인 피랍 사건이 생기면 과거 대우계열사가 사건해결의 일익을 담당하듯 당시 우즈베키스탄 주재 우리 공관에서는 주재국과 관련한 업무에 있어 대우가 더 빠른 정보력과 영향력이 있다고 감탄할 정도였다.

대우그룹이 해체된 후에 우즈벡을 방문한 한국 정부의 어느 고위인사가 현지 대학생을 상대로 한 연설에서, '코리아'라는 답변을 기대하고 한 "우즈베키스탄의 가장 가까운 친구가 누구냐"는 질문에 "대우"라는 외침을 듣고 연설문을 작성한 비서관이 굉장히 당황했다는 일화가 있을 정도로 우즈베키스탄은 아직도 대우를 기억한다.

대우 정신으로 함께한 사람들 – 창조, 도전, 희생

그 당시 우즈베키스탄은 한정적인 외화를 공업화 추진에 중점 투입하기 위해 중앙정부에서 현지화와 달러와의 환전을 강력하게 통제하던 시기이다.

자국 내에 공장 건립을 위한 장비 그리고 생산에 필요한 자재 및 부품의 수입은 가능했지만 완제품의 수입에는 애로가 많았다.

이런 문제로 국내 다른 대기업에서는 우즈베키스탄 진출에 부정적 혹은 대단히 소극적인 상황이었다. 하지만 대우는 우즈베키스탄 시장의 장래성을 보고 무역지사를 필두로 섬유, 자동차, 전자, 통신, 컴퓨터와 같은 제조 법인과 지금은 KDB뱅크로 사명이 바뀐 대우뱅크를 설립했다. 자연히 소규모 환전은 대우뱅크에서도 가능했지만 10여 개 현지법인과 지사의 사업규모에 필요한 만큼의 금액에는 크게 부족했다.

따라서 현지 법인과 지사에서는 당면한 환전문제에 도전하여 사업의 규모와 형태에 따라 다양한 방법으로 해결하였다.

대우C&C에서도 컴퓨터를 비롯한 사무기기를 본사에서 D/A(Documents against Acceptance, 인수인도 조건)로 수입하여 판매했지만 수입한 물품대금 지급에 필요한 달러 환전이 안 되었다.

나는 이 문제를 앞서 말한 3각 무역으로 해결했다. 컴퓨터 판매대금인 현지화로 우즈베키스탄의 누에고치Cocoon를 구입하여 중국으로 수출하고 중국 수입상이 지불하는 대금을 본사로 송금하도록 하는 방식이다.

중국 수입상은 코쿤에서 비단실을 뽑는다. 수년 후 코쿤 3각 무역 방식이 점차 알려지고 코쿤 구매 경쟁이 심해지자 품목을 바꿔 우즈베키스탄 최서단 키리칼피기스틴주州에서 김초를 구매하여 수출하기도 했다. 감초는 흔히 '약방의 감초'라 불릴 정도로 한방에서 많이 쓰이는 한약재로 우즈베키스탄산 감초는 지금까지도 한국에 많이 수입되고 있다.

3각 무역에서 법인의 이익은 컴퓨터와 코쿤 양쪽 아이템 모두에서 나오는 구조였다.

2016년 외교부 주최의 한국 – 중앙아시아 협력 포럼.

세계경영의 문을 연 대우맨

나는 오랜만의 즐거운 해후에 모두들 '다드나'bottom up를 외치
는 탓에 과음한 2007년 11월의 그날 파티장에서 자주색 양모 머
플러를 잃어 버렸다. 언젠가 내 생일에 아내가 선물하여 오랫동
안 내 목을 감싸주어 겨울날 외출에는 언제나 챙기던 물건이다.
아까웠지만 오히려 완전히 잃었다고는 생각하지 않는다. 누구든
주워서 잘 쓰고 있을 것이라 생각했다. 소유를 누가 하든 그 가
치는 남아 있는 것이 아닐까? 나의 자부심인 '대우' 역시 같다고
생각한다. 회사의 주인은 바뀌었지만, 세계경영 대우의 문화는
한국 사회와 우즈베키스탄에 깊고 넓은 영향을 주었다. 대우의
사훈인 창조, 도전, 희생의 정신 역시 앞으로도 오랜 기간 우리
사회에 남아 존중받을 가치라고 믿는다.

그날 나는 어느 해 설날의 모습을 떠올렸다. 우즈베키스탄 대우 주재원 가족 잔치에 참석하신 김우중 회장과 현지 가족 아이들의 떠들썩한 대화 자리 모습이었다. 오랜만에 마음껏 웃고 즐기던 시간이었다. 다행히 나는 가족과 떨어져 있지 않고 우즈베키스탄에서 함께 지냈지만 그곳의 생활이 그리 녹록한 것은 아니었다. 멀리 남의 나라에 와서 낯선 환경에 적응하느라 어른들보다 아이들이 더 힘들었을 게다. 처음 듣는 말과 글을 익히며 잘 적응해준 아이들이 무척 대견하고 고마웠다. 사실 나를 포함한 주재원 아버지들은 바쁜 업무로 아이들과 많은 시간을 보내지 못해 고마운 마음에 미안함이 늘 뒤따라 다녔다. 그때는 그것이 김우중 회장을 비롯한 대우가족 모두의 워라밸work-life balance이었다는 생각을 하며 지금도 가슴에 이슬이 맺힌다.

김남철

1957년 정읍에서 태어나 경성고, 고려대 영문과를 졸업하고, 중부대학교 원격대학원에서 교육행정경영학 전공으로 석사학위를 받았다. 1983년에서 2017년까지 대우건설에서 34년간 재직하며 25년간을 해외에서 근무한 해외 건설 전문가이다. 대우건설 외주구매본부장과 알제리본부장, MENA(중동/북아프리카)본부장 등을 역임하였다. 현재는 영화엔지니어링 대표이사(전문경영인)로 재직 중이며, 국토교통부 인가 비영리 사단법인 '세상을품은건설인' 대표로 NGO 활동을 꿈꾸면서, GYBM 멘토로도 청년들과 호흡을 같이하고 있다.

한 국가를 업그레이드시킨
위대한 20세기 실크로드

: 대우건설, 파키스탄 M-2 고속도로 건설

주재국 정권이 다섯 번 바뀌어도 목표를 향해
꿋꿋하게 달린 끈기와 근성의 역사

1991년 5월 초, 주한 파키스탄 대사와 8명의 사절단이 서울에서 김우중 회장을 방문하였다. 그들은 한국을 모델로 삼아 파키스탄의 국가 경제를 부흥시킨다는 야심찬 계획을 설명하며 대우의 도움이 필요하다고 찾아온 것이다.

파키스탄 모터웨이Motorway, M2 공사는 파키스탄 도로공사NHA가 1991년 말 한국, 영국, 이탈리아, 중국, 터키의 5개 업체 제한 경쟁 입찰로 40% 이상의 금융조달 조건을 붙여 발주했던 서남아시아 최초의 고속도로 공사다.

김우중 회장이 직접 나서서 현지화(30%) 기성금을 제외한 7억 달러 이상의 대규모 프로젝트 파이낸싱을 주선하는 조건으로 경쟁사들을 물리치고 총 공사비 11억 6천만 달러에 수주하였다. 당시 단일 공사로는 규모 면에서 세계 최대의 공사이고 단일 건설회사가 단독 수행한 세계 최초의 초대형 고속도로 공사였다. 규모 면에서 우리 경부고속도로(428km, 4차선)를 능가하는 공사 물량을 대우건설이 단독으로 시공한 것으로, 해외 건설사에 기록될 만한 거대 프로젝트였다.

파키스탄의 오랜 숙원사업과 대우의 도전

파키스탄 북부 인더스강을 따라 수백 미터 깎아지른 절벽들 사이로 헬기에서 밧줄을 타고 내려온 중국 공병대가 삽과 해머로 바위를 깨고 벼랑길을 깎아 길을 내었다는 카라코람 하이웨이(Karakoram Highway. 이하 KKH)는 국가 간을 이어주는, 세계에서 가장 높은 곳에 건설된 도로이다. 해발고도 4,693m의 쿤자랍 고개 Khunjerab Pass를 통하여 중국과 파키스탄을 연결한다. 이 KKH를 따라가면 우리에게 익숙한 길기트Gilgit, 훈자Hunza, K2, 낭가파르바트Nanga Parbat, 브로드피크Broad Peak 등을 만날 수 있다.

옛날 실크로드로 불린 지역을 지나는 이 길은 중국 신장 위구르 자치구의 카슈가르에서 시작하여 파키스탄 아보타바드까지 1천 200km를 연결하여 파키스탄의 수도 이슬라마바드 인근에서 GT Road Grand Trunk Road 와 만나게 된다.

---

* GT Road: 펀자브 지방의 주 간선도로로 아시아에서 가장 길고(2천 700km), 가장 오래된 역사 (2,500년 이상)를 가지고 있는 도로이다.

　　　　　　　　　우리에겐 세계경영이 있습니다

파키스탄은 한반도 전체 면적의 4배에 이르는 넓은 면적을 가진 나라로, 특히 남부의 상업도시 카라치(2천 200만 명), 펀자브 주의 주도州都인 라호르(1천만 명), 1967년 이래 수도로 자리 잡은 이슬라마바드(140만 명)와 라왈핀디(400만 명) 등 대도시를 연결해주는 현대화된 도로망 사업 즉, 고속도로를 건설하는 것이 오랜 숙원 사업이었다.

이 프로젝트는 김우중 회장과 대우건설 장영수 사장의 진두지휘 하에 수주를 추진했다. 이 과정에서 대우건설 해외영업과 토목사업의 베테랑들은 독소조항의 삭제와 유리한 조건을 제시하였다. 그 결과 수익성이 높아졌고 해외공사의 전무후무한 성공 사례가 되었다.

예를 들어, 공사 수행에 필요한 1,500여 대에 달하는 외국산 장비의 수입 관세가 높았던 관계로 장비를 전량 면세로 수입하는 대신, 공사 완료 후에 전량을 파키스탄 발주처에 무상으로 기부하는 조건을 제시하였다. 공사가 성공하는 네 수입관세 면세 조건이 큰 도움이 되었다. 파키스탄에서는 소득액에 따라 차등 부과되는 현지 법인세 제도가 외국기업에 큰 걸림돌이라는 것을 예견해, 발주처와 계약 당시부터 모터웨이 프로젝트는 매출액의 3%로 고정하자고 제안하였다. 예외 세법 규정에 대한 파키스탄 국회 동의까지 받아냄으로써 법인세 절감과 프로젝트의 수익성 전망을 밝게 만들었다.

대우건설의 파키스탄 고속도로공사와 관련한 기록은 많이 남아 있으므로, 나는 1992년 3월의 파키스탄 고속도로 건설사업 초기부터 1997년 12월의 완공까지, 그리고 그 이후 대우그룹의 파키스탄 지역본사*의 일원으로 대우무역 부문이 시행한 연관사업 전개과정(1999년~2000년)을 지켜보고 참여했던 실무자의 입장으로 몇 가지 에피소드를 소개한다.

가족과 함께 파키스탄 건설현장으로

나는 1992년 3월 런던지사 근무를 마치고 곧바로 파키스탄 고속도로 건설현장 본부에 부임하였다.

파키스탄 현장은 대우건설 역사상 가족 동반을 허용하였던 최초의 프로젝트였다. 해외건설 현장 직원들은 4개월마다 2주 정도의 정기휴가 제도가 있었는데, 그 기간의 업무 공백으로 현장 운영을 책임지는 본부장이나 현장 소장에게는 큰 부담이 아닐 수 없었다.

따라서 장기 프로젝트에 직원들의 가족 동반을 허락하면 업무 단절 없이 계속 근무가 가능하고, 직원들의 사기 증진으로 업무 효율성을 높일 수 있다고 판단하고 현장 직원들의 가족 동반을 고려하였다.

파키스탄 현장은 '장기(5년), 대형, 오지奧地' 근무여건 악조건 3박자를 갖춘 프로젝트였기에 회사로서는 원가적으로 큰 부담이 가지만 최초로 가족 동반 조건을 허용하였다.

---

* 지역본사: 대우그룹 세계경영의 핵심 전략이다. 현지화를 개별 국가 단위로 하는 것이 아니라 경제규모가 되는 지역을 하나로 묶어서 개별품목의 전문화, 다른 사업과의 복합화를 추구하는 전략이다. 파키스탄을 포함 전 세계에 23개의 지역본사를 두었다.

덕분에 대우건설의 우수한 젊은 인재들이 파키스탄 현장 근무를 많이 지원하였다. 특히 토목직과 관리직은 대부분 파키스탄 현장을 거치면서 많은 경험과 실력을 쌓으며 개인 성장에도 큰 도움이 되었다.

나 역시 런던지사부터 가족들과 함께 해외 생활을 시작하였기에 파키스탄 현장 근무를 큰 고민 없이 지원할 수 있었다. 이러한 해외근무 덕에 두 아들은 초,중,고 15년을 해외에서 공부할수 있었고, 12년 이상 해외근무자에게 주어지는 '고등교육법'에 규정한 재외근무특별전형의 특례조건으로 좋은 대학에 진학할수 있었다. 대우가 나에게 베풀어 주었던 큰 혜택과 축복의 하나였다.

현지화를 위한 노력

공사 초기 본부장인 양근수 전무는 '현지화'가 공사 성공의 열쇠라고 믿었다. 한국인들이 주축이 되어 이끌어가는 현장이지만, 현지인들과 영국인, 필리핀인 등 삼국직원들과의 소통을 위해서는 영어가 필수적이므로 주간, 월간 공정회의 자료작성 및 진행을 영어로만 하도록 지시하였다. 음식도 현지화를 한다는 이유로 한국 음식은 고추장, 된장조차도 가져오지 못하도록 엄격하게 규제하였다.

이로 인하여 초기 부임한 직원들의 불만이 적지 않았다. 현지 케이터링 업체의 현지화된 중국 음식과 정체불명의 음식이 입에 맞지 않았던 직원들은 부임할 때 챙겨온 고추장에 밥을 비벼

먹다가 본부장 눈에 띄어서 혼이 나기도 하였다. 따라서 직원들은 본부장이 '해외 생활을 많이 하셔서 한국 음식을 좋아하지 않으니 현지화를 강요하며 다른 직원들까지 사서 고생시킨다'고 불평이 쌓어가는 상황이었다.

어느 날 감기몸살로 며칠을 앓아누운 본부장의 입맛을 돋운다고 관리팀에서 가족 동반한 직원의 집에서 라면과 김치를 구해다가 끓여드렸다. 김치 그릇까지 깨끗이 비우고 힘을 얻어 쾌차하는 것을 보고 본부장 역시 현지 음식들이 맞지 않아 고생이었지만 오직 프로젝트의 성공을 위해 본인부터 솔선수범하는 것임을 직원들이 이해하게 되었다. 이후 서로 대화하며 합리적인 개선책을 찾아내었고, 직원들 모두 스스로 원가절감을 위한 노력을 기울였다.

가족 동반이 가능해지자 직원과 가족들이 많이 늘었고 종교가 같은 사람들끼리 모여 우리 집에서 예배를 드렸다. 이 모임이 '라호르한인교회'로 발전하게 되었고, 이후에 주(州)정부에 정식으로 등록하고 한국에서 목사님도 모실 수 있었다.

가족동반이 가능하긴 했지만 파키스탄의 환경은 만만하지는 않았다. 그런 상황을 함께 견뎌준 가족들이 지금도 고맙기만 하다. 4월부터 8개월 이상을 기온이 섭씨 50도까지 치솟는 날씨와 열악한 인프라, 문화생활이라고는 전혀 없는 나라에서 8년 반을 고생해준 나의 가족들에게도 미안한 마음을 전하고 싶다. 특히 주말까지도 회사 일에 매달리느라 가족과 함께할 수 없었던 아빠 덕분에 아이들이 고생을 많이 했다. 심지어는 한밤중에 우

리 집에 침입한 권총강도 사건까지 당하며 죽음의 문턱까지 경험
한 일도 있었다.

기공식 - Ground Breaking Ceremony

1992년 4월 6일 쉐쿠프라Sheikupura*에서 마침내 역사적인 기공
식이 열렸다. 본선 도로가 지나가는 과수원에는 현장 요원들이
한 달간 노력하여 만든 폭 60m, 길이 800m의 행사장이 반듯하
게 준비되어 있었다.

김우중 회장을 비롯한 대우건설의 주요 임원진들과 현장 직원
들이 참석하였고 외부 인사로 나와즈 샤리프 파키스탄 수상을 비
롯하여 거의 모든 각료와 VIP가 대거 참석하였다. 기공식은 파
키스탄 국민의 축제 현장이었고 내외신 언론들과 KBS가 열띤
취재 경쟁을 벌였다. 찜통더위 현장에는 200여 대의 덤프트럭과
불도저, 휠로더, 굴삭기 등이 상체를 번쩍 들어 올리며 샤리프
수상과 김우중 회장을 기다리고 있었다.

한 시간 가량의 공식 행사를 마치고 마침내 샤리프 수상이 선
두 불도저 운전석에 올라 직접 운전을 하며 행진하자 200여 대의
장비들이 거대한 상체를 동시에 내리며 맨 앞에 선 불도저 뒤를
따라 행사장 끝까지 중장비 행진을 하며 그야말로 장관을 이루
었다. 군대에서 사령관이 전투를 앞두고 전 부대원과 전투 장비

* Sheikhupura는 나와즈 샤리프 수상이 국회의원으로 정치무대에 데뷔하였던 정치적 고향이자 대우
건설의 파키스탄 고속도로 건설본부와 1공구가 위치했던 M2 고속도로의 중심지. 현재에는 국영도
로공사(NHA) M2 관리본부가 위치해 있다.

가 동시에 경례하는 열병식 비슷한 진풍경이었다. TV 중계로 전 세계가 지켜보았고, M2 고속도로 현장 직원들은 역사적 현장에 함께 참여하고 있다는 감격과 자부심 그리고 사명감으로 하나가 되어 뭉치게 되었다.

현지 자재 공급에 사활을 걸다

현지의 높은 수입관세로 인한 과도한 부담을 줄일 목적으로 계약 당시에 공사 장비의 면세수입 사용 후 현지에 기증하는 조건을 계약 조건에 명시하였다.

초기 승인된 1,495대의 면세장비 외에 추가로 발주된 장비들은 과세(576대) 및 재반출(57대) 조건으로 수입허가 조건들이 혼용되어 있었다. 일시에 몰려 들어오는 장비와 자재, 부품들을 면세와 과세로 분류하여 제때 통관하는 일도 큰 과제였지만, 카라치에서 현장까지의 운송도 문제였다.

열악한 현지 교통망을 이용하여 1,200km가 넘는 구간을 신속하고 안전하게 운송해야 하는데, 카라치 북부의 신드주 사막 구간은 인적이 드물어 노상강도와 대규모 갱단들이 출몰하는 구간이었다. 우리 자재담당이 안고 있는 엄청난 숙제였다.

장비가 들어오는 항구도시 카라치에서 근무하던 우리 통관담당의 끈질긴 노력으로 현지 관세청과 협상한 결과, 단일회사로서는 꿈도 꿀 수 없던 자체 보세구역Bonded Area 개설 허가를 받았다. 카라치 통관담당의 제안으로 대형 글로벌 로지스틱스 회사들의 로비를 물리치고 중소 규모의 현지 물류회사를 대우건설 화물운송 전담으로 계약하자고 경영진을 설득하였다.

이 결정이 결과적으로 막대한 통관부대 비용 절감과 안전하고 체계적인 내륙운송 시스템 구축으로 연결되어 수입 장비와 자재의 적기조달로 공사의 성공적인 진행에 큰 힘이 되었다.

아스팔트와 디젤 공급

고속도로를 건설하는 공사이다 보니 기본 자재의 소요량이 엄청났다. 엄청난 물량의 시멘트(29만 톤), 철근(5만 톤), 아스팔트(14만 톤), 디젤유(30만 KL) 등을 제때에 공급하기 어려웠다. 현지의 기반산업이 열악하기 때문이다. 자재 담당 직원들이 공급업체에 상주하다시피 밤낮으로 독려하고 품질을 맞추기 위하여 함께 노력하였다. 조악했던 현지 업체들의 품질이 모터웨이의 엄격한 납품 과정과 품질검사를 거치면서 점차 개선되어 기준에 도달하였고, 이런 과정을 거쳐 대우건설이 파키스탄의 건설 기반산업의 수준 자체를 몇 단계 업그레이드시켰고, 국제적인 수준의 경쟁력을 가진 업체로 함께 발전할 수 있었다

아스팔트의 경우는 입찰 당시에만 해도 200리터 드럼으로 카라치에서부터 운송하는 것으로 견적에 반영하였다.

인근 라왈핀디 소재 '아톡 정유공장Attok Refinery'은 아스팔트 생산 실적 자체가 거의 없었던 상황이었으나 경영진과 협상하여 모터웨이 물량 전체를 생산토록 유도하여 공사 일정에 차질없이 아스팔트 전량을 공급할 수 있도록 한 것은 담당자로서 큰 보람이었다.

디젤유 공급의 문제도 있었다. 건설현장에서 하루 한 시간이라도 디젤유 공급이 차질을 빚게 되면 공사 중단 사태로 이어진다. 건설장비가 제대로 작동하기 위해서 디젤(경유)은 피와 같은 기본 자재이다. 그런데 파키스탄의 디젤유 공급은 정유사의 대형 탱크로리가 아니라 개인 소형트럭에 유조 탱크를 얹은 개인 업체가 공급하였다. 물량 자체의 문제에다 운송해 오는 과정에 빼돌릴 위험성, 거기다가 물이나 불순물을 주입할 위험성을 원천 차단하여야 했다. 자칫 고가의 건설장비들이 일순간에 망가지고 정지가 된다면 상상하기도 힘든 상황이 되는 것으로 한시도 방심할 수 없었다.

그 외에도 12~18m 길이의 철근 수송 문제도 컸다. 공사 초기, 철근 공장에 자동화 공정이 존재하지 않아 트레일러가 아닌 일반 트럭에 6m 길이로 구불구불 접힌 채 공급되면 현장에서 다시 펴서 사용하는 것이 일반적인 상황이었다. 그렇게 열악한 철근공장들에 자동 라인과 플랫베드Flat Bed 설치 자금까지 지원해주면서 12~18m 길이 규격 철근을 공사 스펙에 맞도록 공급하는 데는 시행착오를 겪으면서 1~2년의 기간이 필요했다.

이런 여러 가지 초기의 어려운 상황을 극복하고 성공적으로 소요량을 공급할 수 있었던 것은 현지 업체의 노력과 대우건설 직원의 부단한 감독과 독려, 그리고 상생의 정신을 바탕으로 한 재정적 지원이 함께했기에 가능한 일이었다.

1992년 1월 파키스탄 고속도로 기공식.

가장 어려운 공사 구간 - Salt Range

M2 고속도로 노선 연장 334km 중 라호르-젤룸Lahore-Jhelum 다리까지 전반부 176km(1, 2공구) 노선은 펀자브*주의 평원 지역이다. 반면, 3공구·4공구 후반부 158km 노선은 산악지역으로 내난위 절토 및 성토 물량과 경사면 보호 및 배수시설을 위해 많은 양의 돌을 쌓는 작업Stone Riprap이 필요하였다. 특히 3공구가 위치한 솔트 산맥Salt Range**은 지명대로 암염 산맥으로 이루어진

---

* Punjab Province(우르두어: ﺷﻮﻯ ﺑﻨﺠﺎﺏ, 펀자브어: ﺑﻨﺠﺎﺏ/ﺑﻨﺠﺎﺏ): 파키스탄의 중심으로 비옥한 평야로 이루어진 주이다. 면적은 20만㎢, 인구는 2013년 현재 1억 명이다. 인구밀도 490/㎢이고 인구는 파키스탄의 주 중에서 가장 많고 비옥하다. '펀자브'라는 말은 다섯 개의 강이라는 뜻으로, 베아스, 라비, 체납, 수틀레지, 젤룸 등 다섯 개의 인더스 강의 지류가 있다.

** Salt Range(Salt 산맥): 풍부한 매장량을 자랑하는 세계 최대 규모의 암염광상(salt field)으로 선캄브리아기에 형성되었으며 두께가 4,875m 이상이다. 동서 길이가 300㎞ 정도이며 너비는 중부와 동부에서 8~30.6㎞이다. 평균높이 671m이며, 가장 높은 곳은 1,522m의 사케사르 산이다.

광활한 지역에 위치하는데, 지반침하와 경사면 유실, 산사태가 자주 발생하는, 공사가 가장 어려운 구간이었다.

솔트 산맥 동쪽을 통과하는 M2 노선부에 노출되는 지층은 후기 선캄브리아기에서 제3기에 이르기까지 여러 시대에 걸쳐 형성된 퇴적암이 서로 정합과 부정합 관계로 불규칙하고 불안정한 지층 형태를 형성하여 대단위 절토가 필요하였다. 또 절토 경사면 붕괴와 유실로 특별한 보호 방안이 적용되었다. 과적차량 운행이 일반화된 파키스탄에서 상당한 급경사 산악 구간이 계속되는 이 구간에서는 아스팔트 포장으로는 감당할 수가 없어서 수차례 재시공 끝에 전 구간을 특수 시멘트 콘크리트 포장으로 처리하였다.

또 솔트 산맥 구간에 설치된 교량(BD-12C5) 파일이 침하되는 현상이 발견되어 한동안 공사중단과 수차례의 지반침하 보강작업을 시행하였으나 근본적인 문제를 해결하지 못하였다. 발주처와 감리사를 상대로 클레임 제기도 가능한 상황이었다. 그러나 공사 완료 후인 2001년 5월에 대우건설 경영진이 과감히 결단하여 자체 비용으로 교량신설과 노선조정을 발주처에 제안하면서 새로운 교량과 접속도로를 건설, 갈등 없이 해결할 수 있었다.

공사 기간 중 5번의 파키스탄 정권 교체

1964년 12월, 독일을 방문한 박정희 대통령이 아우토반을 달려 보고 충격을 받아 귀국 후에 경부고속도로 건설을 서둘렀던 것처럼 파키스탄의 샤리프 수상 역시 고속도로 건설이야말로 자국의 경제발전을 효과적으로 이룰 수 있는 유일한 수단이라고 생각하였던 것 같다. 그는 수상으로 집권한 직후 카라치-페샤와르를 연결하는 대동맥 고속도로 건설을 계획하고 첫 단계로서 라호르-이슬라마드M2 건설을 서둘렀다.

샤리프 수상은 펀자브 주州 수석장관 시절에 입안하였던 M2 고속도로 프로젝트를 수상으로 집권 후 첫 국가사업으로 시작하였다. 1992년 기공식 이후 1993년 7월 실각하기까지 4차례나 현장을 방문할 정도로 초관심을 보여 온 프로젝트였다.

그러나 공사가 완공되기까지 수상이 5번이나 바뀌는 우여곡절을 겪었다. 그런 중에 집권자의 정치적 성향과 견해에 설계가 바뀌기도 하며 공사는 춤을 췄다.

1997년 2월 처음 발주를 했던 샤리프 수상이 재집권하고 나서 11월 준공 때까지 9개월 동안 3번이나 현장을 방문하고 손수 운전하며 수시로 고속도로를 달리는 애정을 보인 끝에 M2의 준공 및 개통식을 샤리프 수상 자신의 주도로 기행하였다. 그럴 정도로 관심을 보이는 프로젝트였으니 김우중 회장이나 장영수 사장, 이일쇄 사장 등 대우 경영진도 수십 차례 현장을 방문하지 않을 수 없었다.

대우그룹의 최고경영진이 직접 공정과 주요 문제점을 챙겼던 대우그룹 및 대우건설의 전사적 프로젝트였다.

캐시카우 연계 프로젝트

파키스탄 고속도로 사업은 13조 원에 이르는 고속도로 건설사업 외에 다양한 부대 사업으로 대우에게 큰 이익을 안겨주었다. 고속도로 상하행선 5개씩 10개소에 이르는 휴게소사업과 고속버스 운수사업 역시 대우무역부문이 파키스탄 정부 측에 제안하여 후속 사업으로 상당한 수익을 낼 수 있었다.

고속도로 휴게소사업은 15년 운영 후에 발주처에 양도하였다. 고속버스 운수사업은 고속도로 완공과 더불어 40여 대의 대우고속버스를 수입하여 라호르-이슬라마바드(라왈핀디) 구간을 안전 운행하며, 정시 출발 정시 도착의 선진 시스템, 친절한 여승무원의 안내로 파키스탄의 문화혁명이라고 불릴 정도로 선풍적인 인기를 누렸다.

2019년 현재도 360여 대의 대우고속버스가 파키스탄 전역을 오가며 최고 품질과 명성을 지닌 고속버스 운영사업을 이어가고 있다. 물론, 대우버스는 대우그룹 해체 이후 두 차례나 주인이 변경되어 현재는 한국군인공제회와 현지 회사가 대주주이다. 그러나 여전히 대우고속버스라는 이름으로 운영 중이고 초기 사업을 추진하였던 대우무역의 박창인 이사가 전문경영인 자격으로 대표이사를 맡고 있다.

특히 고속버스 운영 초기인 1998년부터 엄격한 이슬람 문화 속에서 서비스업에 여성들이 자유롭게 나설 수 없는 문화 속에서 여성 승무원제도를 도입하여 선풍적인 인기를 누렸다.

이후 일부 현지 고속버스 운영사도 여승무원 제도를 도입하여

우리에겐 세계경영이 있습니다

경쟁하는 등 파키스탄의 문화 풍속도까지 엄청나게 변화시켰다. 현재에도 대우 고속버스 승무원은 여느 항공사 승무원 못지않은 인기와 선망을 누리는 직종이다.

안타깝게 접어야 했던 대우그룹 재기의 꿈

파키스탄 고속도로 공사 완공 후 닥쳐온 한국의 IMF 외환위기. 그 소용돌이 속에 대우그룹이 해체되는 상황에 처했다.

대우건설은 파키스탄 정부에 7억 달러가 넘는 채권을 가지고 있었기에 이 공사대금을 받으면 대우에게 큰 힘이 될 수 있는 것이었다.

당시 상황이 촉박한지라 우리는 패스트 트랙으로 진행하며 펀자 브주의 주요 도시인 라호르시의 교통체계 및 인프라, 운송수단 개선 및 현대화 제안서를 작성하여 파키스탄 정부 측에 제출하였다. 그 재원으로는 우리 대우가 보유한 파키스탄 재무성M.O.Finance 발행 P-Notes 총 7억 달러(Maturity 1998~2008년)를 현시 은행에서 할인하여 활용하겠다는 파이낸싱 방안을 제출하였고, 수차례의 협상 과정을 거쳐서 P-Notes discounting 주관 은행으로 파키스탄 국립은행NBP이 지정되었다.

NBP 담당자들을 가르쳐가면서 파이낸싱 구도를 완성하였고, 파키스탄 펀자브 주 정부 측과 '라호르를 중심으로 한 펀자브 주 정부의 교통인프라 및 운송수단 현대화 사업'이라는 PPP사업 계약의 체결을 준비하였다.

이제 1999년 10월 13일 P-Notes discounting 계약에 대해

대우와 펀자브 주지사와의 계약식 및 샤리프 수상의 최종 서명만 남아 있었다.

그런데 하루 전날인 10월 12일 밤, 무혈 쿠데타가 일어났다. 샤리프 수상과 PPP사업 주체인 펀자브 주지사도 실각하며 우리의 모든 노력으로 준비한 주州정부와의 계약은 하루아침에 물거품이 되었다. 정말 거짓말 같은 시간이었다. 추진 중이던 다른 사업도 모두 무산되었다. 이어서 닥친 파키스탄 정부의 국가 부도 사태로 대우건설이 보유하였던 7억 달러(약 1조 원에 해당)의 외화 채권(공사비의 30%는 공사기간 중 현지화 기성으로 수령)은 파리클럽*이 주관하는 IMF의 파키스탄 채무재조정에 포함되었다. 조정된 채무상환 내용은 2008년부터 2024년까지 연 2회씩 원금과 이자를 지급하는 방식으로 상환 기간이 연장되고 지금은 대우건설로 입금되고 있다.

아쉽게도 1999년의 대우의 워크아웃 자산평가 시에 완전히 못 받을 채권인 '0'으로 평가되어 대우분식회계 인식의 한 부분이 되었다. 2008년 이후 차곡차곡 받고 있으니 정말 곡절 많은 공사가 된 것이다. 위험을 감수하고 PFProject financing를 주선한 사업이었기에 경쟁 입찰 공사와는 비교할 수 없을 정도의 수익을 거둘 수 있었고, 연관된 다양한 수익사업도 시도할 수 있었다. 여러모로 아쉬울 뿐이다.

---

* 파리클럽: 경제협력개발기구(OECD)의 일부 회원국을 중심으로 발족한 국제 채권국가 협의체. 국가 간 대외채무 및 대외채권 협의를 위해 생겨난 협의체로 파리에서 개최된다고 하여 파리클럽이라고 한다.

우리에겐 세계경영이 있습니다

이렇게 대우의 힘으로 만들고 닦은 현대판 실크로드, 파키스탄 M-2 고속도로 건설현장 프로젝트를 떠올려본다.

주재국의 정권이 무려 다섯 번이나 바뀌어도 목표를 향해 달린 대우맨들의 끈기와 근성의 역사를 후배세대들이 이어받기를 바라본다.

파키스탄 M-2 고속도로 건설현장 프로젝트를 비롯한 우리 대우의 자랑스러운 세계경영의 역사가 잘 계승되어 후배세대들이 가열찬 세계경영에 더 크게 도전하기를 바라본다.

최안수 ●●●

1949년 서울에서 태어나 한양대학교 건축공학과를 졸업하고 ROTC 11기로 임관하였다. 1975년 대우그룹에 입사 후 국내 수출입 업무 후 사우디아라비아 제다, 스웨덴 스톡홀름에서 현지 시장 개척업무를 진행하였다. 1991년부터 2003년까지 이탈리아 밀라노, 로마에서 약 12년간 재직하며 대우자동차 유럽 시장 선점에 노력하였다. 사우디아라비아 담맘 지사장, 스웨덴 스톡홀름 지사장, 밀라노 법인장, 로마 이탈리아 자동차 판매법인 사장, 국내에 들어와서는 GM대우오토앤테크놀러지에서 영업본부장, 영업 및 마케팅본부장을 지냈다. 대우 해외지사 및 법인에서 총 25년 가까이 근무하였다.

| 이탈리아 |

집요하게 빠르게, 선제적 송곳마케팅으로 뚫은 견고한 시장

: 대우자동차, 이탈리아 판매법인

이탈리아 100대 기업 안에 들었던
초신생기업, 그 놀라운 신화

"로마에 가서 자동차를 팔아봐라."

1994년 대우무역의 밀라노 법인장으로 있던 내게 난데없이 한 번도 해보지 않은 '자동차 판매' 업무가 떨어졌다. 1991년 이탈리아에 부임한 후 각종 제품의 수출입 업무를 담당하며 바쁘게 지내던 중이었다. 3년째 무렵부터 김우중 회장님이 대우자동차 신차 핵심개발 중역들과 자주 출장 오시곤 했는데, 그때마다 법인장으로서 의전을 맡았기에 자동차에 대한 회장님의 관심과 열정은 알고 있던 터였다.

그래서 처음 자동차 판매 분야에 몸담은 것이 1995년 1월이었고, 한국의 IMF 외환위기로 대우그룹은 해체되고 우여곡절 끝에

GM그룹에 매각된 후 2002년 12월 GM대우 국내영업본부장으로 귀임 시까지 만 11년 반을 이탈리아에서 근무하였다.

사실 나는 20대 중반 군에서 ROTC 복무를 마치고 대우무역에 입사한 직후부터 일찌감치 사우디아라비아, 스웨덴 등에서 12년 간 해외 근무를 했었던 터라 해외 주재원 생활에는 이미 익숙한 편이었다. 그러나 맨땅에 헤딩하듯 이탈리아에서 대우자동차라는 브랜드를 각인시키기 위해 노력했던 10여 년은 나와 가족 모두에게 매우 길고 특별한 시간이었다.

견고한 시장을 뚫어라

당시 이탈리아 자동차 시장 점유율은 피아트FIAT가 압도적으로 높았고 뒤이어 소형차 라인을 보유한 유럽과 일본의 자동차 메이커들이 각축전을 벌이는 상황이었다.

이탈리아 고객들은 나름대로의 특징을 가지고 있는데 우선 자동차에 대한 지식이 많고, 아는 게 많은 만큼 자동차 구매 시 요구사항도 다양하고 깐깐한 편이었다. 무엇보다 전통과 역사를 중요시하는 보수적 성향이 강했는데, 새로운 것보다는 오래되고 익숙한 것을 선호하는 독특한 구매 스타일이었다. 예를 들면 할아버지가 피아트를 샀으면 아버지도 피아트를 사고 손자도 피아트를 당연히 사야 한다고 생각하는 것이다.

이런 문화 속에서 새로운 브랜드의 정착은 더욱더 어렵기 마련이다. 더군다나 자동차 사업은 반드시 장기적인 관점에서 한 단계 한 단계 브랜드력을 쌓는 경영전략이 필요한 아이템이다. 특

우리에겐 세계경영이 있습니다

히 시장 트렌드와 소비자의 기대치에 맞추면 잠재력 있는 큰 시장일수록 난관이 있어도 포기하지 말고 성공의 때를 준비하며 끈기 있게 버티면서 지속적 투자로 밀고 나가야 한다.

그래서 내 나름대로 전략들을 단기, 중기, 장기로 나누고, 각 기간에 반드시 실행해야 할 항목들을 우선순위에 따라 자세하게 분류해 실행해갔다. 사업은 조금씩 성장해 나가는 것도 중요하지만, 특히 선두 그룹으로 도약하기 위해서는 일순간에 된다는 것이 나의 비즈니스 철학이다. 우리 곁에 기회가 왔을 때 한 번에 폭발적으로 상승세를 탄다는 내 평소 믿음이 실제로 훗날 실현됨을 체험적으로 경험했다.

신차 출시가 임박할 1997년 초 이탈리아 정부는 자동차 시장 활성화 대책으로 신차 구매 시 일정액의 '중고차 정부 보상 정책'을 발표하였다. 우리처럼 신생 브랜드가 파고들기 좋은 기회였다. 1995년 넥시아와 에스페로 2개 차종 약 4천 대 판매로 조심스레 첫발을 내디딘 우리는 이를 발판으로 모든 전략을 집중한 결과 1997년 연간 1만 7천 대, 1998년은 연간 4만 대로 판매량을 늘려나갔다. 1998년 비약적인 판매량의 주요 공신은 마티즈 출시였다.

자동차 판매의 중심, '딜러 제도'

자동차 판매에 있어 딜러는 매우 중요하다. 우리는 대형 딜러 10여 곳을 엄선해 한국을 방문케 했다. 그들을 한국의 대우센터 본사와 대우 옥포조선소, 대우중공업 공장을 둘러보게 하고 삼성동 코엑스와 경주 힐튼 호텔에서 열린 마티즈 론칭 행사에 참여하게 했다. 이탈리아에 돌아온 딜러들은 "내 평생 이런 단일공장 시설을 본 적 없다"고 감탄하며 우리 편이 돼주었다.

더불어 대형 딜러 그룹들과 새로운 영업사원이 하나둘씩 보강되면서 1998년 후반 월간 판매량이 약 6천 대를 넘어섰고, 2000년 7만 9천 대, 어느 달에는 마티즈 단일 차종의 월간 판매가 약 5천5백 대를 넘어서기에 이르렀다.

당시 로마에서 주고받는 농담에는 "로마 시내에서 자동차 사고가 나면, 마티즈끼리 충돌사고를 심심찮게 볼 수 있겠다"라는 말까지 나올 정도였다. 연간 매출은 당시 이탈리아 돈으로 약 1조 4천억 리라Lira, 미화로 6억 5천만 달러인 회사, 이탈리아 100대 기업 안에 들어가는 초超 신생기업이 탄생한 것이었다. 이쯤 되니 큰 딜러 사장들은 자발적으로 자기 지역 유수 케이블TV의 10분짜리 광고에 직접 출연하여 대대적인 광고를 하며 주도적으로 앞서거니 뒤서거니 참여하는 모습을 쉽게 볼 수 있었다.

이탈리아 자동차 시장 역사상 인지도가 전혀 없는 브랜드로서 유례없이 단기간의 판매 신장을 하니 모두 '열광의 도가니 속'에 빠져들었고 모든 딜러는 신바람이 나서 더욱더 열심히 우리 차를 홍보했다. 주요 매체에서도 인터뷰 요청이 쇄도했다.

현장 제일주의, 현장 밀착 경영

사업에는 결코 '비법'이 없다고 생각한다. 지금까지 알고 있는 많은 기본적인 지식을 잘 활용해서 적재, 적소, 적시에 남보다

우리에겐 세계경영이 있습니다

조금 빨리 생각하는 것이다. 평소 안테나를 높이 올려 시장의 트렌드를 파악, 끊임없이 고객 최접점인 딜러와 주요 소비자 계층과 직접 대화, 소통하면서 그들의 요구사항과 기대치를 가장 빠르게 수렴하고 보완하면서 주도면밀하게 '선제적 실행'하는 것이 유일한 방법이다.

즉, 결론적으로 나는 현장에 모든 문제와 해답이 있다는 것을 믿는다. 특히 자동차 판매는 워낙 단위 금액이 크기 때문에 강력한 오너십이 필요하다. 강한 책임감, 추진력, 조직 결속력으로 비전을 제시하고 계획된 시간 안에 끌고 가고자 하는 방향으로 조직 변화를 일으키는 힘 등 절대적 리더십이 중요하다.

단기간 내에 시장에 강한 인상을 남기려면 조직 전체가 한 몸이 되어 일사불란하고 집요하게, 빠르게 한 방향으로 매진할 때 타 경쟁업체와 차별화를 이룰 수 있다. 그리고 '반드시 해내야 한다'라는 '절실함'이 늘 새로운 돌파구를 찾아내곤 했다. 현장에서 스치는 작은 말 한마디에서도 힌트를 찾아 창의적인 아이디어로 이어지는 경우가 많았으며, 그런 날은 주말에도 월요일 아침이 기다려지고 설렘의 파도가 물밀 듯 밀려오곤 했었다.

영업하는 사람으로서 지금도 나는 회의를 아주 싫어한다. 현장에서 꼭 해야 하는 회의라면 오히려 '서서 하는 회의Cocktail-Meeting'를 즐겨 했던 사람이었다. 나는 대부분의 회의를 현지 딜러의 영업소 현장에서 진행했다. 회의 장소 선정은 매번 그 지역에서 괄목할 만한 성과를 낸 곳이나 전 달보다 유독 신장률이 좋은 곳 등 무엇인가 독특한 점이 있는 곳 중에서 골랐다. 그곳에 모든 딜러를 모아 회의하면서 직접 눈으로 자기 점포와 차이점을 볼 수 있게 했다. 예를 들면 전시장 위치, 규모, 차량 디스플레이, 상담실 규모, 고객 동선, 청결 상태, 고객 주차장 규모 등등 이를 토대로 개선할 점을 찾아 보완하도록 하고, 꼭 사후관리 체크를 하도록 유도했다. 약속을 지키면 지역광고나 행사를 지원하고 자동차 액세서리를 지원하는 등 반드시 포상했다.

또한 로마의 본사 임원들에게는 "주요 임원들의 업무 성과는 그들의 데일리 리포트를 통해서가 아니고 딜러 쇼룸에 투영된 그들의 모습과 딜러들의 다면적 평가로 급여와 상여를 결정 보상하겠다"라고 단도직입적으로 천명했다.

드디어 1998년부터 딜러 대부분이 큰 수익을 내기 시작했다. '대우차를 팔면 돈 번다'라는 소문이 날 정도였다. 이때부터 완전히 '판매 선순환 궤도'에 진입해 가고 있었다.

'광고전략'의 차별화도 현장에서

남과 다른 방법을 꾸준히 모색해 봤으나, 무엇이 시장에 잘 통하는지, 어떤 방법으로 소비자의 심금을 울릴 수 있을까? 우선은 우리와 함께 일할 능력 좋은 광고 에이전시를 찾아야 했다. 당시 이탈리아에 진출해 있는 크고 작은 광고 에이전시 중 열정이 가득한 젊은 실무자 중심으로 주로 만나며 차근차근 바닥을 뒤지고 공부하면서 우리가 가야 할 틈새의 통로를 찾아 나갔다.

문제는 비용이었다. 잘 알려진 것처럼 광고는 가격이 비쌀수록 효과가 좋은 게 일반적이다. 적은 비용으로 효과적인 광고를 제작해 방영하려 하니 여러 가지 어려움이 많았다. 나는 현금을 가지고 직거래를 시도했으나 좀처럼 통하지 않았다. 그런데 유럽에 금융위기가 찾아오자 광고시장부터 곤두박질치기 시작했고 비로소 우리에게 관심을 보였다.

마티즈 출시에 맞춰 밀라노의 주요 일간지에 공격적으로 광고를 게재하였고, 현지 딜러들도 같은 신문에 매칭 광고를 내었다. 이렇게 본사와 딜러가 동시다발로 광고를 게재하니 이탈리아 주요 신문을 넘길 때마다 대우 브랜드를 볼 수 있을 정도였다. 마티즈 광고가 주요 TV 프라임 시간대에 춤을 추고 있었다. 가장 금액이 큰 TV 광고는 프로그램별로 광고 단가가 책정될 뿐 아니라 프로그램 앞, 뒤 등 어느 시간대에 방영되느냐에 따라 차이가 컸다.

나는 방영 시간표를 받아 임직원에게 나눠주고 우리가 원하는 시간대로 정확하게 노출됐는지 꼼꼼하게 모니터했다. 주재원 모두가 밤잠 설쳐가면서, 평일은 물론 휴일에도 모니터링을 하니 관계자들 모두 혀를 차면서 "해도 너무 한다, 정말 지독하다"라는 이야기를 귀가 아프게 듣곤 했다.

아울러 PPL_{Product Placement} 광고도 여러 차례 수시로 기회 있을 때마다 진행했다. 이탈리아 유명 영화, 공중파 TV 드라마 속에 우리 자동차를 투입하고 지원하며 브랜드 인지도 향상에 톡톡히 효과를 보았다.

효과 극대화를 위한 광고전략

돈 들여 광고했으니 사후에 효과를 검증해야 했다. 광고를 매체별로 잘 믹스해 방영한 뒤 매 주말에는 예외없이 로마 주요 딜러숍에 들러 3~4시간 동안 머물며 딜러들과 담소를 나누고 고객들에게 '무슨 매체를 보고 왔는가?' '어떤 매체 광고가 마음에 들었는가?' 등 방문 동기를 일일이 물어본 후 다음 광고 계획에 바로 조정, 반영시켜 나갔다. 이런 지속적 실험정신은 내가 자동차 판매에 종사하는 동안 희열을 느꼈던 중요한 아이디어의 원천이자, 판매 신장을 위한 원동력이었다.

광고 믹스가 잘 된 경우에는 쇼룸에 고객들이 떼로 몰려오고, 덕분에 영업사원은 한 손으로 계약서를 작성하고, 다른 한 손으로 햄버거로 점심을 때우는 즐거운 광경도 자주 목격할 수 있었다. 지금 생각하면 무슨 생각으로 그리했는지 완전히 미쳤던 시절이었던 것 같다. 법인장에게 오너 같은 전권이 주어지지 않는 조직이었으면 불가능한 일이었다.

'비즈니스는 속도 싸움이다'라는 말처럼 남보다 한발 앞서 트렌드와 가능성을 파악하고 관계자 의견을 수렴해 즉각 실행으로 돌입하는 것이 효과도 크고 결국 비용도 크게 절감할 수 있는 좋은 방법이기 때문이다.

이탈리아에 특화된 다양한 마케팅

이탈리아 사람들이 축구에 열광하는 것은 익히 알려진 사실이다. 우리는 이에 착안해 스포츠마케팅을 전개하였다.

삼포도리아Sampdoria팀과 페루지아Perugia 팀 양 프리미엄 구단에 스폰서가 되었다. 삼포도리아Sampdoria팀은 이탈리아 서부 제노바

시의 프리미어 A군 소속 팀으로 이탈리아 사람들이 아주 감성적으로 좋아하는 유서깊은 명문구단으로 약 2년간 메인 스폰서가 되었다. 당시 안정환 선수가 소속된 또 다른 프리미어 팀인 페루지아Perugia 팀의 스폰서도 되었다.

또 하나의 마케팅은 A/S 체계의 차별화이다. 자동차는 한 번 산다고 끝나는 게 아니다. 애프터서비스는 자동차 구매에 직접적인 영향을 끼치는 매우 중요한 요소다. 우리는 차만 판매하는 게 아니라 잘 관리된 차를 끝까지 운전할 수 있도록 많은 노력을 기울였다. 당시 유럽은 주말이면 모두가 근무를 하지 않는 분위기였다. 하지만 자동차는 요일에 상관없이 고장이 난다. 우리는 1차로 주요 도시의 주요 딜러들을 설득하며 A/S부서 직원들을 교대로 근무토록 하고 이를 대대적으로 일시에 해당 지역 대형 옥외 광고로 쏟아부었다. 로마 같은 곳은 한 번에 약 4천여 개 대형 옥외 광고를 할 정도였다. '여러분의 차가 토요일에 고장나도 걱정을 내려놔라! 월요일 아침에는 차를 다시 사용할 수 있다'라는 강력한 메시지를 고객들에게 전달했다.

메모 습관을 통한 인맥 관리

'좋은 사람 한 명 잘 만나면, 갈 수 있는 길이 하나 더 생기고 해결방법이 하나 더 늘어난다.'

나의 인맥 관리 신조다. 이 신조에 빼놓을 수 없는 것이 메모 습관이다. 오래전부터 시작된 메모 습관은 오랫동안 내 생활 근간을 유지해 온 기본 축이자 아이디어 창출의 동력원이다. 무역

상사 주재원 근무 시에 내 메모 습관은 위력을 발휘하곤 했다. 유럽 사람들은 매사 철저히 짜인 스케줄대로 움직인다. 이를 잘 활용해 뜻밖의 기회를 얻은 경우가 있다. 무역상사 근무 시에도 어느 백화점의 바이어가 블라우스와 셔츠를 구매하기 위해 매번 같은 시기에 한국에 출장을 가는데, 2주가 되었는데도 연락이 없으면 이탈 조짐이 있는 것으로 해석하면 틀림없었다. 그러면 단단히 보강책을 마련하고 반드시 연락해 한 번 더 기회를 얻는 터닝 포인트를 마련하곤 했었다.

또 관리해야 할 주요 고객, 주요 인사의 사소한 일상생활도 메모해 두었다. 식사나 미팅 시간에 자연히 알게 된 생일, 결혼기념일, 자녀 이름 등을 메모하였다가 후에 그런 것들을 적시에 말해주면 100% 감동하게 되고, 이는 곧 나에 대한 신뢰감으로 바뀌어 비즈니스에 큰 도움이 되었다.

이런 방법을 활용하여 꼭 관리할 필요가 있는 영업에 연관된 주요 딜러들, 주요 인사들, 기자단들을 우군으로 만들곤 했었다.

이런 생활 방식은 나의 기억력에 상당한 도움을 주었는지 '기억력이 참 좋다'라는 이야기를 늘 듣는 편이다. 시장의 트렌드 파악 등 '예측 능력' 또한 아주 중요한 비즈니스 역량이다. 예측 훈련을 자주 하다보면 미래에 대한 그림이 어느 정도 그려졌다. 사실 많은 일은 반복되는 사이클과 사전 신호가 있기 때문이다.

이탈리아 길 위에 돌아다니는 총 판매 차량 숫자, 즉 판매 누계치가 약 30여만 대가 넘어가니 한 해 부품 판매에서도 약 1천 5백만 달러 이상의 수익이 나오기 시작했다. 그즈음 김우중 회장이 다

우리에겐 세계경영이 있습니다

른 유럽 주요법인 순방 때 "이탈리아는 곧 연간 10만 대 판다고 하더라"는 얘기를 하셨다며 여러 법인장이 알려와 잠시 곤혹스러운 적도 있을 정도였다.

1984년 4월 김우중 회장이 국제 기업인상 수상(스웨덴 구스타프 국왕 수여)차 방문 시 스웨덴 왕실 의전장 공항 마중 영접인사.

세계 자동차 시장에서 곧 '빅3 그룹'에 진입할 것이라는 가능성을 눈앞에 두었던 당시, 이탈리아 시장에서 우리와 비교조차 할 수 없었던 위치였던 경쟁사들을 보면 많은 생각에 잠긴다. 그때 라노스, 누비라, 레간자, 마티즈를 출시한 후 '우리가 한 라운드만 더 진전시킬 수 있었다면 어땠을까? 모르긴 해도 유럽 주요 시장에서 우뚝 섰을 것이다'라는 생각도 해본다. 지금 와서 정말 되돌려 생각하기 싫지만 나도 그때를 생각하면, 정말 안타깝고 울화통이 치밀어 오를진대 그분의 심정은 어떠셨을까?

김우중 회장님 영전에 삼가 명복을 올립니다.

조봉호

1953년생으로 연세대학교 정치외교학과를 졸업했다. 1978년 그룹공채로 입사하여 대우중공업 영업관리부에서 수출, 판촉, 마케팅 업무를 담당하였다. 독일DBM 법인장(중장비), 벨기에의 EURO DAEWOO S.A에서 유럽영업을 총괄하고, 귀국 후 대우종합기계 해외영업 총괄이사를 역임했다. 이후 두산인프라코어 건설기계 부문 부사장, 두산DST(방위산업 부문) COO(부사장)를 지냈다.

과감한 도전으로 영업의 패러다임을 바꾸다
: 대우중공업, 유럽 영업딜러망 구축

영업맨에게 독립된 법인인
'딜러'라는 날개를 달아 파격적 대접을 한 결과는?

"당신이 영업전략 부장입니까? 재무팀 보고를 보면 지게차 영업 이익이 급속히 나빠지고 있다는데… 일주일 안에 대책을 보고해주세요."

잘나가던 회사 매출이 급속히 떨어질 무렵, 회사에서는 이런 상황을 극복할 묘안을 내놓으라고 했다. 영업 담당자로서 '이 사태를 어떻게 하나?'로 스트레스가 극에 달했을 때, 새로 부임하신 석진철 사장의 호출을 받았다. 나는 어떤 대답이나 변명도 하지 못한 채 딱 이 말만 듣고 사장실을 나왔다.

일주일 안에 떨어진 매출을 올려라

나는 대학에서 정치외교학을 전공하였다. 원래는 공부를 더

해서 외국으로 유학가고 싶었다. 그러나 어려운 집안 형편을 고려해 취업을 서둘렀다. 대우그룹 공채에 합격해 첫 발령지가 바로 대우중공업이었다. 기계를 제조, 판매하는 회사의 문과생이었지만 다행히 군에서 정비부대 복무로 비교적 기계에 대해 관심이 많아서 중공업 회사에 어렵지 않게 적응할 수 있었다.

사람들이 흔히 생각하는 영업은 '엔드유저End-user 영업직'이다. 즉 거래처 사장과 맞대면해서 제품을 파는 것이라 생각한다. 하지만 기업에서의 영업은 다양한 분야가 있다. 판촉과 수출입, 마케팅 부서를 거치는 동안 영업기획과 전략 등을 함께 공부하면서 영업맨으로서의 커리어를 차츰차츰 쌓아갔다.

1990년 초중반 당시 나는 국내영업부장으로 재직 중이었다. 굴삭기, 지게차, 발전기 등 대우중공업의 중장비 부문 국내영업을 총괄하는 자리였다.

영업은 매출, 영업이익, 시장점유율의 3가지 주요지표로 평가받는다. 당시 국내 경쟁사였던 현대, 삼성(지금은 볼보)과 치열한 경쟁구도 속에서 우리는 한 대라도 더 팔기 위해 밤낮없이 뛰어다녔다. 다행히 시장점유율은 평균 45%대를 유지하면서 1위 자리를 10여 년 동안 내준 적이 없었다. 덕분에 일요일에도 쉬지 못할 정도로 과중한 업무에 시달렸지만, 매출이 늘어가니 행복했다.

그런데 그런 내게 큰 시련이 왔다. 늘 업계에서 상위권을 유지하던 지게차 부문의 영업이익이 나빠지기 시작했다. 경쟁사에서 이제는 못 참겠다고 시장점유율을 뒤집기 위하여 덤핑 판매를 시

우리에겐 세계경영이 있습니다

작한 것이다. 게다가 우리의 우수한 일선 영업직원들에게 승진과 급여 등을 내세워 적극적으로 스카우트 제의를 하면서 급기야 영업망이 흔들리기 시작했다. 10% 수준을 유지하던 지게차 부문 영업이익은 순식간에 3%대로 급락하기 시작했다.

회사에서는 이런 상황을 극복할 대책을 내놓으라고 했고 '이 사태를 어떻게 하나?'로 스트레스가 극에 달했을 때, 새로 부임하신 석진철 사장의 호출을 받은 것이다. 석 사장이 우리 회사로 부임하신 초기였다. '일주일 안에 떨어진 매출을 올릴 수 있는 대안을 가져오라'고 하신 것이다.

그동안 '전술적 도전'은 자주 하면서 경쟁을 해왔고 매출과 이익도 챙겼다. 이제는 '전략적인 도전'이 필요했다. 시장의 판을 새롭게 정립을 해야 하는 때가 온 것이다. 시장 리더의 길은 언젠가 판을 바꾸는 것이다. 시장과 경쟁의 룰을 재정립해야 하는 것이 시장 리더의 운명인 것이다. 죽자고 덤비는 경쟁자에게 그동안의 방식으로 상대하는 것은 이기도 피만 낭자한 바보짓이다. 경쟁전략의 구루인 필립 코틀러 교수의 말이 떠올랐다.

그러나 어떻게 새로운 판을 짜야만 하는 걸까? 머리를 쥐어짜도 대책이나 아이디어가 떠오르지 않았는데, 이제 일주일이라는 마지노선이 정해진 것이다. 결국 아무런 대안도 제시하지 못한 채 불명예 퇴진을 해야 하나. 직원들과 일선 지점장들과 만나서 머리에 권총을 들이대고 방아쇠를 당기는 심정으로 이틀을 토론했으나 뾰족한 대응방안이 나오질 않았다. 책 몇 권과 해마다 작성했던 영업전략 관련 서류, 그리고 간단한 짐을 챙겨서 하얀 르망을 몰고 무작정 동해안으로 떠났다. 직원들과 가족들에게는 적어도 3일간 연락을 하지 말라고 하면서.

직영에서 딜러로 확 바뀐 영업망

동해안 속초의 어느 민가에 틀어박힌 채 그동안의 제반 '전술적 도전' 내용과 챙겨온 책들을 들여다보고 기도도 하고 잠을 설쳐가며 고민을 거듭했다. 그렇게 사흘이 지나가고 있었지만 뾰족한 수가 나오지 않았다. 나는 점점 지쳐갔다. 이제는 서울로 가자. 더 나은 새로운 영업전략 부장을 예비명단으로 추천하고 불명예 퇴진을 각오하자.

그런데 문득 책 한 권이 눈에 띄었다. 『유통망 혁신』이라는 책이었다. 책을 펴서 쭉 들춰보는데 간접영업망, 즉 딜러망 내용이 눈에 확 들어왔다. 책을 읽다보니 시장의 틀을 바꾸는 프레임이 내 머릿속에서 착착 정리되어 가고 있었다.

"그래 직영망을 딜러체제로 바꾸면 되겠어!"

'전략적 도전'의 아이디어가 순식간에 정리되었다. 확신과 희열이 나를 감쌌고 동해안의 고래가 나를 향해 웃어주는 듯했다.

즉시 서울로 와서 중역 경영회의를 통해 '전략적 도전' 내용을 보고하였다. 다행히 사장님께서는 내 보고를 높이 평가해 즉각 시행을 지시하는 등 의사결정 속도는 거의 '빛의 속도'에 가까웠다. 게다가 포괄적 위임이었다. 자율적 권한으로 나의 뜻대로 해보라는 지시였다. 세세한 지시사항이 없었다. '책임지고 해보라'는 지시만 있을 뿐이다.

우리에겐 세계경영이 있습니다

다음날 모든 영업맨을 강당에 모아 영업정책 혁신의 설명에 들어갔다. 긴장한 그들에게 설명한 요지는 '도전'이었다.

① 여러분은 이제 사원, 대리, 과장, 차장이 아니라 모두가 사장이다. 많게는 3~4명이 적게는 1~2명이 현재의 영업구역Territory에 대우지게차 판매법인을 같이 설립하여 독립경영을 해라. 이제 새롭고 큰 도전을 해라.

② 여러분이 사용 중인 모든 회사 자산(사무실, 전화기, 차량 등)은 3년간 무상으로 제공된다.

③ 회사는 여러분에게 주는 공급가격만 제시할 것이고, 판매가격은 여러분이 시장 상황에 맞게 운영해서 여러분의 이익으로 모두 가지고 간다.

이 세 가지가 그들에게 설명한 주요 내용들이다.

경영회의에서 딜러 제도를 도입하려면 지역의 유지나 자본력이 있는 사람에게 주자는 의견들도 있었으나, 일선 영업직원들의 전문화된 '도전'이 훨씬 대우문화에 적합하고, 빠르게 정착될 것이라는 믿음이 있었다.

한 달 만에 영업망 개편이 이루어지고 판매법인의 사장인 딜러로 독립한 일선 영업맨들은 프로정신을 발휘하면서 경쟁사의 '가격 할인'이라는 높은 파고를 열정적으로 극복해갔다.

그로부터 3개월 후 시장점유율은 55% 수준으로 오르고 영업이익은 12% 수준으로 공고히 자리잡기 시작했다.

염려했던 영업직원의 이탈은 거의 없었고, 20년이 지난 지금 그들은 지역사회의 유지로서 지게차 영업망을 공고하게 잘 지켜내고 있다. 모두가 '도전'에 성공한 것이다.

자기 사업의 주체, 즉 오너로 바뀌면서 프로정신과 혼신의 열정으로 비즈니스 마인드를 갖춰가니 흔들리던 대우지게차 사업도 더욱 공고해졌다.

이후에 굴삭기 부문도 딜러 체제로 영업망을 변경하였다. 이 또한 국내 최초로 중장비 시장의 직영망이 딜러망 체제로 바뀐 첫 사례였다.

이 모든 일의 진행과 성과는 직원들의 회사에 대한 믿음과 도전의식이 기반이 된 것이다. 아무리 좋은 아이디어를 내도 회사가 이를 믿고 지지하지 않으면 절대 실행에 옮길 수 없다. 또 아이디어를 채택했어도 의사결정이 늦어지면, 시장에서 적기에 대응 기회를 놓치기 쉽다. 그러나 대우는 달랐다. 위기의 순간에 던진 나의 제안을 믿고 지지해주었고 빨리 시행해 매출을 다시 끌어올릴 수 있었다. 이 모든 게 대우 특유의 '도전의식'을 기반으로 한 것이다. 그래서 20여 년이 지난 지금도 대우맨들은 서로 만나면 반갑고 고마운 마음이 여전하다.

독일에서의 실패 그리고 유럽시장에서의 도전과 성공

1995년 초가을, 유럽에서 전화가 왔다. 사장과 함께 해외 출장 중이던 박태호 과장(지금은 홈쇼핑에서 사업을 하고 있다)이었다. 내가 곧 독일의 주재원으로 발령 날 것이라는 귀띔을 주었다. 해외시장 진출이 회사의 미래라고 확실히 마음을 굳히고, 독일에 합작

우리에겐 세계경영이 있습니다

회사를 만드는 회의 도중에 내 이름이 언급된 것 같았다.

국내 영업에서 17년을 보냈고, 이제 그동안 욕심내던 해외시장으로 나가는 기회가 드디어 다가오고 있었다. 막연히 언젠가는 나도 해외 근무를 할 때가 있을 것이라는 생각으로 영어 회화 테이프를 통해 지난 2년여간 틈틈이 남몰래 영어 공부도 하고 있었다. 그리고 단어를 잊지 않으려 대우그룹 입사 때부터 영자신문을 틈나는 대로 읽어서 어느 정도 영어에는 자신감이 있었다.

1995년 말 드디어 독일 프랑크푸르트 국제공항에 내리면서 심호흡을 하고, 이제 내 꿈을 펼치리라 다짐했다. 그러나 독일현지법인 DBMDAEWOO BAUMACHINEN Gmbh에서의 생활은 쉽지 않았다. 기계부문 세계 최고의 회사들이 시장을 장악하고 있는 곳에서 고객들은 우리 회사의 제품, 코리아의 제품을 쉽게 받아들이려 하지 않았다.

장비의 규격도 독일 법규에 맞지 않았고, 고급사양이 필요했으며, 부품과 애프터서비스가 제때에 안 되어 장비 반납이 자주 발생하였다. 게다가 한국과 독일의 품질 인식에 커다란 차이가 있었다. 독일 근무 일 년 반 동안 문제점만 눈에 들어오며 나는 서서히 지쳐갔다.

이때 추호석 사장이 새로 부임했다. 독일 상황을 지켜보다가 나를 유럽의 영업총괄로 발령을 내었다.

대우의 사장님들은 하나같이 '제목'만 말한다. 경영학 용어로 '포괄적 위임'을 하는 것이다. 세세한 행동 지침은 전혀 없이 나를 영업총괄 책임자로 발령내며 '유럽의 사업을 성공시킬 것'을 주문하였다.

독일에서의 부진에 대한 질책도 없고, 더욱 큰 시장을 주고 강력한 재도전의식을 불러일으킨 것이다. 실패는 묻지 않고, 포괄적 위임으로 또 한 번의 기회를 준 것이었다.

1997년 여름, 독일 국경을 넘어서 벨기에의 몽스MONS로 가면서 온갖 상념에 빠졌다. 몽스는 벨기에와 프랑스의 접경지역인데 대우중장비 유럽제조 및 판매법인 유로대우사EURO DAEWOO S.A.가 있는 곳이다.

한국에서 나름대로 성공적인 엘리트 영업인의 길을 걷다가 독일에서 완전히 힘 빠진 상태로 '유럽의 영업 총괄을 잘해낼 수 있을까?' 이런 생각들로 머릿속은 복잡했다.

나는 하얀 도화지를 앞에 둔 것처럼 새로운 접근방법을 모색하였다.

당시 영업상황은 판매의 70%가 영국에 의존하였고 수익도 나빴다. 매출액 증가 없이 몇 년째 600~700대 수준으로 판매되며, 금액으로 6백~7백억 원을 유지하는 수준이었다. 현지인 세일즈 매니저와 대책을 모색하고 각국의 딜러들과 만나면서 '도전'을 구체화하기 시작했다.

당시 본사 수출본부장인 김형식 전무께 향후 유럽전략을 보고드리니, 몇 가지 조언을 주셨는데, 지금도 내 머릿속에 잘 저장되어 있을 정도로 뚜렷했다. 핵심 내용은 '일방적 생각이나 욕심보다 합리적 사고를 잘해야 한다'는 것이었다. 다소 공격적이고 저돌적인 내 성격을 알기 때문에 그런 조언을 주신 듯했다. 주요 결정을 내릴 때 더욱더 평정심을 유지하도록 돌아보는 계기가 되었다.

사실 '큰 도전'은 더욱 합리적이어야 한다. 물론 열정과 투지는 대우에서 기본이다. 그러나 회전력 없이 회전수만 있는 차량은 나아가지 못하고 연기만 자욱할 뿐인 것과 같은 이치다.

1997년 초, 추호석 사장이 프랑크푸르트에 오셨을 때 유럽전략에 대하여 보고드렸더니, '잘하리라 믿는다'며 격려와 몇 가지 지침만을 주시고 훌쩍 떠나셨다. 프랑크푸르트 공항에서 가만히 내 눈만을 응시하며 아무런 말씀도 하지 않으셨고 단지 '당신을 믿는다'라는 눈빛으로 나의 도전에 힘을 실어주셨다. 지금도 그 눈빛을 생생히 기억하고 있다.

당시, 유럽전략을 요약하면 다음과 같다. 독일에서의 경험이 영향을 주었다.

① 유럽의 주변 지역을 집중 보강지원, 공략한다. 이후 중앙을 향한다. 독일, 프랑스 등은 시장은 크지만 세계적인 메이커의 브랜드가 너무 강하게 고착되어 있고, 고객의 눈높이가 매우 높다. 시장 규모가 작아도 다소 경쟁이 덜 심한 곳을 시장 개척의 목표지역으로 한다. 그리고 때가 되면 유럽의 중앙으로 진출한다.

② 딜러 후보를 선정할 때는 엄격한 기준으로 한다. 딜러 후보가 대우와 대우중장비에 대하여 깊게 스터디를 하지 않았으면 배제한다. 대우와 운명을 같이할 태도를 검증한다. 거래방식은 신용장(L/C)이나 은행보증, 현금으로 70%를 거래

하고, 신용거래는 30% 이내로 한다. 부실채권이 이익을 갉아먹는 것을 방지하고 딜러 후보자의 재무와 은행신용 평가를 알 수 있다.

③ 매년 50% 이상 성장을 목표로 한다.

④ 딜러들이 대를 이어 파트너가 되도록 관계를 돈독하게 한다.

이제 열심히 뛰어다닐 일만 남았다. 유럽의 주변 국가를 다녀야 하니까… 하지만 매니저들부터 불만이 터져나왔다. 출장 횟수가 많아지니 가정생활의 리듬이 깨지고, 피로가 누적되니 여기저기서 이렇게는 힘들겠다는 얘기가 들려왔다. 내가 솔선을 보여야 했다. 과장하면 일 년의 반은 출장인 듯했다. 힘들었지만 견딜 수밖에 없었다.

드디어 주변 국가에 딜러들이 생겨났다. 매출이 늘어나니 세일즈 매니저들도 신이 나기 시작했고, 당시 대우자동차의 활약이 '대우' 브랜드 정착에 도움을 주기도 했다.

포르투갈에 센트로카CENTROCAR라는 딜러가 빠르게 성장하며 지역 1위로 올라서고, 핀란드의 데텍DAETEK도 1, 2위로 성장했으며, 이탈리아 딜러도 이탈리아 북부지역에서 괄목할 만한 성과를 내기 시작했다. 핀란드 주변 국가인 노르웨이에도 딜러가 생겼다. 우리와 핀란드의 좋은 관계를 눈여겨보고 있다가 접근을 하였다.

아일랜드, 폴란드, 오스트리아 등 주변국이 추가되고 나중에는 포르투갈 딜러가 스페인을 아우르면서 매출은 매년 평균 50%

우리에겐 세계경영이 있습니다

씩 증가하여 7백억의 매출이 1천 4백억, 2천 3백억, 3천억 수준으로 올라섰다.

전략과 전술의 다양한 매치로 유럽 시장 공략

내가 유럽에 있을 때 금으로 된 행운의 열쇠를 크게 만들어서 딜러에게 선물한 적이 있다.

포르투갈 딜러인 센트로카CENTROCAR 사장의 딸이 첫돌이 되었을 때, 핀란드 딜러인 데텍의 경영 승계가 될 때 신임사장인 아들에게, 그리고 이탈리아 딜러가 공동경영을 청산하고 독자경영에 나섰을 때 각각 커다란 행운의 열쇠를 선물했다. 그렇게 현지의 딜러들과도 교류했는데, 그들 집에 가서 밤늦게까지 친구, 친척처럼 놀기도 하고 그 집에서 자기도 했다.

또 시장이 어려울 때는 상환 기간을 연장해주며 다시 경영이 정상화되도록 최대한 지원도 하였고 경조사는 꼬박꼬박 직접 챙겼다. 이러한 관계로 상호 믿음을 돈독히 하면서 한국의 IMF 외환위기 때는 한국에서 선적한 제품들을 직접 받아서 판매도 해주었다.

1999년 대우그룹이 해체될 때 제일 염려했던 부실채권은 하나도 없었다. 한국 장비는 일단 벨기에의 유로대우 본사로 가서 점검과 부착물을 추가한 후에 현지로 가는 방식이었으나, 물량회전이 급한 본사의 지시로 딜러에게 직접 가서 장비 점검과 부착물을 자체 조립하여 판매하면 15~20일간의 기간을 단축할 수가 있었다. 때로는 제품인 장비를 미리 받아서 대금을 2~3개월 선

지급해주는 도움도 받았다. 50여 대의 장비를 일방적으로 보내도 아무 말 없이 받아주던 포르투갈의 센트로카 사장 얼굴이 지금도 선하다.

유럽시장에서의 전략은 철저히 점-선-면으로 확장시켜 나갔다. 당시 나는 시장의 초기 진입자로서 조심스러우면서 겸손하지만 날카롭고 깊은 전략을 취했다.

차근차근 작은 지역의 점으로 강력한 교두보를 만들고, 이 점들을 선으로 연결하고, 때가 되면 포위나 전면전전략을 벌이는 수순을 밟았다.

독일에서 섣부르게 면 확보를 서두르다가 비용만 낭비하고 성공하지 못했다. 차분함이 없었다. 합리적이지도 못했다. 한국에서의 경험을 잊고 차분하게 접근했어야 했다.

벨기에 '유로대우'에 부임해서는 철저하게 점-선-면 전략을 운영했고 소기의 성과를 거뒀다.

적의 가장 약한 곳에 화기를 집중적으로 쏟아붓는 선택과 집중 전략, 바로 란체스터Lanchester 전략이었다.

자율권 보장의 대우 문화와 신입사원의 경험

대우 재직 시절 '도전'에 대한 이야기는 무궁무진하게 많다. 대우의 문화 중 특이한 것은 '도전'에 대하여 '자율권을 보장'하는 것이었다. 직급과는 상관없이 제목과 대강의 줄거리만 제출하면 다음은 알아서 하는 것이었다.

그렇다고 회사가 모든 것을 허허실실 내주었던 것은 절대 아니다.

우리에겐 세계경영이 있습니다

내가 과감히 영업망을 딜러제로 바꾸자고 했을 때도 반대는 있었다. 그런데 중요한 것은 당시 영업 실적이 좋은 사람 대부분은 찬성, 그렇지 않은 사람들은 반대했다는 사실이다. 회사의 제도는 우수한 사람 중심으로 가는 것이 맞고 그래야 성공한다. 내가 오랜 조직 생활에서 터득한 것 중 하나이기도 하다.

자율권을 존중하고 도전의식을 북돋는 기업문화는 때때로 기적 같은 일을 많이 만들어냈다. 나의 경우만 하더라도 사원 때 인도네시아에 출품된 장비 10여 종을 한 달 안에 현금으로 팔아치우느라 인도네시아 전역을 다녔던 일도 잊지 못할 스토리다. 당시 본사에서 전시회에 출품된 장비를 다시 한국으로 가지고 들어오지 말라는 지시가 내려왔다. 당시 판촉과 직원으로 관리만 하러 나갔었는데, 졸지에 나는 수출직원이 되어 버린 것이다. 그때만 해도 회사에는 수출조직이나 해외영업 조직이 없었다.

또 소형굴삭기의 획기적 판매를 위해 세계 최초로 소형굴삭기에 에이긴 장착을 성공한 스토리 등등 아마 그 시절 대우에서 근무했던 임직원이라면 모두가 이런 도전 스토리 한두 개쯤은 가지고 있을 것이다. 다들 '도전'에 미쳐서 무에서 유를 만들어내던 때다.

대우 시절의 이야기를 마무리하며 누군가 나에게 당신의 강점이 무엇이냐고 묻는다면 나는 주저하지 않고 '영업전략' 그중에서도 중단기 전략이라고 대답할 것이다. 오너나 최고경영자처럼 10년, 20년의 장기 전망을 보지는 못하지만, 산업 전반에 향후 3~7년간의 변화는 본능적으로 감지하는 능력이 있다. 수십 년 동안 영업전략을 수립해 온 탓에 나도 모르게 몸에 밴 능력이라 생각한다.

은퇴 이후에도 소중한 자산

나는 이후 두산인프라코어에서 부사장으로 건설기계 BG_{Business} Group장 및 '두산DST(방위산업 부문)' 부사장으로 COO_{Chief Operating} Officer를 지내다 지난 2015년 7월 은퇴하였다.

타고난 성품에다 대우에서의 오랜 습관이 남아서 퇴직한 지금도 생애 전략을 짠다. 은퇴한 사람에게 무슨 특별한 일이 있겠느냐는 사람도 있지만 남은 인생도 허투루 보내기 싫어 내 나름의 계획을 늘 가지고 있다.

대우 시절, 나에게 남아 있는 큰 단어는 '도전'이었다. 회사가 알게 모르게 그리고 끊임없이 나한테 준 도전정신은 은퇴한 지금도 나를 가만있지 못하게 한다. 편안하고, 변화 없는 생활이 안정적이긴 하지만, 나는 거기에 머물지 않고 뭔가를 자꾸 시도하니 가족들이 신기해하면서도 걱정도 많다.

퇴임 후 약 3년은 가족들에게 좋은 남편, 좋은 아버지, 좋은 할아버지에 중점을 두고 생활했다.

작년부터는 좀 더 사회적인 일에 관심을 가진다.

오랜 회사생활로 조직과 경쟁의 틀, 그중에서도 수직적 틀에

---

* 대우중공업은 1999년 워크아웃 이후에 대우종합기계로 회사명을 바꿨다. 2005년에 두산그룹으로 매각이 되며 '두산인프라코어'로 회사명을 바꾼다. 2009년 방위산업분야만 분리하여 만든 회사가 '두산DST'이다.

우리에겐 세계경영이 있습니다

서 살아왔기 때문에 수평적 삶에 대한 목마름이 있었다. 회사 그리고 가족을 돌본 후에 비로소 이웃이 눈에 들어온 것 같다. 경쟁 속에서, 승자들 곁에서 살아온 내가 어쩌면 자본주의 시스템에서 소외된 어려운 사람들을 위해 무엇을 할 수 있을까를 고민하다가 6개월간 상담 과정을 밟으며 준비를 했다. 올해부터는 자살방지센터, 탈북가족지원센터, 교도소 지원 모임, 희귀병 지원 모임 등에서 남은 인생을 봉사하며 살 계획이다.

대우에서의 강점이 된 '중장기 전략'을 인생전략에도 적용하며, 소외된 이웃과 함께 그들의 인생전략을 코칭해주려 한다.

2001년 스웨덴 딜러와 부부 동반 만찬.
(왼쪽은 당시 유럽팀장 남돈근 부장 부부)

유태현

1951년 경북 문경에서 태어나 문경공고 토목과를 졸업하였고 서울산업대 토목공학과를 중퇴하였다.

1977년 대우건설 공채 1기로 입사해 국내 및 해외현장, 에콰도르 에스페란자 댐현장, 이란 철도현장 IR-1, 리비아 벵가지 외곽도로 DC-9현장 등에서 약 13년간 근무하였다.

미국으로 가족과 함께 이민 후에도 한라건설(주), (주)보성, 남선건설, 청원건설 등에 재직하여 현장소장을 역임하였다.

땀 흘린 만큼 보답해 준
내 인생의 터닝 포인트

: 대우건설, 에콰도르, 리비아 현장

혹독한 자연 환경과 엄혹한 사회 환경을
모두 극복해야 했던 초대형 프로젝트

나는 1977년 대우건설[*] 고졸 공채 1기로 입사했다. 정확하게
는 1975년 9월 정규직이 아닌 임시직, 비정규직으로 대우빌딩
주차장 공사의 토목기사로 들어와 골조 파트에서 근무했다. 이것
이 대우와 인연의 시작이다. 그 이후 일 년 반 정도 국내 여러 현
장을 거쳐 토목부 정규직으로 채용된 것이다. 자그마치 45년 전
의 첫 인연이다.

입사후 1990년까지 약 13년간 대우건설에 근무하면서 1978
년부터 1989년까지의 9년을 해외 건설 현장에서 보냈다. 사람들

---

[*] 당시의 회사 이름은 대우개발이었다.

이 흔히 생각하는 주재원처럼 가족과 함께 대도시에서 근무한 게 아니라 에콰도르, 리비아, 이란 등 당시에는 일반인이 접근조차 어려운 오지에 선발대로 파견돼 근무하였다. 열악한 생활환경과 자연환경 속에서 가족과 떨어진 채로 외로운 시간을 견뎠다.

나는 왜 해외 현장 근무를 자청했을까?

지금은 대졸자들이 넘쳐나지만 1960~1970년대 무렵에는 가난 때문에 진학을 포기하는 사람들이 적지 않았다. 나 역시 대학은커녕 가족의 생계를 책임져야 하는 가난한 집안의 장남이었다. 대우에 입사할 무렵 아버지의 실직과 사업 실패로 수입원이라곤 나의 월급이 전부였을 정도로 집안 형편이 어려웠다.

이런 상황에서 해외 현장 근무는 하나의 돌파구였다. 국내 근무와 비교해 급여가 훨씬 많았기 때문이다. 당시 급여는 국내 연봉의 2.5배 정도였다. 여기에 보너스 700%까지 더하면 연봉이 1천만 원 정도 되었는데, 그 당시 서울 변두리 집 한 채 값이었다.

해외 현장 근무를 확정해놓고 보니 급여를 많이 받을 수 있다는 기쁨은 잠시고 막상 출국일이 다가오자 두려운 마음이 앞섰다. 현실은 대가족의 생계를 책임져야 하는 장남이지만 당시 내 나이 고작 20대 초반이니 떨리고 두려운 게 당연했다. 어떤 일이 벌어질지 전혀 알 수 없는 가운데 가족들과 작별 인사를 나누고 1978년 7월 서울을 떠났다.

우리에겐 세계경영이 있습니다

높은 급여 때문에 시작한 중남미 에콰도르* 현장

  남미는 지리적으로 우리나라 반대편에 있는 지역이다. 당연히 직항은 없었고 하와이를 거쳐 LA에서 5일간 체류하면서 에콰도르 영사관의 입국 비자를 겨우 받을 수 있었다. 나를 포함한 선발대 7명, 취사담당 한 명 등 모두 8명이 에콰도르 항공편으로 수도인 키토Quito에 도착하자 신문사 기자들이 몰려왔다. 멀리 한국이란 나라에서 온 사람들이 무척이나 신기했던 모양이다. 도착한 다음날 신문 1면에 '코리안이 공사를 하러 왔다'고 대서특필되기도 했다.

1978년 10월 에콰도르 에스페란자 댐의 감독과 측량팀.

  다행히 당시 키토에는 이미 대우가 도로포장 공사를 진행 중이어서 안내를 쉽게 받을 수 있었다. 하룻밤을 키토에서 보낸 우리 일행은 소형 비행기를 타고 '에스페란자 Esperanza 댐 현장'으로 떠났다. 만따Manta 공항에 도착 후 거기서 차를 타고 한참 달리자 현장이 나왔다. 처음에는 민간인 숙소에 임시 거처를 마련해 지내다가 공사가 진행되면서 사무실과 숙소를 지어 생활하였다.

---

* 에콰도르(Equadore)는 중남미의 국가 이름이자, '적도'라는 의미의 스페인어이다.

주말에 인근 학교 학생들의 현장 방문이 줄을 이을 정도로 우리의 등장은 신기한 일이었다. 한국인을 처음 본 것은 물론이고 주민 대부분이 한국이라는 나라 자체를 몰랐다. 스페인어를 전혀 알지 못한 상태였지만 간단한 말부터 공부하기 시작했다. 모르는 것은 묻고 현지인과 몸짓 손짓을 섞어가며 대화했다. 우선 필요한 말부터 익히며 바로바로 사용하니 측량하고 일하는 데는 별 어려움 없이 적응하였다.

그런데 자칫 목숨을 잃을 뻔한 사건이 발생하였다. 1978년 12월 25일 성탄절, 전 직원이 동원되어 터널 앞 기초공사 중이었는데 날씨가 매우 더웠다. 휴식 시간 중 음료수를 너무 급하게 마신 탓인지 갑자기 심장마비가 왔다. 옆에 있던 직원이 응급조치를 하고 급히 인근 마을 병원으로 옮겨 겨우 건강을 회복하였다.

휴가도 반납한 채 밀림을 맨발로 뛰다시피 최선을 다해 공사를 진행하였다. 공사가 진행되는 동안 나는 한국으로 휴가를 한 번도 가지 않았다. 다른 직원들은 휴가 동안 집에 다녀왔지만 나는 오가는 비행기 비용 등을 아끼기 위해 스스로 휴가를 가지 않았다. 그 돈으로 한국에 있는 가족들에게 훨씬 많은 것을 해줄 수 있기 때문이다.

하지만 1년 6개월 만에 공사가 중단되고 말았다. 본 공사에 앞서 필요한 여러 가지 공사를 마무리하고 본격적으로 댐 하부공사를 막 하려던 때였는데, 멕시코 전문 교수단의 지질 진단 결과, 댐 축조 후에 토질이 움직여서 댐이 무너진다고 판명이 났다고 했다. 아쉬움을 뒤로하고 귀국할 수밖에 없었다.

우리에겐 세계경영이 있습니다

비록 공사가 중단되었지만 해외건설 수주 시 계약을 어떻게 해야 하는지, 문제점 발생 시 공사비 보상 문제 해결은 어떻게 하는지 등을 첫 해외 현장 근무지에서 배울 수 있었다.

우리나라 건설사에 남을 리비아 건설현장

1980년, 서른 살 나이에 귀국하니 주변에서 결혼하라고 권유를 많이 했다. 하지만 집안 형편상 해외 현장 근무를 한 번은 더 하고 결혼을 하기로 마음먹고 귀국 6개월 만인 그해 7월 다시 리비아로 떠났다.

처음 리비아 발령지는 'DC-9 현장'으로 3년 정도 근무하였다. 리비아 벵가지 외곽도로 공사였는데 최초로 농업용 도로를 내는 것으로, 나는 이곳에서 시공 및 측량 업무를 담당하였다.

현대건설이 사우디에서 중동 신화를 만들 무렵, 우리 대우는 리비아를 선택하여 진출하였다. 1978년 벵가지 가리우니스 의과대학 신축공사를 시작으로 이후 다수의 프로젝트가 1984년까지 쉼 없이 이어졌다. 고속도로를 비롯한 각종 도로와 비행장, 호텔, 아파트, 학교 등 리비아의 기반 시설 대부분에 대우가 참여했다고 해도 과언이 아니었다. 특히 1981년부터 1984년까지 4년간은 월 평균 1건의 대형공사를 수주할 정도였다. 도로공사로는 DC-9 현장이 첫 번째였다. 벵가지 외곽도로 공사로 당시 리비아 국영회사와 대우가 합작으로 공사를 수행하였다. 당시 수주금액으로는 1억 7천만 달러에 이르는 큰 공사였다.

나는 해변에 있는 농장의 농로 담당 기사로 7월에 투입되었는데 여름철이라 날씨가 무척이나 더웠다. 게다가 나는 무좀이 덧나 고생하였는네 현장 소장인 고 김영철 부상께서 무좀약을 직접 방으로 가져다주기도 했다. 무더위와 싸우며 일하느라 참 힘들었지만, 워낙 시골이라 그런지 현지인 인심은 좋았다. 인근 농장에서 수박을 많이 가져다줘서 맛있게 먹었던 기억도 남아 있다. 아랍어는 인사말과 숫자 정도만 외워도 그럭저럭 통하였고, 공사 감독은 인도인이라 영어를 사용하였다. 현장에 영어 잘하는 우리 직원이 순회하면서 통역하여 문제가 없었다.

무슬림 국가라 문화도 우리와 매우 달랐다. 생애 처음으로 라마단을 경험했는데, 낮에 굶고 밤에만 먹어야 하는 기간이지만 공사를 해야 하는 우리는 낮에도 현지인 모르게 음식을 먹으며 일을 계속하곤 하였다.

해안선 12km 도로공사를 했다. 이 도로를 따라서 카다피 대통령이 사용하는 긴급전화선, 일명 콕스케이블Coxcable이 묻혀 있는데, 공사 중 실수로라도 케이블이 끊어지면 여권을 압수당하고 감옥에 가둔다는 소문이 돌아 조심하며 공사하였다. 물론 사실 여부는 알 수 없었다.

리비아 현장에서 사진 촬영을 함부로 하다 걸리면 감옥에 갇히게 된다. 처음엔 이를 잘 모르고 사진을 찍다가 큰 고생을 한 사람들도 있었다. 여성과 접촉하는 일도 삼갔다.

또 당시는 카다피 정권 때라 사복 차림의 비밀경찰들이 곳곳에서 감시하고 있어 더욱 조심스레 행동해야 했다.

휴일이면 많은 근로자 직원들이 사막에서 화석을 많이 채집하러 나갔다. 우리 현장 영국인 감독이 화석 채집하러 갔다가 교통 사고로 사망하는 안타까운 사고도 있었다. 많은 화석이 리비아에서 반출되니까 공항에서는 검문검색이 강화되었다. 가방을 들어보고 무거우면 검사하여 화석이 발견되면 모두 빼앗겼다. 남의 나라 소중한 자연을 마구잡이로 채집하는 것은 잘못된 것인데, 그때는 그런 인식이 별로 없었다. 돈이 되거나 큰 의미가 있는 것도 아닌데 그런 일을 벌인 것은 휴일이라도 딱히 놀 거리도, 갈 데도 마땅하게 없었기 때문이다.

나는 리비아 현장 근무 중에 결혼하였다. 당시 휴가는 9개월마다 3주간이 주어졌는데, 총 3번의 휴가가 있었다. 1차 휴가 때 동료 부인의 소개로 아내를 만났고, 2차 휴가 때 본격적인 교제를 시작하였고 이후는 편지를 주고받다가, 3차 휴가 때인 1982년 11월에 결혼식을 올렸다. 하지만 열흘 만에 아내와 헤어져 다시 리비아 현장으로 복귀했다. 그리고 일 년 후인 1983년, 현장 근무를 시작한 지 32개월 만에 완전히 귀국한 후 첫아들이 출생하였다.

아이가 100일이 되는 1984년 5월엔 이란 철도 공사 현장에 선발대로 파견되었다. 이후 2년 6개월간 근무하였다.

리비아로 다시 나가다

리비아로 다시 나간 것은 1987년 9월이었다. 아내가 둘째를 출산한 지 한 달 만이었다.

2차로 'DC-9 현장'으로 발령받아 25개월을 근무하였다. 이번에는 상수도 및 도로공사였다. 4년 전 처음 선발대로 와서 근무한 곳이라 새삼 감회가 넘쳤다. '티카-아제다비아Tika~Ajedavia 도로공사'로 공사 구간에 캠프를 지어서 공사를 수행하였다. 당시 동아건설(주)이 대수로 공사용 대형 파이프를 운반하는 차량이 우리 현장 도로를 지나갔다. 1차 대수로 공사를 우리 대우보다 약 10달러 싸게 동아건설이 낙찰을 받아 공사하는 것을 보고 기분이 착잡했다. 우리나라 건설회사 간 무리한 입찰 경쟁은 결국 국가적으로 큰 손해를 보는 것이라는 생각이 들었다.

2차 리비아 근무 기간 중 안타까운 사건이 일어났다. 1987년 11월에 고 서만석 사장이 안타깝게도 대한항공 폭파사건^{**}으로 유명을 달리하셨다. 리비아로 가기 전 두바이 현장 출장을 갔다가 아프리카로 출장 보낸 고 김영철 상무가 비행기 추락으로 사망하였다는 소식을 듣고 급거 귀국길에 올랐다가 사고를 당한 것이다.

---

* 동아건설의 리비아 대수로공사: 1983년 동아건설이 39억 달러에 1단계 공사를 수주한 동남부 지역 1,874km의 수로공사로 1991년 8월에 완공했다. 리비아 서남부 내륙 지방 사리르 취수장에서 지중해 연안 서트까지 955km, 타저보 취수장에서 벵가지까지 955km의 송수관 라인을 각각 연결하는 1단계 공사에 연인원 1,100만 명과 550만 대의 건설 중장비가 동원됐다. 이후 2, 3, 4단계로 공사가 진행되고 있다(출처: 위키백과).
동아건설 사업의 착공 이후 투입된 자재, 인력, 장비 부문에서 다양한 신기록을 세웠다. 1단계 사업의 PCC 송수관 제작에 투입된 강선의 총 물량은 지구 87바퀴를 돌 수 있는 길이였다. 1단계 공사에는 연인원 1100만 명의 한국인 근로자와 연 550만 대의 건설 중장비가 동원됐다(조선일보 2017년 4월 16일).

** 대한항공 폭파사건: 정확하게는 '대한항공 858편 폭파 사건(大韓航空 858便 爆破事件, 영어: Korean Air Flight 858)'이라고 한다. 1987년 11월 29일, 이라크 바그다드에서 출발한 대한항공 858편(KE858)이 1차 경유지인 아부다비에서 중간 기착 후 2차 경유지인 방콕으로 들어오던 도중 1987년 인도양(미얀마의 안다만) 상공에서 북한이 파견한 공작원에 의하여 공중 폭파된 사건이다. 탑승객 115명 전원이 사망한 테러사고였다(출처: 위키백과).

또 다른 사건은 1989년에 김포공항을 떠나 리비아 트리폴리에 착륙하던 대한항공 추락사고가 있었다. 190명 승객 중 75명이 사망했다. 탑승객 대부분이 한국 건설회사 직원, 현장근로자들이었는데, 그중에 우리 대우 직원도 탑승객 71명 중 27명이 포함되어 불행한 결과의 주인공이 되었다. 이 중 살아서 다시 현장에 복귀한 직원도 있었는데. 사고 이후 수면제를 복용하고 비행기를 타고 왔다고 들었다. 그 외에도 공사 중 동료 근로자들이 사고로 가족 품으로 돌아가지 못하는 경우도 무척 슬픈 추억이다.

반면 기쁜 기억은 아내가 해외근로자 모범가족 표창 노동부 장관상을 받은 것이다. 1988년 10월 정부의 '해외개발공사'[***]에서 '해외근로자 모범가족 및 생활수기 당선자' 표창을 받은 것이다. 대우건설의 연속 6년 최다 수상과 함께 아내가 노동부 장관상을 받았다.

아내와 관련해 참으로 미안한 일이 한 가지 있다. 당시는 해외 근무 후 귀국 시에는 가족을 유럽에서 만나 여행하는 혜택을 회사가 주었는데, 그때 좋은 여행선물을 해주지 못한 것이 큰 아쉬움으로 남아 있다. 1989년 10월 아버지께서 폐암으로 위독하

[***] 해외개발공사: 국민의 해외진출에 관한 업무를 적극적이고 효율적으로 수행하기 위하여 1975년 12월 31일 제정된 「한국해외개발공사법」에 의하여 설립된 정부출연기관이다. 처음에는 민간인을 해외에 진출시킴으로써 실업자감소·인구증가억제·외화획득·교역증진을 도모한다는 취지로 '세계 속에 한국을 심자.'는 기치를 내걸고 1965년 10월 6일 공사가 창립되었다. 1991년 4월에 「한국국제협력단법」을 제정하여 외교통상부 산하 특수법인 한국국제협력단(KOICA)으로 확대 개편되었다(출처: 한국민족문화대백과사전).

시다는 소식을 듣고 긴급 귀국했고, 그해 12월 아버님이 돌아가셨다. 이듬해 나는 이제 해외 근무는 더는 어려울 것 같아 가족과 미국 이민을 가기로 하고 정들고 보람된 회사생활을 접었다.

리비아는 나에게 의미 있는 나라이다. 약 5년 동안 리비아 건설현장에서 근무하는 동안 결혼하고, 아이도 낳으며 가정을 꾸릴 수 있었다.

내 인생의 돌파구가 되었던 대우 근무

해외현장 근무로 어려웠던 가정 형편을 극복하고, 가장으로서 가족들에게 도움을 줄 수 있었고, 결혼도 하고 내 가정을 꾸릴 수 있었다.

하지만 너무나 오랜 시간 가족과 떨어져 살다보니 '이렇게 살아도 되나' 하는 마음도 들었다. 아내에게 어린아이들과 시댁 대가족을 맡겨 놓을 수밖에 없었고, 아이들이 어렸을 때 아내를 도와 육아는커녕 아빠 노릇을 제대로 해주지 못한 게 마음에 걸렸다. 복귀할 때마다 가족들과 헤어지는 일이 점점 더 힘들었다. 지금이야 스마트폰으로 영상 통화도 언제든지 가능하지만, 그때는 현장 사무실에서 국제 전화를 할 수 없어서 시내로 나가야만 했을 정도로 열악한 환경이었다. 모처럼 시간을 내어 시내까지 나가도 시차 때문에 통화를 하지 못할 경우도 허다했다.

휴가도 1980년까지는 무려 일 년을 근무해야만 25일간의 휴가가 주어졌다. 다행히 1984년부터는 6개월 근무 후 21일로 바뀌어서 그나마 자주 가족을 볼 수 있게 되었다. 아마 지금은 이런 조건이라면 아무도 해외 현장에 나가려 하지 않을 것이다.

요즘은 한국이 선진국 못지않게 잘살게 되어서 해외 현장 근무를 기피하는데, 누군가 희생하면서 도전해야만 국가의 미래가 발전할 수 있다는 내 생각은 변함이 없다.

내가 대우건설 퇴사 후 가족을 미국으로 데리고 간 것은 선진국에서 공부하면 우리 아이들의 미래가 훨씬 나아지지 않을까 하는 생각 때문이었다. 그러나 미국에서의 생활도 만만치 않았다. 이민 생활은 또 다른 환경을 개척하고 적응해야 하기 때문이다. 그 후 미국과 한국을 오가며 중견 건설사에서 일하면서 계속 현장을 누볐다. 1996년 3월에는 서울산업대학교 토목공학과에 입학하여 늦깎이 대학 공부를 시작하기도 했다.

회사를 떠난 지 오래되었지만, 대우에서 지낸 시간은 나에게 무척이나 특별하다.

10여 년의 해외 현장 근무 덕분으로 부모님과 가족이 편한 생활을 하게 될 수 있었음은 물론이고, 회사 발전과 나아가 국가 경제발전에 조금이나마 도움이 되었다는 자부심이 있다. 차마 아내에게조차 말하지 못한 어려움이 많았지만 나 한 사람의 희생을 통해 가정을 지킬 수 있었다.

대우건설 퇴사 후에도 우리나라 전역과 세계 여러 나라를 돌아다니며 다양한 프로젝트를 할 수 있는 업무수행 능력 그리고 아이들과 미국 여러 도시에서 지낼 때도 어렵지 않게 적응한 것도 모두 그때의 경험에서 오는 것이다.

권오정

대구에서 태어나 능인고, 경북대 법학과를 졸업하고, 미국 뉴햄프셔대 대학원에서 기술경영학 전공으로 석사 학위를 받았다. 1988년에서 2004년까지 대우자동차, 폴란드 FSO, 대우자동차판매에 근무하는 등 16년간 대우에서 재직하며 주로 인사, 노사 및 경영기획 업무를 담당하였다.

현재는 한글라스, 생고뱅그룹 HR 부사장으로 재직 중이며, 공인노무사이다.

| 폴란드 |

바르샤바에 심고 가꿔 꽃피운
대우의 정신과 시스템
: DAEWOO-FSO의 현지화

비능률, 무경쟁, 무기력이 일상화된 작업장을
어떻게 180도 탈바꿈 시켰을까?

"아빠 회사를 폭파해버리고 싶어."

1997년 폴란드 바르샤바의 DAEWOO FSO에서 근무하던 때
의 일이다. 늘 빠듯한 시간으로 가족과 같이할 시간이 제대로 없
어 미안해하던 중 어느 일요일에 여섯 살 큰아이와 집 근처에서
놀던 중 듣게 된 말이다. 아쉬워하는 아이를 데리고 집으로 오는
데, 큰아이가 물었다.

"아빠, 내일 회사 가야 해?"

"응, 가야지."

(한참 머뭇거리다가)

"아빠 회사를 폭파해버리고 싶어, 그러면 아빠 회사 못 갈 것 아냐."

갑자기 가슴이 메어왔다. 이제 겨우 여섯 살, 폭파란 말이 무슨 뜻인 줄도 잘 모를 나이인데, 얼마나 마음에 맺혔으면 저런 말을 할까.

내가 말했다. "아빠 회사 폭파하면 아빠 돈도 못 벌고 우리 아들 학교도 가지 못하는데 그럼 어쩌지?" 큰애는 잠시 생각하는 듯 말이 없다가 입을 열었다.

"그럼 아빠 회사를 우리 집 옆으로 옮기면 좋겠다. 그러면 아빠 빨리 올 것 아냐."

아들에게 들었던 이 말은 폴란드 현지 공장에 부임하여 일에 파묻혀서 가족들에게 제대로 시간 한 번 내준 적이 없었던 시절에 내 생활의 압축판 에피소드다. 20여 년의 세월이 지나 지금 생각해도 짠했던 일이다. 그러나 짧지 않은 기간 동안 현지법인 주재원이 되어 열정적으로 일했던 그때의 경험은 이후의 삶과 직장생활에 큰 밑거름이 되었다.

대우자동차, 폴란드 자동차공장 FSO 인수

대우자동차는 1996년 3월 폴란드 FSO를 인수하였다. 폴란드어로 승용 자동차 공장을 뜻하는 FSO(Fabryka Samochodow Osobowych)는 1951년에 폴란드 정부가 바르샤바에 설립한 자동차 회사이다. 당시 종업원 2만여 명이 폴란드 국민차 '폴로네즈'를 생산, 판매하는 자동차 생산기업이었다. 하지만 1989년 냉전 종식에 따라 폴란드 정부는 FSO를 민영화하고자 하였고 마침내 1996년 대우가 회사를 인수해 DAEWOO-FSO로 이름을 바꾸면서 제2의 도

우리에겐 세계경영이 있습니다

약을 꿈꾸었다.

그 무렵 FSO 바르샤바 공장은 연간 자동차 10만 대를 너끈히 생산할 수 있는 설비지만 겨우 5만여 대밖에 생산하지 못할 만큼 상황이 좋지 못했다.

현장 곳곳에 과거 사회주의 국가의 유물인 비능률과 무경쟁이 만연하고, 오랜 경영 부진으로 직원들은 경영진을 불신하는 등 폴란드의 대표적인 기업이라는 이름과 달리 실상은 위태로운 상황이었다.

한국 문화 보급으로 현지화의 출발

인수 후 DAEWOO-FSO에 새로 부임한 대우의 사장과 40여 명의 주재원은 비능률과 무경쟁, 그리고 무기력으로 지쳐 있는 FSO 공장을 개조하기 시작하였다.

"무엇보다 먼저 '생각'을 바꿔야 합니다."

당시 사장을 비롯한 경영진들은 FSO 공장에서 가장 먼저 해야 할 경영혁신으로 현지 직원들의 생각을 바꿔야 한다고 판단하였다.

한국과 폴란드라는 두 나라는 물리적인 거리가 먼데다가 정치·사회적인 시스템도 다르고 양국 간의 교류도 거의 없었다. 그러다 보니 무엇보다 서로에 대해 아는 게 없었다. 나 역시 폴란드 방문은 처음이었고 모든 정보는 책이나 영화 등 간접경험이 전부였던 터라 어떻게 이들과 함께 지내야 할지 막막했다.

두 나라의 문화를 서로 이해하고 인간적인 교류를 통해 동질감과 공감대를 형성해야 하는 게 우선이라고 판단하였고, 이를 위해 한국의 문화를 보급하고자 여러 가지 방법을 모색하였다.

가장 먼저 폴란드 임직원의 한국방문 연수교육을 시작하였다. 임원진부터 생산, 전산, 품질, 연구소, 인사, 교육 부문의 팀장 및 주요 실무자들을 한국에 보내 한국과 대우를 체험하고 시스템을 이해하고 배우도록 했다.

한국으로 온 폴란드 직원에게 대우자동차를 비롯하여 대우전자, 대우조선, 대우건설 등 대우가족사의 공장이나 현장을 보며 대우의 위상을 느끼게 했다.

1996년 6월부터 현장직원들을 차수당 200여 명씩 한국에서 현장연수를 받도록 했다. 그들은 한국의 대우자동차 공장에서 6개월 동안 직접 OJT(현장교육)를 받으며, 잘 정돈된 공장에서 작업자들의 의식과 빠른 작업 태도를 목격하며 많은 변화를 체험하였다. 연수를 받으며 한국 작업자들과 돈독한 인간관계를 맺은 폴란드 현장직원들은 다시 돌아와서는 한국 주재원들과 누구보다도 빠르게 소통하며 좋은 관계를 맺었다.

한편, DAEWOO-FSO 대우 주재원들은 폴란드 직원들에게 한국문화를 알리는 작업을 동시에 진행했다. 한국을 소개하는 책자를 폴란드어로 번역해 배포하고, 회사 잡지인 사보에 한국의 풍습과 명절, 생활상 등을 시기별로 소개하였다. KBS 사물놀이단과 KBS 국악단을 초청, 공연하여 한국문화를 접할 기회를 주었다. 〈서편제〉 등 한국영화도 사내 강당에서 보여주며 한국문화를 직접 느끼도록 하는 등 다양한 프로그램을 마련하였다.

주재원들은 폴란드 동료들과 더 가까워지고자 점심시간에 서로 한국 음식을 나누어 먹거나 반대로 폴란드 음식을 같이 먹었다.

또 폴란드어 강사를 통해 6개월 동안 폴란드 말을 배우며 주재원 1인당 최소 5명씩의 폴란드 친구를 만들고 가족 간의 교류도 활성화했다.

한국을 다녀온 폴란드 직원들은 이후 현장개선 활동의 주역이 되어 라노스, 마티즈 생산에 우선 투입되어 핵심 인력의 역할을 톡톡히 했다. 이들은 현장을 혁신하고 효율을 높여가는 단계로 자연스럽게 진입했다. 현지인들이 스스로 알아서 변화할 때 현지경영이 완성된다는 세계경영의 2대 화두 중 하나인 '현지화'가 이렇게 하나씩 실행되었다.

현장을 바꿔라

다음은 본격적인 현장의 변화가 필요했다. 당시 FSO 공장은 흡사 유령이 나올 정도로 낙후돼 있었다. 낡고 오래된 건물 곳곳엔 정비가 안 된 작업 공구가 나뒹굴었고 비효율적인 작업공정으로 직원들은 활기 없이 일하고 있었다.

이런 현장을 대우자동차 수준으로 바꾸는 작업은 쉽지 않았다. 대우자동차에서 생산현장을 총괄하면서 개선 활동을 지휘한 풍부한 경험이 있던 K부사장과 K전무, Y이사에 의해서 집중적으로 개선 프로젝트가 추진되었다. 또 1998년 초에 부임한 대우자동차 사장 출신으로 생산을 총괄한 Y사장이 종합적으로 완성하였다.

우리는 먼저 화장실과 탈의실, 샤워장 시설부터 바꾸기로 하였다. 현장직원들이 피부로 느끼는 편의시설을 개선해 주면 직원들이 만족감을 느끼고 회사에 대한 신뢰 형성의 기초가 될 수 있어서였다. 예상대로 반응은 엄청나게 좋았다. 폴란드 경영진이 신경을 쓰지 않던 일을 한국 사람들이 해준다고들 하였다. 공장의 낡거나 부서진 문, 유리창을 모두 교체하고 형광등도 다시 달았다. 바닥에 시커멓게 붙어 있던 오물들도 깨끗하게 벗겨내고 작업 공간과 이동 공간의 경계에 노란 선을 칠하고 공장 벽도 도색을 다시 하였다. 그렇게 클린베스트 활동을 통해 깨끗하고 환한 공간으로 탈바꿈했다.

작업 환경을 개선하기 위해 차체, 도장, 조립 등 현장 라인별로 개선학교를 설치하고 이를 종합하는 '현장개선 추진사무국'도 설치하였다. 한국 연수자들 가운데 자질이 있는 사람들을 골라 집중적으로 교육한 뒤 사내 현장개선 전문가로 양성하여 이들이 각 라인을 책임지도록 하였다.

또 공정별로 업무를 분석한 뒤 대우자동차의 경험을 통해서 업무를 재편성, 조정하고 이에 따라 '표준작업서'도 만들었다.

이러한 현장개선 작업에는 주재원 외에도 대우자동차의 현장 감독자들이 자신들의 열정과 노하우를 힘껏 쏟아부었다.

현장이 어느 정도 정돈된 다음엔 본격적인 품질향상을 위한 활동을 전개하였다.

우선 품질평가 시스템인 'IQSInitial Quality Study'를 도입하였다.

IQS는 초기 품질지수로서, 출시 100일 이내의 새 차를 대상으로 100대당 품질결함 건수를 나타낸다. 대우가 FSO를 인수할 때 폴로네즈 차량의 IQS는 800이고, 대우자동차는 100 정도였다. 최소한 대우자동차 수준의 IQS를 목표로 다각적인 개선 활동을 전개했다.

한편, 품질보증 절차의 개선 및 정착을 위해 ISO 9000 인증을 추진하였다. 그런 노력의 결과로 일 년 만인 1997년에 ISO 9000 인증을 받아 기본적인 품질 시스템의 정착을 대외적으로 인정받게 되었다.

또 설계품질 향상을 위한 '디자인 100'이라는 활동을 통해 설계품질의 주요 문제점을 문제은행에 등록하도록 하여 관련자들의 사례를 통해 이를 해결할 수 있게 유도하였다. 양산하기 전에 만드는 시작차試作車의 제작단계에서부터 품질을 평가하고 개선활동을 전개하여 초기 품질을 확보하고 개발 일정을 단축하도록 시스템을 도입하는 등 폴란드 직원들을 교육시켰다.

부품의 품질 향상을 위해서는 'Part 100'이라는 이름의 활동을 통해 부품업체에서 생산, 납품하는 부품의 검사기준을 상향 조정하고 그 기준에 맞춰 부품을 일일이 검사 후 통과되지 않으면 무조건 돌려보내고 개선 방향을 잡아 주었다.

강한 자 밑에 약골 없다

지금 그때의 일을 떠올리면 마치 어제 일처럼 선명하기도 하고, 반대로 아주 먼 옛날의 일인 양 까마득하기도 하다. 결과적으로는 매우 잘된 사업이고 국내외 주목을 받을 만큼 성공한 인수합병이었으나 개인적으로는 힘든 일도 적지 않았다.

당시 CEO였던 S사장은 호랑이 같았다. 대우무역 출신으로 미국과 유럽의 해외지사장, 전자계열 가족사의 사장을 오래 역임하고 대우중공업 사장을 거쳐 김우중 회장의 부름을 받고 폴란드에 나온 분이었다. 토요일 저녁마다 주재원 회의가 열리는데, 한번은 생산 쪽 한 과장이 폴란드 노동법과 사내 규칙을 잘 몰라서 직원들 노무관리에 어려움이 있다고 하자 돌연 S사장은 나를 보며 이야기했다.

"권 과장은 지금 뭐 하고 있어? 이런 얘기가 나오도록 지금까지 뭐 하는 거야? 권 과장은 그 정도밖에 안 돼?"

폴란드에 도착한 지 한 달이라고 하지만 그중에 일주일은 유럽 노동조합에 출장을 다녀오고, 이제 겨우 자리에 앉아 폴란드 노동법, 단체협약, 취업 규칙 등을 입수해서 번역을 의뢰하고 있는 상태였다.

100개 조항이 넘는 노동법이나 단체협약을 영어로 번역하고, 이것을 다시 한글로 옮기려면 아무리 빨라도 2~3달은 족히 걸리는 일이었다.

갑자기 꾸지람을 듣자니 울컥하고 억울했다. 머나먼 폴란드까지 와서 다른 주재원들 모두 참석한 공개적인 장소에서 그런 말을 듣는다는 것이 너무 자존심 상하는 노릇이었다. '한국의 대우자동차로 돌아간다고 할까? 아니면 아예 사표를 내버릴까?' 이런저런 생각을 하고 있을 때였다.

"저 양반이 원래 사람을 저렇게 훈련시킨다. 너무 마음에 두지 말고 잊어버려."

경영기획을 담당하고 있는 상무께서 나를 일부러 찾아와서 위로해 주었다. 나는 마음을 다잡고 더욱더 일에 집중하면서 업무를 익혀나갔다.

폴란드 FSO에서는 인사·노사·총무·안전·경비 등 일반 관리 부문의 제도 파악과 개선이라는 기본 업무 이외에도 한국에서 진행되는 폴란드 현장직원 OJT와 DAEWOO-FSO를 찾아오는 한국 방문객을 상대하는 업무까지 챙겨야 했다. 그러다 보니 한꺼번에 진행하는 일이 30여 가지나 되었다. 그 많은 일을 소화한 뒤에 사장에게 서면으로 보고하느라고 매일 밤 12시 넘어서야 집에 갈 수 있었다.

그렇게 6개월을 일하고 나자 이제 일이 겁나지 않았다. 어떤 일이 주어져도 할 수 있을 것 같고, 안 해본 일이라도 '하면 다 된다'는 생각을 하게 되었다. 나뿐만 아니라 나른 주재원들도 그렇게 훈련되고 바뀌어 갔다.

괄목할 만한 성과들

주재원들의 노력은 생산과 판매에서 고스란히 성과가 되어 나타났다. 대우가 폴란드 FSO를 인수한 1996년 3월 이후 3년 반이 지난 1999년 말까지 괄목할 만한 성과를 거두었다.

인수 당시 폴로네즈 한 차종이 전부였으나 대우 모델인 마티즈, 라노스, 누비라를 현지에서 생산 가능한 라인으로 갖췄다. 1

일 2교대로 16시간씩 근무하며 1999년 한 해에 내수 및 수출 차량을 합해 총 21만 내를 생산했다. 인수 당시 한 사람의 시간당 생산 대수가 8대에 불과하였는데, 1999년 말에는 한 사람당 30대가 되고, 본 공장의 시간당 생산 대수가 인수 당시 15대에서 2000년 초에는 67대까지 올라갔다. 한국의 대우자동차와 비교해도 손색없는 수준이었다.

변화의 노력은 판매 증대로 나타났다. DAEWOO-FSO가 생산하여 1996년 3월 이후 2000년까지 폴란드에서 판매한 대우차는 60만 대에 이르렀다. 여기서 폴란드 고유 모델인 폴로네즈를 제외하면 순수 대우차는 50만 대를 판매하였다. 2000년 당시 폴란드 등록 승용차를 9백만 대로 추정할 때 약 6% 수준이었는데, 신차가 집중된 바르샤바나 대도시에서의 체감 비율은 20% 이상이었다.

티코가 총 14만 4천 대로 가장 많이 팔렸다. 티코는 1997년과 1998년 연속으로 폴란드에서 베스트셀러카가 되는 등 경제성과 성능 면에서 높은 평가를 받았다.

마티즈는 2년 만에 11만여 대를 팔아 연간 평균 판매량은 티코를 앞질렀고, 1999년에 6만 4천 대를 판매하며 피아트의 새 모델에 이어 베스트셀러카 2위를 차지하였다.

라노스는 총 13만 대를 판매하여 티코 다음으로 많이 팔았다. 첫해인 1998년에 4만 대를 팔아서 베스트셀러카 2위, 1999년에는 5만 2천대를 판매하여 3위를 기록했다. 1998년에는 폴란드 내수시장에서 티코가 최대 판매량 1위, 라노스가 2위에 랭크되어

우리에겐 세계경영이 있습니다

서 언론의 주목을 받았다.

3년 만에 판매량이 2배 이상 증가했고 인수 당시 최대 경쟁사인 피아트와 10% 넘게 차이가 나던 시장점유율을 1999년에는 동일한 수준까지 따라잡았다.

이러한 실적을 바탕으로 1999년에 투자 이익의 조기 수확을 위해 뉴욕 또는 런던 증시 상장을 준비했다. 조사 결과 뉴욕보다는 런던이 유리하다고 판단하여 런던 증시 상장을 목표로 했다. 그 선결 요건인 바르샤바 증시 상장을 2000년 하반기에 실현하기 위해 회사 형태를 유한회사에서 주식회사로 변경하는 주총결의를 마치는 등 2001년 런던 증시 상장을 위한 준비 작업을 하나씩 진행하기도 하였다.

1996년 8월에 왔을 때 폴란드에서는 한국 차를 만나기 거의 어려웠다. 그러나 2000년이 지나서 바르샤바 거리에는 대우차가 널려 있고 주택가의 주차장에서는 우리 대우의 라노스, 마티즈, 티코가 떡하니 버티고 있어 한국에 있는 느낌이 들 정도였다.

일과 맞바꾼 가족들과의 생활

내가 폴란드로 부임하고 한 달이 조금 지나서 가족들이 들어왔다. 당시 큰아이가 만 여섯 살이었고 작은아들은 두 살이 조금 못 되어 기저귀를 차고 왔다. 당장 가족들이 들어오니 신경 써야 할 일이 한두 개가 아니었다. 이삿짐을 통관시켰는데 전압이 안 맞아 쓰지 못하면 다시 사야 하고, 한국에서 미처 가져오지 못한 물건들은 여기서 구입해야 했다. 또 아파트에 문제가 생기면 관리사무실에 연락해야 하는 것도 내 몫이었다. 무엇보다 가족들이 아프다고 할 때는 정말 문제였다. 병원 위치도 모르는데다 병원에 가도 말도 통하지 않는데 나는 회사에서 몸을 빼기도 힘들고, 아이들은 왜 그리 열이 자주 나는지….

대화가 통하지 않으니 내가 다 해줘야 하는 것은 알지만 숨 막히게 돌아가는 근무시간에 그런 가정사로 시간을 내기는 정말 어려웠다. 근무시간에 몇 번 전화가 온 것을 회의 중이라 짜증을 내면서 손짓발짓이라도 하든지 해서 혼자 좀 해결하라고 하니 아내는 서럽고 섭섭하다며 울기도 했다.

집에 와서도 회사에서 생긴 일, 내일 할 일만 머릿속에 꽉 차 있는 나에게 아내는 이것저것 말을 하고 싶어 했다. 그러나 내가 딴생각을 하고 건성으로 대답한다는 것을 알아채고는 또 섭섭해 했다.

아내와 가장 많이 다툰 것은 일요일 장을 볼 때였다. 아내는 일주일에 한 번 장을 보러 가니 살 것도 많고 또 오랜만에 바깥 구경하는 것이라 보고 싶은 것도 있는데, 나는 카트를 끌면서 두세 시간씩 슈퍼마켓 안을 돌고 또 도는 것이 솔직히 고통스러웠다.

'아니 물건을 살 게 있으면 목록을 적어 와서 순서대로 빨리빨리 사서 집에 가면 되는데 물건을 한번 만져보다가 안 사고 다른 것 보러 갔다가 왜 또 와서 만져보고 하는지'

'나는 잠이 모자라서 빨리 가서 쉬고 싶은데 뻔히 알면서 좀 빨리 끝내면 안 되나 이해심 부족한 사람' 이런 나의 생각은 잔소리

우리에겐 세계경영이 있습니다

가 되어 아내에게로 향했다.

처음에는 몇 번을 알았다고 하고 일찍 돌아오던 아내가 결국 화를 터트리고야 말았다.

"한국에서도 노동조합 파업하면 밥 먹듯이 집에 안 들어오고, 아니면 늦게 들어오니 해외 나오면 안 그럴 줄 알았는데 매일 새벽에 들어오면서 일주일에 한 번 가족들과 보내는 것이 그렇게 힘드냐, 여자들은 한 푼이라도 싼 것 사려고 이것도 보고 저것도 보고 한다"면서 아내는 정말 서럽게 울었다.

아내와 나는 절충안을 냈다. 아내와 아이들이 슈퍼마켓에서 장을 볼 때 나는 차 안에서 기다리면서 잠을 자는 것이었다. 나로서는 일요일 낮잠이 다음 일주일을 근무하게 해주는 에너지원이었기 때문에 양보할 수가 없었다. 이런 일들을 겪으면서 아내는 내가 무엇을 해주리라는 기대를 서서히 접었다. 그리곤 자기 혼자서 하나씩 문제를 해결해 나가기 시작했다. 다른 주재원 부인들과 정보를 교류하고 영어와 폴란드 말을 띄듬띄듬 배우면서 말이다.

일요일 장을 보고 와서 시간이 좀 나면 또 다른 훼방꾼이 기다리고 있었다. 아이들이었다. 작은아이는 어려서 아직 덜했지만 큰아이는 어릴 때부터 아빠와 노는 것을 좋아했는데 여기서는 그럴 기회가 없자 아빠와 노는 다른 애들을 많이 부러워했다. 큰아이를 가끔씩 데리고 나가 아파트 단지에서 축구를 하거나 롤러브레이드라도 같이 타면 아이는 신이 나서 어쩔 줄 몰랐다.

애국심과 애사심

"주재원 여러분과 가족께서 얼마나 힘든 생활을 하고 있는지는 법인장을 통해서 들었습니다. 오늘 여러분들의 이러한 노고와 희생이 대우의 발전과 나아가 한국의 경제발전과 국력신장에 밑거름이 될 것임을 분명히 말씀드리며 감사의 말씀을 전합니다."(1996. 12. 24 재폴란드 대우 주재원 및 가족 송년모임에서 김우중 회장)

해외로 나오면 모두 애국자가 된다는 말이 있다. 우리나라보다 잘살아서 한국 사람을 별 볼 일 없이 대하는 나라에서는 우리의 국력이 강해져야 한다는 것을 뼈저리게 느끼고, 우리보다못사는 나라에 가면 1950년대 이후 가난을 물리쳐 다음 세대에게는 더 나은 나라를 물려주겠다고 열심히 일했던 우리 부모 세대들에게 감사한 마음을 갖게 된다. 어느 쪽이든 외국에 나가 보면 우리나라의 발전을 위해서 나도 뭔가 해야겠다는 생각이 들게된다.

폴란드에 온 우리들이 그렇게 열심히 일할 수 있었던 것도 여기서 목표했던 성공을 통해 대우의 발전에 기여하는 일원이 되고나가서는 한국 경제의 발전과 국제적인 위상을 높이는 데 밑거름이 되겠다는 애사심과 애국심이 바탕이 되었기 때문이다.

여기 나왔던 많은 주재원의 가족들도 내 남편이, 우리 아빠가그런 중요한 일을 하고 있다는 믿음이 있었기에 많은 희생을 견딜 수 있었다.

폴란드 바르샤바에 대우의 시스템을 심고 가꿔 꽃 피우기까지, 주재원들의 노력에 더해 주재원 가족들의 희생이 있었기에 그 헌신이 빛을 발할 수 있었던 것이다.

나 역시도 '자나깨나 회사 생각'으로 아이들과 시간을 보내는 것에 신경 쓰지 못했고 현지 생활에 힘들었을 아내에게 따뜻한 위로 한마디도 보낼 마음의 여유가 없었다.

최근 이 글을 쓰며 당시 여섯 살이었던 큰아이에게 '아빠 회사 폭파…'의 기억을 물었더니 씨익 웃으며 자리를 피한다. 힘들었지만 잘 자란 아이들과 가정을 지켜 준 아내에게 감사의 말을 전한다.

2001년 9월 폴란드 DAEWOO – FSO 임원들과의 송별회.

3

혁신과 위임
INNOVATION

치열한 도전과 열정으로
수놓은 시간의 벅찬 응답

윤상학

1942년 전북 익산 함라에서 태어나 수도공고와 한양대 전기공학과를 졸업했다. 한전을 거쳐 한화 경인화력발전소에 근무했으며, 1978년 6월 대우그룹에 입사한 후 울산화력발전소 4·5·6호기, 리비아 사리르 송배전 선로 공사, 다흐라까스콤프레샤 설치공사 등의 수주, 설계, 시공 등의 업무를 1988년까지 수행했다. 이후 전쟁기념관(1989~1992), 한전기술 월성원자력 2·3·4호기의 전기/계장설계와 시운전 기술 지원(1993~1996), 대우자동차 인도공장 발전소 건설 담당 PD로 근무(1997~2000)하였다. 차세대융합기술원 감리 근무(2001~2004) 이후 현재는 남양기술단에 근무하면서 하나태양광발전소의 대표이다.

사하라 사막 한가운데서 꿈을 세우다
: 대우건설, 리비아 사리르 송배전선로 공사

강관전주 5,200개를 어떻게
모래 위에 세울 수 있었을까?

리비아의 사하라Sahara사막 사리르Sarir 프로젝트! 내가 건설 현장에서 보낸 시간 중 가장 기억에 남는 현장이다.

이 프로젝트는 중남부의 사리르에서부터 출발한 유진지역의 총연장 약 300km에 유정油井펌프용 전기를 공급하는 송배전선로 공사다. 사막 모래 위에 50m 간격으로 직경 0.7m, 깊이 2.5m의 구덩이를 뚫어서 5,200여 개의 전주(電柱:전봇대)를 견고하게 심는 것이 공사의 핵심 성공요인이다. 구덩이를 뚫는 것부터가 난관이었다. 거기다가 자동 차단 계폐기 42대, 강관 전주 5,200개, 전선 2,300드럼, 금구류, 애자 등의 자재를 투입해 2년 안에 완공해야 하는 턴키Turnkey 공사였다.

우연히 식당에서 배수로를 만들다가 생각해 낸 모래 위의 성 쌓기 놀이가 생각났다. 어릴 때 장마 끝에 냇가나 바닷가 모래밭에서 섞은 모래로 두꺼비집을 만들던 기억이 떠올랐다. '왼손 주먹을 젖은 모래바닥에 놓고 위에다 젖은 모래를 덮어 다독여 주고 왼손을 빼면 두꺼비 집이 지어지는' 원리대로 물을 주고 다음날 구덩이를 뚫으니 무너지지 않는다는 것을 발견했다.

여기에 같은 원리로 수차례 실험을 하던 중 '오거 드릴Auger Drill'이라는 장비를 새롭게 이용함으로써 모랫바닥에 직경 0.7m 높이 2.5m로 구덩이를 파고 전주를 심는 공법을 세계 최초로 개발하였다.

이렇게 가장 큰 난제를 해결하고 다음 공정을 이어가 전체 공사를 성공적으로 마무리할 수 있었다.

이 공법을 개발한 것을 두고 전낙근 박사는 현대의 정주영 회장께서도 "서산 간척지 물막이 마지막 공사를 배를 갖다 대고 성공시킨 공법보다 더 우수하고 사용빈도나 가치도 다양하다"라고 언급하신 대목을 책 『프로젝트 중심 해외건설사(한양대학교 CMCIC연구실 전낙근, 김재준 공저: 2012년 기문당)』에서 의미있게 소개했다.

결과적으로 이 공법의 개발로 15%의 이익은 물론 건설자재 무역 거래에도 획기적인 성과를 낼 수 있었다. 건설공사 수익성과 공기工期 준수의 고객만족 혁신활동인 4ER 표창도 받게 되었다.

공사의 시작은 꼼꼼한 견적부터

나는 대우건설 해외기술본부 플랜트부 전기담당 차장으로 근무하면서 전 세계를 다니며 수많은 수주와 공사를 진행했다. 수

우리에겐 세계경영이 있습니다

주를 위한 설계와 견적 입찰에 필요한 파트너를 구하기 위해 미국 뉴욕과 휴스턴 등의 선진국으로 장기 출장을 숱하게 다녔고, 실제 공사가 이루어진 나이지리아, 수단, 리비아 등의 오지 현장을 누비고 다니며 성공리에 업무도 마무리하였다.

1983년 초, 리비아 사하라 '사리르 송배전 선로공사' 영문 입찰서가 사무실에 도착했다. 도전해 보고 싶었다. 수주를 위해 먼저 현장 답사를 하기로 하고 설계와 견적팀을 구성했다. 그리고 비행기와 차를 번갈아 타며 장장 15시간 걸려 사리르 현장에 도착했다.

허허벌판의 사막이다 보니 지상의 장애물이나 나무는 없으나 모래산과 계곡이 있었다. 지하에 송유관 매설 지역과 인근에 변전소가 두 군데 있었다. 전주電柱 설치 간격은 50~60m로 하기로 하고 굴삭기로 전주 구덩이를 굴착해 전주를 땅 속에 세우는 공법을 사용해 공사 견적을 준비했다. 가끔 이전에 일본 건설사에서 세운 나무로 된 전주가 있었는데, 이런 목제 전주는 지상 1m 정도가 모래바람에 마모된다.

우리는 강관steel pipe, 鋼管 전주를 심기로 결정했다. 지하 매설 파이프는 군대에서 사용하는 지뢰 탐지기를 사용하기로 했다. 근처에는 발주처의 현장 시설물 관리 사무소와 캠프가 있었다. 물, 전기, 기름은 발주처 관리소에서 무상으로 지원하는 것으로 방침이 되어 있었다.

귀국 후 설계팀과 견적팀 간의 회의를 통해 위 사항들을 설명하고 물과 전기와 기름을 무상으로 받는 단서 조건을 다시 한번 강조

했다. 지뢰 탐지기와 대나무 사다리를 전주의 장주裝柱*와 가선架線**
시 사용하는 것으로 해서 견적서 작성을 완료하였다. 문제는 전
주 구덩이를 모랫바닥에 직경 0.7m, 2.5m 깊이로 파서 전주를
세우는 것이 성공적인 공사 시공의 핵심요소인데 과연 잘될 수
있을지 걱정되었다.

드디어 수주, 사리르로

얼마 후 1983년 10월, '대우건설이 수주했다'는 낭보가 왔다. 기
쁘고 반가운 소식이었으나, 실무 담당자인 나는 이젠 시공 걱정이
앞섰다. 공사 현장소장을 맡은 후 매일 고민에 빠졌다.

우선 기후가 가장 큰 장애였다. 사하라 사막은 한창 더울 때는
기온이 섭씨 40~50℃인데, 한국에서의 더위와는 비교도 안 될
정도였다.

더욱 큰 문제는 모래바람이다. 보통 매년 5~6월경에는 '할라
스Hallas'라는 바람이 분다. 1~2주간 모래바람과 심한 황색 먼지
가 하늘을 뒤덮고 약 10여 일 계속되다가 사라진다. 그 공기를
마시면서 공사를 해야 했다. 자연환경이 이렇게 열악하니 공사
자체도 어렵고 무엇보다 이런 현장에 와서 일해 줄 인력 수급과
자재의 수송도 문제였다.

하지만 이미 수주는 되었고 "까짓것 못 할 게 뭐 있나"라고 생각

---

* 장주: 전봇대에 부속품을 장치하는 것

** 가선: 설치된 전봇대에 전선을 올리는 것

하며 이순신 장군의 '필생즉사 필사즉생(必生卽死 必死卽生, 살고자 하면 죽을 것이요, 죽고자 하면 살 것이다)'이라는 명언을 되새기며 마음을 다잡았다.

우선 공사 수행방법 공정표는 'PERT-CPM'으로 하기로 하고 2년의 턴키 공정에 설계, 자재 공급, 시공, 시험, 준공 순서대로 작업하도록 공정표를 작성한 후 해당 부서와 각 담당에게 배부했다.

설계에 따라 모든 자재의 사양서, 수량, 납기와 납품 장소 등을 정해서 발주했다. 대우무역 트리폴리 지사에서 열심히 해주어 큰 힘이 되었다.

시공 팀에서는 인사부에 인력투입 계획표를 보내고, 공사용 장비와 특수 수공구들을 발주했다. 특히 오거 드릴Auger Drill 5대를 발주했는데 이 장비는 다목적으로 사용할 수 있었다. 첫째, 전주 구덩이를 직경 0.7m 깊이 2.5m로 파낼 수 있고, 둘째, 크레인 작업, 크람샬 작업, 케이블 풀링Cable Pulling 시 적정 속도로 끌어주고 적정 위치로 들어주어 송배전 선로공사에 아주 중요한 장비가 되었다. 이런 장비는 1980년대 국내에는 없었으나 우리 공사 이후 전기공사 현장에서 사용량이 급격히 늘었다. 공사 장비 사용의 혁신을 한 셈이다. 사람보다는 장비 위주로 공사를 수행해야겠다는 현장소장인 나의 의지가 반영된 장비의 하나였다.

전선류는 금성사와 대한전선이 있었으니 별문제 없었다. 그러나 강관주가 만만치 않았다. 우리 현장에 필요한 직경 0.6m에서 길이 13m의 아연도금 강관주를 생산하는 업체가 한국에는 없었다. 당시 부산파이프가 가장 품질이 좋은 강관류 생산을 하는 업체라 발주하려 했으나, 아연 도금로爐도 없는 데다 우리 공사에 대한 확신이 없어 보였다. 내가 우리 공사의 내용과 납품 물량을 구체적으로 설명하자, 그제야 아연 도금로를 설치하여 강관주를 생산해 납기 안에 납품하겠다고 약속하였다.

시공현장에 모빌하우스 6대를 자재부에 요청하여 현장에 도착시켰다. 그리고, 1차로 시공 준비팀 7명과 시공 설계팀 5명이 도착했으며, 또 주방장, 사막 전문 운전기사 등이 현장에 도착하여 각자의 임무 수행에 들어갔다.

발주처 관리소에서 전기를 받아 캠프에 연결하고 물탱크를 설치하여 물을 공급받고 기름도 공급받았다. 이렇게 해서 공사의 주요 준비를 마쳤다.

최대의 난관 전주 구덩이 파기, 어릴 적 경험으로 문제 해결

캠프 설치 10여 일이 지난 후 식당 주방의 배수에 문제가 생겼다. 주방에서 버리는 하수를 모랫바닥에 그대로 흘려버리는데 처음에는 모래 속으로 스며들더니 10여 일 후에는 스며들지 않고 모래 위로 흘러내려 가는 것이었다. 급한 대로 하수로를 삽으로 파 주었더니 수로의 양 측면이 무너지지 않고 직각 상태로 있으며 물이 흘렀다.

갑자기 어릴 때 장마 후 냇가에서 젖은 모래로 두꺼비 집을 만들며 놀던 생각이 났다. 왼손 주먹을 젖은 모랫바닥에 놓고 그 위에 젖은 모래를 덮어 다독여 주고 왼손 주먹을 빼면 두꺼비집이 모래로 지어지는 이야기다.

'아! 전주 구덩이도 모래지만 물을 주고 뚫으면 무너지지 않을

우리에겐 세계경영이 있습니다

것 같다'라는 생각이 들었다. 며칠 후 기다리던 '오거 드릴'이 도착했다. 한 드럼 분량의 물을 모랫바닥에 붓고 오거 드릴로 뚫어보니 80% 이상 무너졌다. 이렇게 실패인가? 밤새도록 걱정하다가 아침에 직원들과 머리를 맞대니 '물이 모래에 골고루 스며들면 무너지지 않을 것이다'라는 데 의견이 모였다. 그렇게 하여 물을 0.7m 직경의 전주 구덩이에 계속해 2시간 가량 부었다. 다음날 구덩이를 뚫어서 해나가니 원하는 크기의 직경 0.7m, 깊이 2.5m의 구덩이가 거의 안 무너지고 성공적으로 보링(Boring: 구멍을 다듬거나 크게 하는 것)이 되었다.

"됐다! 성공이다! 이 공법으로 한다!"

대형 물탱크차 뒤 매니폴드(manifold: 큰 파이프에서 더 작은 파이프로 이어지는 채널)에 직경 25mm 강관으로 삿대를 만들어 호스로 5개씩 연결해 물을 부어나가며 아주 유용하게 사용할 수 있었다. 이렇게 해서 새로운 공법이 탄생하게 되었다.

사리르 현장에서 사용했던 오거드릴 장비.(수산 CSM 사진제공)

사막의 특급 수송 작전

이렇게 준비를 착착 하던 중 벵가지Benghazi에 있는 리비아본부 자재부에서 긴급 연락이 왔다.

전주와 전선이 한꺼번에 도착했는데, 운동장 크기만한 벵가지 항구 세관 야적장이 꽉 찼으니 빨리 와서 가져가라는 것이었다.

적기에 도착해 반갑기는 한데 400여 킬로미터 떨어진 현장까지 이 많은 자재를 어떻게 빨리 수송할지 난감했다.

본부 수송 담당자를 만나 우리 공사현장까지 수송해달라고 떼를 쓰며 부탁했다. 결국 사막의 수송 장비를 총동원해 주되 현장에서 50km 떨어진 아스팔트 도로까지만 수송해 주겠다고 했다. 이후 비포장 지역의 수송도 문제였지만 당장은 그게 최선이었다.

서둘러 트레일러에 싣고 약속된 장소에 내렸다. 자재(전선케이블과 직경 0.6m, 길이 13m의 전주)와 장비들은 다시 휠로더와 덤프 트럭을 이용해 자재 소요 구간 지점들에 운반했다. 모든 자재가 들어오자 본격적인 공사가 시작되었다.

측량팀에서 표시한 전주 설치 지점에 물차를 대고 5개의 삿대를 직경 0.7m 주위에 골고루 꽂고 약 2시간씩 물을 주입했다. 주입 후 다음 날 오거 드릴로 전주 구덩이를 보링하면 직경 0.7m에 깊이 2.5m 전주 구덩이가 생겼다. 이어서 강관주를 오거 드릴로 들어서 세우고, 측량기로 수직 상태 확인 후 삽으로 흙을 채워 넣으면 전주 작업은 끝난다.

이어서 4톤 4륜 트럭에 스캡홀드를 2단으로 쌓고 그 위에 금구와 애자를 설치한 후 수십 개의 전주와 장주 작업이 끝나면 뒤

이어서 전선 설치를 한다. 이때도 앞에서 말한 트럭에 전선을 걸고 장주에 설치하면 긴 전선 공사도 사다리 없이 쉽게 해냈다.

다행히 공사에 필요한 장비가 충분해 기능공들이 공사를 빠르게 진행해나가기 시작했다. 짧은 공기를 고려해서 공사팀을 5개 팀으로 나누어 속도를 높여 공사하면서 약속된 공기 내에 준공 확인서까지 받았다.

사막에서 살아간다는 것

사막은 역설적으로 바다와 같다. 땅 위에 있지만 육지와 매우 다르다. 처음 사막에 도착하면 망망대해 한가운데 있는 것처럼 아득한 느낌이 든다. 어디가 시작이고 끝인지 모를 수평선 같다.

그래서 사막에서 차량 운행 시에 꼭 지켜야 할 규칙이 있다.

우선은 필요한 식량과 물, 휘발유를 준비해야 하되 일주일 분을 가져야 한다.

또 차에는 항상 나침반과 지도, 여유 타이어, 삽과 바내, 유사 시 사용 가능한 통신수단 등을 가지고 다녀야 한다. 한 차에 두 명 이상 같이 타고 차량도 두 대가 한 개조로 동시 운행하는 것이 좋다. 아니 무슨 모험을 떠나는 것도 아닌데 이 많은 것을 준비해야 하냐는 의문이 들 것이다.

사막에서의 운전은 일반 도로의 운전과는 사뭇 다르다. 한마디로 정해진 길이 없고 모래에 빠지기 때문에 쉽게 길을 잃고 실종되는 사고를 당하기 때문이다.

사막에서 오랫동안 생활하고 경험이 많은 운전 경험자들은 해, 달, 별자리 등을 보고 방향을 찾기도 하고 다니던 길이 보인다고도 한다.

하지만 '할라스Hallas' 바람의 위력으로 길이 묻혀버리기도 한다. 한번 불면 숨쉬기 곤란할 정도의 거센 모래바람이다. 할라스가 불면 하늘이 온통 황토색이고 사막에 길이 사라진다. 작업복에 마스크와 보안경까지 착용해도 금세 코와 입안으로 모래가 들어온다. 아무리 치워도 캠프의 숙소와 사무실 창문과 출입문으로 모래와 먼지가 수북이 쌓인다.

동식물이 생존하기 어려운 이런 사막에도 여우와 쥐, 들개, 전갈, 낙타 등이 살고 있고 지역에 따라서는 매년 초봄에 보라색 꽃이 들판에 널리 피어 보기 좋은 장관도 펼쳐진다.

사막 중에는 하늘에서 내려다보면 바둑판에 바둑을 깔아 놓은 듯 보이는 밀 농장이 있다. 밀밭 한 개의 규모는 직경 300여 미터의 원형으로 밀밭마다 스프링클러가 설치되어서 타이머로 정해진 시간에 지하에서 물을 뽑아 물을 준다. 밀농사가 아주 잘되어 주위에는 제분공장까지 차려놓고 밀가루는 도시로 판매하고 밀짚이나 밀기울은 양을 키우는 데 쓰기도 한다. 이 양들을 잘 키워 매매도 한다.

밀 잎이 초록빛으로 성장하면 어디서 오는지 메뚜기 떼가 하늘이 시커멓게 보일 정도로 많이 날아와 먹이를 실컷 먹고 간다. 또 여러 종류의 새가 메뚜기를 잡아먹으러 아주 많이 모여든다. 마치 펄벅(Pearl Buck, 1892~1973)의 『대지』라는 소설이 생각나는 풍경이다.

아! 그리운 사리르

이 프로젝트를 수행하면서 비록 육군 병장 출신이지만 장군의 마음가짐과 자세로 2년을 버텼다. 마치 전쟁에 출정한 장군이 막사에 지도를 펴놓고 전략을 짜듯 나도 그렇게 생활했다.

나의 사무실에는 2년 내내 공사 전체의 일정과 준공과정을 담은 기구 조직표, PERT-CPM, 사막지도, 자재, 장비, 인력투입 계획표 등이 빼곡히 붙어 있고 머리에도 항상 넣고 다녔다.

잠자는 시간 외에는 온통 어떻게 하면 공사를 '더 빨리, 더 좋게, 더 안전하게, 더 싸게' 성공적으로 해낼까를 노심초사했었다. 모든 것은 사람중심, 원가절감, 혁신과 독려, 인내와 수신이라는 것을 늘 마음에 품으며 2년의 짧은 공사기간에 턴키베이스 전기 단독 공사를 끝냈다. 정말 뿌듯했다.

당시 전기 단독 공사로는 대우 그룹은 물론 국내에서도 처음으로 대형공사를 성공적으로 끝냈으며, 대우의 수출과 국내 산업발전, 또 전기공사의 시공기술 발전에도 기여했다고 자부한다.

그때 이후 모든 전기공사나 일반 유통과정에서도 오거 드릴을 대부분 사용한다. 차량 자체에 크레인이 있어서 수송 물량을 상·하차할 때도 자체 크레인으로 수행하니 편하고 경제적이기 때문이다.

사리르에는 약 100m 정도 지하에 기름이 많아 유전이 있다. 그리고 물이 있는 지역도 많아 유명한 사리르 대형 지하층에서 물을 뽑아서 벵가지를 비롯한 여러 곳으로 보내어 농사도 짓고 다목적으로 사용하고 있다. 배수로 관이 원통형인데 그 직경이 4m 이상이라 내부로 사람이 걸어 다니는 그런 수로였다.

우리나라의 동아건설이 이 엄청난 공사를 해냈는데, 현재 그 목적대로 잘 사용되는지, 또 내가 여러 사람과 사막에 심어놓은 강관주와 전선들 또 변전소들은 잘 운영되는지 새삼 궁금하다. 기회가 되면 다시 한번 가보고 싶은 내 자식들 같은 5,200개의 전주다.

사계절이 뚜렷하고 산과 바다가 공존하는 자연환경에서 나고 자란 대한민국 국민이 비행시간만 10시간이 넘는 먼 나라 사막에 가서 일하는 경우가 얼마나 될까?

요즘은 두바이나 모로코 등으로 여행을 가서 사막 투어를 즐기는 사람들도 많지만 40여 년 전의 중동, 아프리카 사막은 우리에게 치열한 생존경쟁의 일터였을 뿐이다.

생활기반이 이미 완벽하게 구비된 대도시의 주재원과는 달리, 건설현장의 엔지니어와 현장근로자들은 컨테이너 숙소에서 먹고 자고, 아파도 바로 치료를 하지 못하고 차를 타고 400여 킬로미터를 달려야 의료진의 처치를 받을 수 있는 환경에서 일했다.

특히 해외 건설현장 근무를 하면서 몸이 아플 때는 치료도 치료지만 해외 근무를 하면서의 고독이 확 밀려온다. 국내에 있는 가족에게는 더 말할 수도 없기 때문에 마음이 고되기만 하다. 척박한 해외현장에서의 근무는 고달픈 일의 연속일 뿐, 보통 사람들이 영화나 책에서 떠올리는 이국적인 낭만 따위는 없었다.

오늘 기억을 되살린 역사적 한 페이지에 당시 엄청나게 고생하여 공사를 성공적으로 끝내게 해준 현장의 동료들이 고맙기만

하다. 그중에 특히 오지 현장까지 찾아와 우리를 격려하고 공사의 성공을 빌었던 이현구 사장과 당시 리비아 주재 한국대사께 큰 감사를 드린다.

이영순

1959년 경남 합천에서 출생했고 마산고등학교, 부산대학교 공과대학을 졸업하고 미시간대학교(Ann Arbor) 경영대학원에서 석사학위(MBA)를 취득했다. 1984년 그룹공채로 대우조선공업(주)로 발령을 받았다. 이후 현재의 대우조선해양(주) 육상, 해양플랜트 분야에서 설계, 시운전, 영업 및 사업관리 등 직무를 수행하며 36년 동안 해양플랜트 전문가로 수많은 해양플랜트 프로젝트를 진행하였다.

한국PM협회 이사이자. 한국기술사협회와 한국건설기술인협회 정회원, 특급 기술자로 활동하고 있다.

2019년까지 대우조선해양(주) 해양사업본부장을 역임했으며, 현재 '해양사업 스폰서'로 후배들을 지도하며, 다양한 해양 프로젝트를 수행 중이다.

| 인도 | ···

아라비아해 한가운데 우뚝 선
대우의 해양플랜트 기술력

: 대우조선, 인도ONGC* SHG 프로젝트

··

해양플랜트 건조, 경험이 전무했던
시운전의 살 떨리는 체험기

　　1984년 1월, 당시 한 번도 가 본 적 없는 '거제도'를 향해 버스를 타고 가고 있었다. 도시에서 밀리 떨어진 곳에 근무한다고 '벽지(僻地)수당'을 줘서 그룹의 다른 계열사보다 급여가 높다는 이유로 덜컥 대우조선을 지원했었다. 대우그룹에 공채로 입사하고 전국에서 모인 합격자들과 함께 교육을 받던 중 개별 면담을 거쳐 계열사에 배치되었다. 막연히 공대생 출신인 '내가 뭘 잘할 수 있을 것인가'라는 생각보다 '돈' 때문에 지원을 한 것도 한몫했다. 당시에는 거제도가 벽지(僻地), 오지(奧地)로 분류되던 시절이었다.

··

* ONGC: Oil and Natural Gas Corporation Limited(인도의 회사 이름)

3 | 혁신과 위임

지금의 거제도는 36년 전과는 확연하게 달랐다. 서울-거제 간 고속버스만 해도 30분 단위로 운행될 정도로 거제는 전국 각지에서 많은 사람이 찾는 유명 관광지지만 당시는 외지인이 많지 않은 어촌이었다. 크기는 제주도 다음으로 큰 섬이었지만 기반 시설이 많지 않고 주민 대부분이 농업과 어업에 종사하였다.

그룹 연수 기간 중 계열사를 방문하는 일정으로 거제대교를 건너 2차선의 좁은 도로를 한 시간여 달려 도착한 조선소의 외관은 웅장한 모습이었지만, 흙먼지가 뽀얗고 주변은 여전히 정리되지 않은 상태로 어수선했다. 하지만 한쪽에서 작업하는 직원들의 모습은 무척이나 인상 깊었다. 푸른색 작업복을 입은 많은 사람이 해외에서 수주한 배를 만들고 있었다. 조선소 완공 후 6년 차에 접어든 시기라 공장은 기분 좋은 긴장감이 흘렀고, 사람이든 장비든 젊고 신선한 기운이 넘쳤다. 한적하고 낙후된 섬 풍경과 달리 뭔가 큰일을 하는 것처럼 보이는 회사 모습에 설렘과 걱정 두 가지 감정이 교차했다. 물론 그 당시는 내가 이곳에서 36년 넘게 일할 줄은 몰랐다.

첫 EPC 수주 'ONGC SHG 프로젝트'

나는 입사부터 지금까지 육상과 해양플랜트 분야에서 설계, 시운전, 영업 및 사업관리 등의 직무를 수행해 왔다. 입사 후 약 13년 기간 동안 선박 및 석유·화학 정유 플랜트의 기자재 설계*를 포

---

* 기자재 설계: 압력용기, 열교환기, Tower, column 등 장치설비 설계

함하여 해양플랜트 설비 분야 기계, 프로세스 설계 업무를 해왔다. 대우조선 최초의 EPC** Turnkey 해양 프로젝트인 'ONGC SHG'는 설계부터 현지 시운전까지 수행하는 경험을 했다. 36년 동안 해양사업 분야에 몸담아 수행한 수많은 프로젝트 가운데 1994년 인도 뭄바이(당시 봄베이) 해상에서 시운전 엔지니어로 파견 근무했던 기간이 내게는 특별한 경험으로 남아 있다. 그만큼 기억에 오래 남아 있는 프로젝트였다.

"아양2! 아양2! 여기는 옥녀봉!"

"아양2 감도! 아양2 감도!"

아직도 현장의 무전기 소리가 귓전에 맴돈다. 당시 아양2호와 SHG 플랫폼 사무실 간의 교신 시 SHG 플랫폼을 거제도 옥포만 뒤에 있는 산 이름인 '옥녀봉'으로 불렀다.

ONGC SHG 프로젝트는 우리 회사의 해양사업이 제작 중심에서 탈피하여 설계, 조달, 시공 및 해양 설치, 시운전을 망라하는 일을 맡은 최초의 프로젝트다. ONGC SHG를 말하지 않고는 우리 회사 해양사업을 이야기할 수 없을 정도이다. 개인적으로는 해양사업 전체를 이해할 수 있게 만든 프로젝트이기도 하다.

ONGC SHG 오일, 가스 생산설비 프로젝트는 1991년 2월 인도 국영석유회사인 ONGC로부터 수주하여 1994년 5월 인도 뭄바이 '하이파일드High Field해상'에 설치, 시운전을 마치고 인도한 Delivery 세계 최대 규모의 원유·가스 종합 생산처리 설비다.

** EPC: 설계 Engineering, 조달 Procurement, 시공 Construction의 약자.

당시 총 공사비가 7억 달러로 세계 굴지의 해양플랜트 전문 업체들이 치열한 경쟁을 벌였는데, 대우는 아랍에미리트의 해상 설치 전문회사인 NPCCNational Petroleum Construction Company Limited와 7:3의 비율로 컨소시엄을 형성하여 EPC 턴키 베이스로 수주하였다.

'탁월하다Excellent'는 평가

NPCC가 재킷의 해상 설치 및 해저 파이프라인 설치를 맡았고, 일본의 가와사키 중공업이 7개의 가스 압축 컴프레서를, 싱가포르의 B&RBrown & Root사가 하청사로 설계를 수행하였다. 대우는 재킷의 제작, 선실 데크를 포함한 톱사이드 플랫폼Topside Platform 모듈의 제작, 해상 설치 및 시운전을 맡아 공사의 70%에 해당하는 일을 수행하게 되어 실질적인 지휘자 역을 담당하였다.

뭄바이 앞바다 100km 떨어진 해상에 설치된 이 설비의 규모는 길이 133m, 폭 32m로 초대형 가스 컴프레서 7대, 대형 가스터빈 3대, 그리고 탈수 설비Dehydration package가 탑재되었다. 구조물만 25,000톤, 190km의 해저 파이프, 330km의 전선이 투입되었다.

대우가 처음으로 수행했던 EPC 턴키 프로젝트였음에도 기술자들이 페스트와 말라리아의 위험을 극복하면서 예정 공사 기간을 크게 단축함은 물론 안전사고 없이 성공적으로 완공, 인도하였다. 특히 뭄바이 해상에서의 시운전과 관련한 여러 에피소드로 시운전 능력이 '탁월하다Excellent'는 평가까지 받았다.

또한 설계 건조 중임에도 건조 능력을 인정받아 ONGC로부터 '유전 압축수 주입 플랫폼인 ONGC SHW 프로젝트'를 턴키로 추가 수주할 수 있었다. 이후 1995년 쉐브론Chevron 사로부터 앙골라 원유생산 플랫폼인 '사우스 넴바, 롬바South Nemba & Lomba' 수주를 시작으로 추가로 여러 프로젝트를 수주했다. 높은 품질과 납기 준수, 성공적 인도로 쉐브론과는 지금까지 25년 이상 오랜 파트너십을 유지하는 초석이 되었다.

최초 해상플랜트 시운전을 위해 인도양으로

1993년 11월 야드에서 건조를 마치고, 뭄바이 현지 해상 설치를 위해 출항한 플랫폼은 이미 해상에 설치된 재킷 구조물 위에 탑재, 각종 배관 및 전선 및 톱사이드 모듈 간의 연결 작업Hook-up을 착수하여 다음 해 초부터 시운전하기 위한 준비가 진행되고 있었다. 성공적으로 설계, 건조를 마치고 현지 설치를 진행하고 있었으나 문제는 시운전이었다.

대우는 해양 프로젝트 건조에 있어서 설계부터 시운전까지 책임지는 EPC 턴키 프로젝트를 해 본 경험이 없어 적합한 소식과 기술 인력이 없었다. 결국 설계를 담당했던 기술자를 중심으로 시운전 조직을 꾸렸다.

1994년 1월 현지 설치 작업이 마무리됨에 따라 나는 기계 설비 설계원 과장으로 한 번도 경험해 보지 못한 시운전 엔지니어가 되어 현지

---

* 쉐브론(Chevron)은 1879년에 설립된 미국 캘리포니아주 산라몬에 본사가 위치하고 있는 정부가 소유하지 않은 석유회사 가운데 세계 5위의 석유 회사로 전 세계 180여 개 국가에서 석유 및 가스의 탐사, 정제, 마케팅 및 운송, 화학제품 생산 및 판매, 전력 생산 등에 관여하고 있다. 칼텍스, 텍사코, 스탠더드 오일 등의 브랜드도 소유하고 있다 (출처 : 위키백과).

에 파견되었다. 숙식은 배에서 이루어졌다. 육지 공사 때 공사현장 주변에 숙소를 짓는 것처럼 해상도 마찬가지다. 현지 공사를 위해 1993년에 건조한 '아양2호'로 명명된 선실 및 작업용 바지선이 우리의 숙소였다.

참고로, ONGC SHG 프로젝트를 위해 야드Yard에서 건조하여 뭄바이 해상 공사를 위해 처음으로 투입되어 동고동락했던 '아양2호'는 이후 앙골라 해역에서 많은 해양프로젝트의 설치, 시운전 파견 근무자들을 위한 숙식용 편의시설로 이용되었다.

27년 동안 성공적인 임무를 마친 후 수명이 다해 2019년 7월 매각처리되었다. 처음 시운전 엔지니어 자격으로 승선한 편의시설 설비인 아양2호를 해양사업본부장으로 스크랩 처리까지 하게 된 조금은 슬픈 주인공이 된 셈이다.

1994년 1월 나는 한 번도 경험하지 못한 도전을 위해 뭄바이를 향한 장도에 올랐다.

8시간 비행 끝에 뭄바이에 도착, 약 100km 거리의 SHG 플랫폼이 설치된 뭄바이 해상으로 가기 위해 저녁에 출발, 파도에 일렁이는 배를 타고 밤새 긴 항해 끝에 다음 날 아침에 도착하였다. 아양2호에 배정된 방에 짐을 풀고 해상 시운전 생활이 시작되었다.

뭄바이 날다람쥐

모든 것이 낯선 업무! 장비 공급 기술자들과 씨름하면서 절차 하나하나 논의하고 만들고 승인받는 과정을 거치기에 24시간 내내 긴장을 놓칠 수 없는 시운전 과정이 시작되었다.

뭄바이 해상에서 나는 '날다람쥐'로 불렸다. 시운전 절차서 대로 하나하나 장비를 돌리고 테스트하면서 수많은 배관 라인을 날다람쥐처럼 타고 다니면서 생긴 별명이었다. 시운전 기간 내내 최대 소망은 제대로 잠을 잤으면 하는 것이었다. 모든 설비를 안전하게 설계했지만 실제 운전은 해 본 적이 없는 신형 제품이라 오작동이 발생하기도 하였다. 특히 오일과 가스를 생산하는 설비라 안전에 대한 염려로 늘 긴장과 불안의 연속이었고, 매일 24시간을 일일이 확인, 가동하기 때문에 시간이 턱없이 부족하였다.

어느 날에는 기온이 30도가 훨씬 넘는 데에도 해상 플랫폼에는 얼음이 얼기도 했다. 시운전 중에 셧다운이 발생하여 엄청난 소음과 함께 가스가 '플레어 붐(Flare boom. 일종의 소각장치)'으로 빠져나가면서 순간적인 압력 강하로 배관 라인에 얼음이 얼었고, 불꽃은 하늘을 찔렀다. 아양2호 선실이 열기로 후끈하였고 무섭기까지 했다.

슬픔을 딛고 시운전에 성공하다

시운전이 막바지로 접어든 3월 말, 4월 초쯤 긴장된 하루하루를 보내던 어느 날 한국에서 슬픈 소식이 날아왔다. 어머니가 병원에 입원하여 생사를 넘나들며 어려운 수술을 하셨는데, 곁에서 간호하던 아내가 유산했다는 소식이었다.

뭄바이로 떠날 즈음에 아내는 둘째를 임신했던 터였고 여태까지와는 전혀 다른 참으로 난감하고 어려운 상황에 직면하였다.

조금만 더하면 일을 마치고 복귀할 수 있는데 어떻게 해야 할지 머리가 복잡했다.

현지 파견 조직에서는 회의 끝에 현 상황이 어렵지만, 잠정직으로 나를 조기 귀국시킬 수밖에 없다는 방침을 정했다며 의견을 물었다. 고민 끝에 나는 시운전이 마무리될 때까지 남겠다고 하였지만, 일주일간 일시 귀국하였다가 복귀하는 것으로 특별 배려를 해 주었다.

1994년 5월! 드디어 모든 시운전을 마쳤다. 성공적으로 모든 시운전을 마치고 프로젝트를 ONGC에 인계하고 아양2호가 SHG 플랫폼을 떠나던 날, 아양2호 지붕 위에 올라 플랫폼과 서서히 멀어지는 모습을 볼 때 만감이 교차하였다. '처음으로 우리가 수행했던 해상 시운전이 이제는 무사히 완료되었구나' 하는 안도감과 울컥하는 마음이 밀려왔다.

1994년 5월 SHG 플랫폼을 배경으로 아양2호 선상.

우리에겐 세계경영이 있습니다

한국으로 복귀했을 때 무려 10kg 이상 체중이 줄었을 정도로 현지 업무는 고된 시간의 연속이었다. 개인적인 애환과 함께 어려운 시운전을 마무리하고 떠나오면서 두 번 다시 뭄바이를 보고는 오줌도 누지 않겠다는 농담 아닌 농담을 나누던 기억도 있었다. 돌이켜 보면 ONGC SHG의 해상 시운전은 나에게 해양프로젝트를 처음부터 끝까지 제대로 해 보는 기회가 되었고, 엄청난 기술 습득으로 이후 해양사업 분야의 전문가로 성장하는 큰 계기가 되었다.

세계적 기술력 갖춘 대우조선의 저력과 나의 역량

대우는 학교를 졸업한 이후 인생의 대부분을 뒷받침하는 삶의 터전이다. 1984년 1월 입사 후 지금까지 한 회사에 재직하면서 가족을 일구었고 딸도 서울로 대학을 가기 전까지 이곳 거제에서 함께 살았다.

대우조선해양의 해양사업 분야는 지난 40여 년 동안 괄목한 성장을 하였지만, 세계 경제의 흐름에 따라 어려운 시절도 많았다. 특히, 2015년 이후에는 유가 급락에 따른 프로젝트 발주의 부진이 지속되면서 해양사업이 전례가 없는 어려운 시기를 지나고 있지만, 머지않아 시황이 회복된다면 그동안 축적한 기술로 새로운 재성장의 기회가 있을 것으로 믿는다.

조선해양사업은 기술과 노동 집약의 사업이다. 과거엔 준비가 안 된 상태에서 너무 많은 수주로 숙련된 인력이 절대 부족한 상황에 직면하여 계약에 따른 인도 일정을 지키지 못하고 많은 해양 프로젝트 인도가 지연되면서 큰 비용 손실이 발생하여 회사의 존립을 위태롭게 하는 어려운 상황에 직면했지만 이제 서서히 그 후유증을 극복해 나가고 있다.

선박사업 분야는 세계 최고의 선박 설계, 건조 능력을 보유하고 있으며, 특히 LNG 분야는 독보적이다.

해양사업 분야의 경우, 상당한 기술력을 축적해 가면서 아직 톱사이드Topside 기본설계 분야는 해외 전문 설계사를 활용하지만, 선체Hull 설계 및 시공 분야는 최고의 기술력을 자랑한다. 특수선사업 분야는 잠수함 설계 건조에 대한 독자 기술을 확보하고 있다. 이러한 기술력은 회사의 R&D 기술 능력에 기인한 것이며 조선 3사 중 최고의 기술자를 보유하고 있다.

다가올 미래의 호황에 대비하여 기술개발에 더욱 주력하면서 중국, 싱가포르와 차별화할 수 있는 경쟁력 확보에 더욱 큰 노력이 필요하다고 생각한다.

나는 설계부서 근무 시에 전문가로서 인정받기 위해 국가 기술 최고 자격인 기술사 자격증을 취득하였고, 1997년~1998년에는 회사의 배려와 지원으로 미국 미시간대학교 경영대학원에서 MBA 학위를 받았다. 유학 복귀 후 사업관리 분야에서 일하며 미국 PMI가 주관하는 사업관리전문가PMP 자격을 취득하였다. 설계부서를 떠난 후에는 해양플랜트 분야의 사업관리 업무를 담당하여 2019년까지 해양사업본부장으로 일했다.

현재는 '해양사업스폰서'로서 후배들과 함께 해양프로젝트의 주요 역할을 수행하고 있다. 사업관리 전문가로서 한국PM협회

우리에겐 세계경영이 있습니다

발간 『한국의 프로젝트 매니지먼트』 조선해양 분야 집필진으로 참여하였고, 관련 저널에 다수의 논문 발표를 하는 등 다양한 활동을 하고 있다.

회사 입사 이후 해양플랜트사업 분야에서만 36년의 회사 생활을 이어 오면서 지금도 해양사업 분야에서 여전히 활동하고 있기에 대우 해양사업의 살아있는 역사라고 생각하며 큰 자부심과 책임감을 함께 가지고 있다.

이 지면을 빌려 함께했던 프로젝트 사업관리 총 책임자였고 이후 멘토로 상사로 해양사업본부장으로 퇴임 때까지 오랜 시간 함께 했던 신언수 전무 이하 여러분과 많은 파견 동료들에게 감사의 인사를 드린다. 그들이 모두 그립다.

전영석

1958년 2월 인천에서 태어나 제물포고, 외대 무역학과를 졸업하였다. 1986년 1월 그룹공채로 대우전자 오디오수출부로 입사하여 미주, 유럽 담당으로 근무하였다. 1992년에는 대우 요하네스버그지사에서 근무하면서 현지 상장회사 인수를 통해 현지화에 집중하였다.

1999년-2005년까지 냉장고 해외영업 팀장을 역임했고, 메이텍 프로젝트, 냉기(냉장고, 에어컨) 해외영업 담당 임원과 사업본부장으로 재직하며 BSH(보쉬 지멘스), ELECTROLUX, GE, 샤프 등의 프로젝트를 진두지휘하였다. 이후 기획전략실 마케팅 담당 및 해외사업본부, 냉장고사업 담당 임원으로 활약하고, 2018년 3월 퇴임하였다. 현재는 KBOX TV, BIG BROTHERS 회장으로 재직 중이다.

| 남아프리카공화국 | ···

뛰어난 기술력 갖춘 세계 최고 수준의 가전 브랜드 ODM사업 파트너

: 대우전자, 글로벌 기업과의 전략적 제휴

···

잊혀져 가는 이름 대우전자,
그리고 생존 방식과 기술력

"탱크주의, 공기방울 세탁기를 들어 보셨나요?"

GE, 월풀, 밀레, 다이슨, 보쉬, 일렉트로룩스, 메이텍 등 글로벌 브랜드 가전제품도 요즘은 한국에 많이 들어와 있지만, 여전히 우리나라 많은 가정에서는 삼성, 엘지의 가전제품인 냉장고, 세탁기, 텔레비전 등을 사용한다. 그만큼 제품력이 좋아졌다는 말이고, 삼성, 엘지의 제품도 해외에서 많이 팔리는 글로벌 가전제품의 반열에 올라 있다는 것은 익히 알려져 있으니 대한민국 국민의 한 사람으로서도 무척 기분 좋은 일이다.

그런데 대우그룹이 해체되기 전에는 대우전자도 삼성, 엘지와 3파전으로 경쟁하며 엎치락뒤치락했던 일들을 기억하는 사람들이 얼마나 될지 모르겠다. 대우를 잊었거나 대우그룹의 존재 자체를 잘 모르는 젊은 사람들은 '대우에서도 냉장고가 나와?', '대우전자라는 회사가 있어요?'라고 의아해할지 모른다. 그러면 '탱크주의, 공기방울 세탁기를 아세요?'라고 되묻기도 한다.

단순화하여 제품의 수명을 늘리되 가격은 합리적으로 하자는 탱크주의, 세계 최초로 세탁기에서 공기방울을 만들어 세탁의 효율을 극대화한 공기방울 세탁기…. 이런 제품으로 대우전자는 본격적으로 가전사업을 시작한 지 15년의 짧은 역사에 세계로 진출하고, 국내에서도 삼성과 엘지와 어깨를 나란히 하고 1, 2위를 다투며 성장해 나갔다.

한국 IMF 외환위기와 대우그룹의 해체만 아니었다면, 지금은 앞에서 언급한 글로벌 가전회사들과 함께 대우전자의 위상은 세계 최고를 달리고 있으리라 확신한다. 그런 확신을 가지는 이유가 있다. IMF 이후 대우전자는 큰 부침을 겪으며 점차 잊혔지만 뛰어난 기술력으로 위에서 언급한 바 있는 글로벌 냉장고 브랜드 회사의 ODM 업체로 오랫동안 사업을 이어 나가고 있다.

그들과 얼굴을 맞대고 협상하며 영업했던 그때의 경험을 소개하고자 한다.

아프리카의 현지 강자와 전략적 제휴

나는 32년 넘게 대우전자와 대우일렉트로닉스에서 냉장고, 에어컨, 텔레비전 등 가전제품의 수출 업무를 해 왔다.

지난 1986년 1월 대우그룹 공채로 입사한 나는 대우전자 오디오수출부에서 미주와 유럽 담당으로 1992년까지 근무하였다. 1992년부터 1998년까지는 남아프리카 공화국의 요하네스버그 지사에 근무하면서 대우 세계경영의 전략에 맞추어 '현지 강자와의 전략적 제휴'에 집중하였다.

당시 현지 강자는 'AAC사'로 남부 아프리카 전체를 호령하고 특히 남아공 경제를 쥐락펴락하는 다국적 기업(Global Conglomerate: 남아공 상장 주식의 30% 이상 점유)이었다. 대우는 AAC의 자회사 AMIC과 조인트 벤처를 만들었다. 1억 6천만 달러 규모의 TV 브라운관CRT:Cathode Ray Tube 공장을 설립하여 남부 아프리카 전역에 공급하기 위한 전략적 제휴였다.

CRT 프로젝트 시행 전에 시장 조사 및 테스트 차원에서 당시 남아공 최고의 가전회사인 KIC에 지분을 투자하여 6배의 차액을 남긴 후 켄우드KENWOOD 브랜드를 취급하는 상장 회사인 SUPALEK을 인수하여 DESAF DAEWOO ELECTRONICS SOUTH AFRICA으로 이름을 바꾸고 현지화에 박차를 가했다.

이를 통해 본사에서 관련 부품과 장비 등을 공급하여 수출 실적이 3배 이상 증가하였고, 현지 회사의 흑자로 첫해에 상징적인 배당금 30만 달러를 받기도 하였다.

당시 대우그룹뿐만 아니라 한국 기업으로 해외 상장회사를 인수해 경영한 최초의 사례였다.

1999년 나는 한국 본사로 귀임하며 냉장고 해외영업팀 팀장으로 다시 수출 업무에 뛰어들었다. 안타깝게도 회사가 워크아웃 상태에서 과거와 같은 영업은 어려웠다. 때마침 대우그룹도 해체가 되었다. 새로운 비즈니스 모델을 찾아야만 생존이 가능한 절체절명의 상황에 맞닥뜨렸다. 그때 찾은 것이 위에서 언급한 가전사업의 글로벌 강자 브랜드의 등에 올라타는 냉장고 ODM 사업에 착안하게 된 것이다.

ODM과 OEM

먼저 OEMOriginal Equipment Manufacturing과 ODMOriginal Design Manufacturing에 대한 정확한 용어를 알아야 한다. 두 용어 모두 '주문자 상표부착 생산'이라고 번역하는데, 주문자가 요구하는 제품과 상품명으로 생산하여 공급하면 유통과 판매는 주문한 회사가 책임지는 방식의 비즈니스다.

주로 브랜드 인지도가 높은 선진국 업체가 높은 인건비로 인한 가격 경쟁력 저하를 극복하기 위해 상대적으로 생산원가가 저렴하지만, 품질, 성능, 디자인 면에서 일정 수준 이상이 되는 제품을 생산할 수 있는 제조업체에 생산을 위탁하는 방식으로 경쟁력을 확보하는 비즈니스 모델이다.

바이어 회사는 직접 투입해야 하는 연구인력, 개발기간, 생산시설, 제품 생산 시까지 인력 등의 여유를 자신의 고부가가치 제품 개발에 활용할 수 있는 장점으로 전략적 선택을 하는 것이다.

OEM은 바이어가 제공한 설계도에 따라 생산, 공급하는 것으로 전통적인 '주문자상표부착방식'이고, ODM은 생산자가 자체적으로 디자인이나 제품을 설계하여 생산, 공급하는 '생산자제품개발방식'이다. 일반인들은 구분치 않고 통상적으로 OEM이라

우리에겐 세계경영이 있습니다

부른다. 가전제품의 ODM 사업은 '찍어 내는 툴'이라고 할 수 있는 '금형金型'의 기술 수준이 중요한 경쟁력 요소가 된다.

회사는 워크아웃 이후 초기 10여 년간 강력한 제품 구조조정을 실시하였다. 수익이 낮은 영상제품, 에어컨, 청소기 제품의 직접 생산, 판매를 포기하여 아웃소싱하고 핵심제품 중심으로 생존하는 전략을 채택한 것이다. 그러다 보니 냉장고가 대우전자 매출의 45%를 차지했다. 그중에서도 OEM이나 ODM 사업이 절반을 차지하니 전체 기준으로 23%에 해당되었다. 결과적으로 매출 규모도 크지만 '대우' 브랜드로는 수익을 내기 쉽지 않았던 상황에 세계 TOP 수준 브랜드를 붙여 상대적으로 높은 소비자 가격을 매길 수 있었다. 이렇듯 ODM 사업은 수익성이 좋아 회사 전체 수익성 개선에 큰 공헌을 하였다.

생존을 위해 찾은 새로운 전략적 사업 모델인 ODM 사업은 글로벌 최고의 브랜드를 이용하여야만 수익성 확보가 가능하다. 내가 찾고 거래했던 사례 중 몇 가지만 소개한다.

첫 번째 프로젝트: 메이텍(MAYTAG)과 미국 시장

2003년 당시 메이텍은 미국 가전시장에서 월풀Whirlpool 다음으로 GE와 2~3위를 다투던 회사다.

우리와 경쟁상대는 삼성이었고 메이텍도 삼성 쪽으로 제휴를 희망하고 있었다. 그러나 우리는 전략적 접근을 통한 설득으로 판을 뒤집었다. 당시 삼성은 OEM사업을 할 이유가 별로 없다는 판단이 섰다. 자사 브랜드 홍보에만 집중, 엄청난 투자를 쏟아부으며 OEM 사업은 접고 있었다. 특히 세계에서 가장 크고 어려운 미국 시장에서 삼성 브랜드사업의 활성화에 모든 전력을 집중하고 있으니, 조만간 '메이텍의 가장 큰 경쟁자'로 부상할 것이 분명했다.

우리는 워크아웃으로 당분간은 브랜드 비즈니스에 투자할 형편이 못 되고 메이텍 비즈니스에 의존할 수밖에 없어 천생연분의 파트너라며 그들을 설득하였다.

"대우는 기술력 측면에서는 삼성과 버금가는 역량을 갖추고 있다. 가격 경쟁력과 메이텍이 가져갈 수익성도 좋을 것이다. 향후 꾸준한 원가 절감 노력을 통해 경쟁력을 계속 키우겠다"라며 구체적인 사업성을 제시한 결과, 메이텍의 최종 파트너가 되는 쾌거를 이루었다.

2004년 3월 인천공장에서 열린 메이텍 회장단과 대우 사장단 회의.

우리에겐 세계경영이 있습니다

428리터 모델은 한국의 인천공장에서, 514리터와 600리터 대형 두 모델은 대우전자 멕시코공장*에서 생산·공급하기로 하였다. 그러나 당시 멕시코공장은 중소형 모델만 생산 가능한 한 개 라인만 있어 대형 생산라인 증설이 불가피했다. 선투자할 여건이 안 되어 결국 메이텍에서 3년 반 거치 조건으로 리보Libo 금리보다도 낮은 특별 금리로 3백 8십만 달러를 빌려 생산라인을 증설하였다. 메이텍 프로젝트 기간 중 생산·판매는 428리터 100만 대, 514리터 80만 대, 600리터는 60만 대로 총 240만 대에 달했다.

이 프로젝트로 냉장고사업에 큰 공을 세웠으나, 2008년 메이텍이 월풀Whirlpool에 매각되어 계속 진행하기 힘들었다. 그래서 우리가 만들어서 판매한 메이텍의 금형을 되사서 활용하자는 전략을 세웠다.

최초 3개 모델의 금형비, 즉 우리가 메이텍에 판매한 금액은 1,250만 달러였지만 어려운 협상 끝에 70민 달러에 매입하였나.

일정기간의 감가상각을 별도로 하면 1,180만 달러의 엄청난 이익을 거두게 되었다.

매입 협상의 포인트는 어차피 버릴 금형이라는 점과 제조원가에 투입된 인건비를 미국 기준으로 계산하여 월등히 비쌌다는 점에 착안하여 매입 가격을 제시한 결과였다. 이후 우리는 이 수익

---

* 당시 대우전자는 멕시코에 두 개 공장을 운영하고 있었다. 그리고, 한국에는 인천공장, 광주공장이 있었다.

을 자체 모델 개발에 사용하였다.

그렇게 매입한 금형 중 하나인 428리터 금형은 이집트 거래선에 약 2백만 달러에 매매되며 또 한 번 이익을 남겼다. 514리터, 600리터의 두 모델은 시어즈SEARS의 켄모어KENMORE 브랜드로 냉장고를 생산, 공급했으며, 추가로 600리터는 2010년~2015년 동안 GE 브랜드로 35만 대를 공급하였다.

금형은 제작 후 30만 회 정도 사용하면 노후화되어 새로 제작하는 게 일반적이다. 100만 회를 넘으면 노후화로 인한 품질 문제를 고려해 적어도 3번 이상 새로 제작을 한다. 그러나 우리는 품질향상 노력과 노후화의 보완 작업으로 15년 전의 금형을 계속 사용하며 생산성을 높였다. 금형 설계와 제작은 물론이고 본격 양산 때에도 효과적으로 관리하였기에 남들보다 3배 이상 사용할 수 있었다. 만약 경쟁자들과 같은 조건이었다면 어떻게 됐을까? 오히려 생산성은 떨어졌을 것이다. 생존을 위한 '사즉생死即生, 죽고자 하면 산다'는 생각으로 배수진을 치고 치열하게 노력했기에 가능했다.

메이텍 프로젝트와 관련된 작은 에피소드가 있다. 메이텍 제품 생산라인 준공식 때 메이텍 회장 Mr. Ralp Hake와 임원진, 대우전자 사장과 주요 임원이 함께 기념 식수를 하였는데, 당시 1.5m 정도로 아주 작았던 나무가 15년이 지난 지금은 열 배 이상 성장해서 그때 당시의 역사를 지켜보는 듯하다.

우리에겐 세계경영이 있습니다

두 번째 프로젝트: 보쉬(BSH), 유럽 시장

다양한 글로벌 가전회사와의 거래는 어느 한 프로젝트도 만만치 않았다. 메이텍, GE, 보쉬, 일렉트로룩스, 시어스 등과 거래를 하였지만 기억에 남는 또 하나를 꼽는다면 'BSH(보쉬와 지멘스가 합작하여 만든 가전회사로 유럽 시장 1위)' 프로젝트다.

2004년 유럽형 양문형 냉장고 출시를 앞두고 우리는 고민에 빠졌다. 당시 유럽 시장은 콤비 냉장고(냉장실, 냉동실이 위, 아래에 위치)가 주류를 이뤘고, 양문형은 초기 단계라 브랜드가 약하고 마케팅 여건도 열악한 우리가 공략하기엔 역부족이라는 판단 때문이었다. 반면, 한국 선두업체인 삼성과 엘지는 광고비를 쏟아부으며 유럽시장을 공격적으로 두드리기 시작했다.

그래서 우리는 당시 유럽 가전시장의 강자인 '보쉬·지멘스BSH' 그리고 '일렉트로룩스Electrolux'와 ODM 사업을 하는 전략으로 각각 접촉하기 시작했다.

두 회사를 만나 보니 먼저 일렉트로룩스는 상낭한 관심은 있으나 가격 등 조건이 맞지 않아 거절하였다.

다음으로 BSH 최종 결정권자인 냉장고사업부장 닥터 바우어 Dr. Bower와의 미팅이 잡혔다. 그는 당시 50대였고 뭔가 성과가 없으면 조직에서 버티기 쉽지 않을 것임을 포착하였다. 그와 협상 시 함께 '양문형 냉장고 시대가 도래한다'는 설득 포인트를 잡았다.

'현재는 콤비제품이 주류지만 조만간 양문형 냉장고 시대가 전개될 것이 확실하다. 디자인 측면, 사용 편리성이 콤비 대비 훨씬 우수하다. 그리고 삼성, 엘지가 양문형으로 시장 침투를 위해 막강한 마케팅을 펼치며 유럽 시장을 공략할 것이다. BSH는 양문형 기술이 없지 않나? 그러면 세계시장 추세에 뒤처질 수밖에 없다. 기술개발이 쉽게 되는 것이 아니니 우리 대우 모델로 시장 변화에 대처하지 않으면 유럽 시장의 패권을 뺏길 것이다. 그리고 양문형 기술을 우리한테 이전받으면 자체적으로 개발 운영도 가능한 절호의 기회다.'

그렇게 설득하여 BSH와의 전략적 제휴를 체결하고 2005년~2009년 5년간 연평균 10만 대를 수출했으며, 특히 2007년에는 15만 대까지 공급하였다. 대우 자체브랜드 제품을 포함한 유럽시장 시장점유율이 35%로 단연코 시장 1위 자리를 차지한 것이다. 뿐만 아니라 매출이익률은 35~40%이나 되어 수익성 측면에서도, 회사 운영에 크게 기여했다. 우리는 유럽에서 13년 동안 양문형 냉장고로 10억 달러 이상의 매출을 일으켰다.

또한 정량적인 성과 외에도 다양한 정성적 효과도 얻었다. 유럽 최고 선진기업과 전략적 제휴 관계로 일하며 좋은 기법들은 벤치마킹하여 영업, 품질, 기술개발, 생산 등 다양한 분야의 장점을 우리 경영에 접목하였다. 대우 브랜드 인지도 약화로 시장성을 제대로 평가받지 못하는 약점을 '글로벌 메이저'라는 거인의 힘을 빌려 최고의 가격으로 판매하고 최대의 점유율을 차지했다. 거래하는 제품이 양문형 냉장고를 시작으로 일반 냉장고, 프렌치도어 냉장고로 확대되었고, 유럽에서 시작하여 세계시장으로 확장할 수 있었다.

우리에겐 세계경영이 있습니다

ODM 방식이기에 소비자는 BSH 브랜드로 인식하고 있으나 가전 시장의 전문가들은 제조사가 '대우'라고 알고 있었다. 언젠가 우리 브랜드로 시장 진입을 할 때가 오면 실력을 인정받을 수 있고, 소비자도 알게 하고(원산지를 made in Korea로 명기), 다른 회사와 상담 시 'BSH에게 ODM을 공급할 정도의 뛰어난 기술력을 보유했다는 것'이 객관적으로 증명되는 홍보도 가능하였다.

세 번째 프로젝트: BSH, 프렌치도어 냉장고

세계에서 가장 큰 미국의 냉장고 시장은 프렌치도어 냉장고가 양문형 냉장고를 대체하며 급성장하였다. BSH가 유럽에서 1위를 유지하고 있으나 가장 큰 시장인 미국에서 고전을 면치 못하는 이유가 미국 시장에 맞는 냉장고가 없기 때문이라는 상황을 간파하여 BSH에게 프로젝트를 제의하였다. 우리의 약한 브랜드 이미지와 자금 부족, 시장 출시 문제를 동시에 해결하는 전략적 제휴를 맺었다.

보쉬 디자인을 따로 만드는 맞춤 개발로 시간과 원가를 줄이는 효과를 보았다. 우리 혼자 하기에는 개발비 및 물량 보장이 안 되는 상황에 보쉬로부터 2/5에 해당하는 금형비를 받아 개발비 부족을 해결하고 미국 시장에 출시한 첫해인 2009년에 1만 대를 공급하였고, 35%의 매출 이익을 냈다.

2005년부터 보쉬와 비즈니스를 진행하며 전략적 관계를 성공적으로 이어 온 게 단순히 이익만이 아니라 '한 배를 탄 한 팀'이라는 공감대를 이뤘다는 것이다. 거의 매일 서로의 상황을 공유하고 주기적으로 Top to Top 미팅을 통해 현황을 공유하며 문제점을 해소해 나갔다. 이런 식으로 서로를 잘 이해하고 협력해 가는 끈끈한 관계 형성으로 시너지를 내었다.

네 번째 프로젝트: 일렉트로룩스 제휴

그러던 중에 우리가 보쉬와 유럽 시장에서 양문형 냉장고로 성공적으로 프로젝트를 진행하는 것을 보고, 일렉트로룩스가 예전에 우리의 제의를 미온적으로 대응한 것을 후회하며 대우에게 계속 접근해 왔다. 하지만 보쉬와의 관계가 있는지라 쉽게 공급 결정이 어려웠다.

2008년 초 일렉트로룩스는 보쉬와의 디자인을 완전 차별화하고 상대적으로 일렉트로룩스가 강한 브라질 시장을 공략하는 것을 출발점으로 유럽, 아시아, 중동 등으로 확대하자는 전략으로 비즈니스를 시작하였다. 브라질 3만 5천 대를 포함, 연간 4만 5천 대 물량으로 매출 4천만 달러와 매출 이익률 30% 이상의 성과를 올렸다.

그리고 대우 멕시코공장을 이용한 일반 냉장고로 멕시코 내수 및 중미 시장 공략을 제의하여 '일명 ELDA ELECTROLUX DAEWOO' 프로젝트도 추진하였다. 우리의 기존 모델에 도어만 '일렉트로룩스' 고유 디자인으로 개발, 변경하여 공급하였다. 도어 금형비 1,200만 달러를 받아 순수익 500백만 달러로 자체 모델 개발 및 생산라인 보완 작업에 사용하여 품질을 개선하였다.

초기 2년 동안에는 20만 대 이상을 멕시코를 중심으로 한 중

미시장에 팔았다. 매출액 8천만 달러에 매출이익률 30%로 수익성이 좋았으며, 대우 멕시코공장 가동에 지대한 공헌을 하였다.

이후 나는 영업을 떠나 전략 기획실 마케팅 담당 임원, 해외사업본부장, 냉장고사업 담당 임원 등을 역임하며 지난 2017년 3월 퇴임하였다.

특히 마지막 4년 동안은 그동안 축적된 경험을 토대로 미국 최대 유통 중 하나인 시어스SEARS에 2018년부터 켄모어KENMORE 브랜드로 프렌치도어 냉장고 모델 및 600리터 일반 냉장고 공급 사업에 힘을 보탰고, 이는 한국의 광주공장 운영에 큰 도움이 되었다.

탁월한 영업력으로 수주 경쟁력 갖춰

1980년대 후반부터 2000년대 초반까지 한국의 대표 가전 3사의 특징을 한마디로 표현하면 '관리의 삼성, 기술의 엘지, 영업의 대우'라고 업계에서는 말하곤 했다. 그러나 IMF 외환위기로 대우그룹이 해체되고 워크아웃 상태에서 자사 브랜드 비즈니스에 전력투구할 수 없는 상황이었다.

다행히 경쟁사는 전략적으로 브랜드사업에 집중하고 ODM은 배제하는 틈을 이용, 비록 ODM 사업의 경험이 없어 전략조차도 수립이 어려웠지만, 영업력으로 정면 돌파하며 단계적으로 키워갈 수 있었다. 이는 시장 전체를 보는 능력과 제품 기술력이 강력하게 뒷받침이 되어야 했다.

우리는 바이어 발굴 초기 단계에서 전략적으로 접근해 나갔다. 철저한 시장 조사로 바이어의 상황을 조사, 검토하여 상대의 부족한 라인업을 분석하며 취약한 모델을 선정, 시장에서 경쟁력 약화 원인을 파악했다.

또 대우제품을 채택하면 어떤 효과가 있는지, 이후 파급 효과는 어떤지, 치밀하게 분석해 상호 원원임을 증명하는 방식으로 설득해 나갔다. 특히 당시 세계적 바이어의 ODM을 할 수 있는 기업은 한국과 중국을 통틀어 기술, 전략적 차원에서 대우밖에 없음을 강조하였다.

프로젝트 수행 시에는 한 팀으로 소통하며 조직화하여 동질감, 연대감으로 원팀ONE TEAM이 되었다. 영업력뿐만 아니라 연구, 생산, 품질, 구매, 납기, 원가경쟁력 등의 지원 역량도 우수하였다. 품질수준과 관리는 세계 유수 기업들이 인정하는 수준이었다. 원가경쟁력의 주요 요소인 구매력, 인건비의 경쟁력 보유는 물론이고 원가절감을 위한 혁신활동 등 목표관리 활동을 상시화하며 경쟁력을 높여 나갔다.

무엇보다 바이어가 원하는 납기 준수로 기본적인 신뢰를 얻을 수 있었으며, 이는 대우전자 직원들의 열정과 강한 정신력에서 나온 것이다. 특히 경쟁사 연구소는 지방에 있는 반면, 우리 연구소는 수도권에 위치해 우수 인재 유치가 가능한 점은 탁월한 연구개발 능력을 갖추는 데 큰 힘이 되었다.

그룹 해체로 약화된 브랜드 파워, 도전과 창조정신으로 극복

대우그룹의 강점은 도전, 창조, 희생의 대우정신에 잘 나타나 있다. 이를 실질적으로 실행하는 측면에서는 대우전자가 모델이 되곤 한다. 생활용 가전제품이 주력이다 보니 제품의 수명주기가 짧고 변화가 극심하여 글로벌 경쟁의 민감도기 아주 높은 특성이 있다. 그래서 도전이 바로 창의적 노력으로 이어지지 않는다면 무모한 것이 될 것이고, 이 둘을 갖춰도 관리조직의 과도한 규제와 통제로 주저하거나 피하게 된다면 제대로 할 수가 없을 것이다.

대우의 문화는 비교적 권한 위임이 잘되어 있고 직위 고하를 막론하고 도전적, 창의적으로 일을 추진하는 경향이 강했다. 그래서 누구도 해 보지 못하고 생각지도 못한 제품이나 일을 앞질러 시도했다. 아쉬운 것은 시장 여건이 형성되어 있지 않아 사장

死藏됐다가 정작 다른 회사가 덕을 보는 경우도 많았다는 것이다.

한 예로 김치냉장고는 우리 대우가 1992년에 일찌감치 선보였지만, 시장의 반응이 미약했다. 하지만 몇 년 후에 딤채가 나와 크게 성공한 일이 있다. 김치냉장고의 효시가 대우였었다는 것을 기억하는 사람이 없다.

그리고 지금 LED TV의 전신으로 플라즈마 TV를 삼성, 엘지보다 3년 정도 빨리 개발했다.

또한 1986년과 1987년에는 지금의 휴대폰Cellular phone의 전신인 코드리스 폰Cordless Phone, 삐삐사업도 있었으나 시기상조로 발전시키지 못했다.

해외공장 진출도 1986년에 중국 복주성에 냉장고 공장을 설립하였으나, 이 역시 너무 빨라 중국 정부의 제도 미비로 철수하는 아픔이 있었다. 덕분에 약간 뒤에 추진한 공장들은 한발 앞선 진출로 큰 성과를 내었다.

1990년대 초반부터 스페인, 프랑스, 룩셈부르크, 영국 등 유럽에 가전제품 공장을 설립 운영했고, 미국 국경 지역의 멕시코 멕시칼리와 꿰다르, 그리고 아시아 지역의 중국, 인도, 말레이시아에 냉장고와 세탁기 등의 공장을 설립 운영하였다.

대우그룹 해체 이후 13년이란 세월 동안 워크아웃을 거치면서 6번에 걸친 M&A 끝에 2012년 말에 동부그룹에 매각되었지만 이마저도 여의치 않아, 2017년 다시 딤채 김치냉장고의 회사 위니아로 매각되었다. 20년 전인 1990년대 말에 이미 7조 원을 넘는 매출을 일으키던 기업이 겨우 1조 원 정도에 머무는 중견기업

우리에겐 세계경영이 있습니다

으로 전락한 것이다. 이러한 회사의 역사 앞에서 침통하기에 앞서 깊은 책임을 느낀다.

그러나 돌이켜 보면 이조차도 가장 중요한 것은 끊임없는 열정과 실행력인 것 같다. 끊임없이 하고자 하는 열정과 도전으로 없던 길도 만들게 되고 닫혔던 문도 결국엔 열었던 대우정신, 그 정신은 나에게 계속 도전의 문을 열게 하는 계기가 되고 있다.

조창제

대학에서 전자공학을 전공했으며, 1983년 대우통신에 입사했다. 우리나라 초창기 PC 개발 엔지니어로 대우통신에서 제품개발 연구소장, 컴퓨터사업본부장을 역임했다. 대우컴퓨터 대표이사를 거쳐 지난 2005년부터, 대우전자로부터 분사한 대우루컴즈의 사장(COO/CTO)으로 재임 중이다.

국내 독자 기술로 미국 시장을 선점한 컴퓨터 '모델 D'

: 대우통신, PC 개발

PC시대 초기, 종주국 미국에 7% 시장점유율
차지한 컴퓨터 기술의 진보

'드라마 〈응답하라 1988〉에 PC가 사라졌다.'

몇 년 전에 컴퓨터사업을 했던 사람들끼리 이런 말을 주고받는 것을 보았다.

"요즘 드라마 응팔(응답하라 1988)을 재미있게 보는 중이야. 마치 타임머신을 탄 것처럼 80년대 후반을 거의 완벽하게 재현한 게 무척 흥미롭더군. 그런데 컴퓨터가 하나도 보이질 않네? 그때 대우컴퓨터 아이큐 시리즈 같은거 있지 않았어?"

"1988년이면 대우 아이큐 1000, 2000시리즈가 교육용으로 많이 보급된 시기인데…."

이제는 잊힌 대우자동차나 대우냉장고처럼 '대우에서 컴퓨터도 만들었었어?'라고 하는 청년들이 많을 것이다. 하지만 1990년대 대우컴퓨터의 품질은 국내는 물론 해외에서도 알아줄 만큼 뛰어난 것이었다.

1987년 5월 대우가 인수한 미국반도체설계회사 ZyMOS의
PC용 반도체개발팀과 함께.

1967년에 설립되어 1983년에 대우가 인수해 본격적으로 시작된 대우통신은 인수 이후 교환기, 통신기, 컴퓨터 주변 기기, 광통신, 반도체 부문 등으로 사업영역을 대폭 확대하였다. PC 부문 역시 1984년 2월 국내 최초로 8bit PC 개발에 성공하였고, PRO-Series를 국내 출시하였다.

이후 펜티엄PC를 처음 개발해 국내 컴퓨터 시장의 약 80%를 점유하였고, 멀티미디어 노트북PC를 국내 처음으로 개발하여 미국에 수출까지 하였다. 내가 대우통신 제품개발 연구소에 근무할 때 있었던 결과물들이다.

우리에겐 세계경영이 있습니다

대우의 PC 개발 선도한 프로젝트 Q

　대우가 1984년에 본격적으로 통신사업에 발을 내딛으며 주로 관련 제품들을 개발, 생산, 판매하고 있었고, 꾸준히 성과를 내고 있었다. 하지만 당시 박성규 부사장을 비롯한 경영진의 생각은 달랐다. 머지않아 퍼스널 컴퓨터의 시대가 올 것으로 내다보고 PC를 우리가 만들어 판매하고자 하였다. 그래서 초기부터 자체 개발을 추진하였으나, 여러 가지 어려움에 직면하였다. 아무도 컴퓨터 개발을 해 본 사람이 없는 게 가장 큰 문제였다.

　미국에서 활동 중인 재미교포 엔지니어를 영입하여 개발을 시작하였다. 이 프로젝트에 참여한 본사의 엔지니어들은 개발자로서 한 단계 더 도약하는 기회를 맞았다. 대우는 독자적인 기술로 PC를 개발하기 위해 내부에 별도의 T/F팀을 구성하였는데, 바로 '프로젝트 Q'가 그것이다. 국내는 물론 미국 시장에 진출하고자 마련한 프로젝트로 가격과 성능에서 경쟁력을 갖춘 제품을 개발하기 위해 만들어졌다.

　독자적으로 IBM 호환 기종 16비트 PC의 개발에 착수하여 9개월여 끝에 기존 IBM PC와 비교하여 부품 수를 대폭 줄이고, 마더보드 회로 면적을 50% 축소한 모양의 컴퓨터 '모델 D'를 완성하였다.

자체 개발로 탄생한 '모델 D'

　당시 IBM PC는 기존 컴퓨터에 비해 작지만, '모델-D'는 IBM PC의 절반에 가까운 콤팩트 디자인을 실현하였으며, 전원 공급

장치 등은 일본 업체와 협력하여 개발하였는데, 현재까지도 그 모양이 표준화되어 사용되고 있는 콤팩트 사이즈로 개발하였다. '모델-D'는 우수한 성능, 콤팩트한 크기였지만, 당시 IBM PC의 절반 가격(약 1,500달러)으로 가격 경쟁력이 있어 미국 시장에 진입할 수 있었다. 덕분에 '모델-D'를 미국 시장에 배급, 판매해 온 미주 지역 딜러망인 리딩 에지Leading Edge, Inc사는 미국 내 6위의 컴퓨터 판매회사로 성장했다.

1986년 5월 '모델-D'는 수출 10만 대를 돌파하였고 국내에서는 'PRO-2000'이라는 모델명으로 판매되었는데 시장 반응이 매우 좋았다. PRO-2000은 일본 후지츠사와 기술 제휴해 생산한 16비트 사무용 워크스테이션 9450-Ⅲ와 함께 매출 증대에 크게 도움이 되었다.

그 후 모델 D+ 등 286, 386, 486, 펜티엄 CPU를 사용한 모델 등이 순수 자체 개발로 이루어졌다. 특히 당시 실리콘밸리의 반도체 업체인 ZyMOS사를 대우에서 인수하여 대우통신 엔지니어들을 미국 실리콘밸리로 보내 개발을 계속하게 하였다. 대우통신 엔지니어들은 이곳에서 독자적인 ASIC을 개발하였다. 대우통신은 원가절감과 한 차원 높은 기술력으로 국내외 경쟁업체들에 비해 한 단계 앞서 나가는 기회를 만들었다.

미국에서 인정받는 컴퓨터

컴퓨터는 처음이나 지금이나 미국이 종주국이다. 그런데 우리가 만든 PC를 미국에 수출해 좋은 성과를 냈다는 것은 분명히 큰 의미가 있다. 개인적으로도 대우통신에 근무하면서 가장 좋은 기억으로 남은 일이기도 하다.

PC 시대의 초창기였던 1985년에 국내 최초로 미국에 IBM Clone PC를 'Model-D'라는 이름으로 수출하여 미국시장의 7% 시장점유율을 차지했고, 뉴욕타임즈에 '한국에서 온 IBM Clone PC'라는 제목의 기사가 실리는 쾌거를 이루었다. 결과적으로 대우통신의 매출 신장에 지대한 영향을 미쳤다는 데 PC개발 엔지니어로서 보람을 느꼈다.

1990년대 들어서자 컴퓨터는 놀라운 속도로 빠르게 새 제품들이 출시되기 시작했다.

대우통신은 이러한 시장 환경에 적극적으로 대응하였고 국내에서 처음으로 386SX급 컬러 노트북PC를 출시하였다.

또 PC뿐 아니라 순수 국내 기술로 개발한 국산 중형 컴퓨터 타이콤 DTC-9000을 국내 정부 기관에 납품하는 등 중대형 컴퓨터 사업에서도 성과를 내기 시작하었다.

PC시장은 곧 486 상위 기종이 주종을 이루었는데, 대우도 이에 따라 펜티엄 PC를 국내 최초로 개발해 제품 경쟁력을 강화하였다.

이와 함께 고객에게 높은 품질의 제품과 서비스를 제공하기 위해 전국 지역 서비스센터를 77개로 확대하였다. '모델 D' 이후로 노트북PC '솔로'를 출시해 인기를 이어 갔다.

이와 함께 1995~1996년에 대우통신에서 최초로 개발한 콘셉트 PC를 인텔Intel이 주최한 전 세계 PC 업체들이 출품한 경연

대회에서 최우수상을 획득한 것도 잊지 못할 추억이다. 당시 사업본부장인 이정태 전무와 함께 인텔 회장으로부터 인텔 어워드 Intel Award를 수상하는 쾌거를 이루었으며, 대우의 기술력뿐만 아니라 한국의 기술력을 세계에 알리는 계기가 되었다.

우수한 인력으로 기술개발과 다양한 분야에 진출

이런 영광도 잠시, 대우통신은 1999년의 IMF 외환위기로 대우그룹과 함께 해체되는 비운을 맞았다. 돌이켜 보면 대우통신은 교환기 분야에서 이름이 나 있던 대한통신을 1983년에 대우가 인수한 회사로, 이후 집중적인 투자와 마케팅으로 글로벌 진출도 적극 추진하였다. 1997년도에는 매출액이 1조 원을 넘어설 만큼 성장했던 회사다.

통신과 컴퓨터 부문으로 기술개발, 제품 생산을 하여 국내뿐 아니라 해외 수출도 병행하였고 대우그룹 내에서 ICT의 최첨단 사업의 중심역할을 하였다. 당시에는 삼성, LG와 어깨를 나란히 하였다. 내가 근무할 즈음은 전기전자 전문경영인의 지휘 아래 영업, 연구개발, 생산 등 각 부문이 톱니바퀴처럼 잘 돌아가며 운영되던 회사다. 특히 연구소는 대우통신 신개발의 시작점이었다. 전자교환기, 전송장비, 위성통신장비 등을 개발했던 종합연구소와 PC와 OA기기 등을 개발했던 제품연구소 등으로 나뉘어 운영한 연구소는 각 분야의 우수한 기술개발 인력이 포진해 있었고, 이들이 자유롭게 연구에 집중할 수 있도록 회사는 아낌없이 지원했다.

후발주자이지만 산업의 역사가 짧은 것은 기회라는 관점으로 관련 분야의 전문기술을 보유한 국내외 크고 작은 회사들과 교류하고 조금씩 사업영역을 확장하며 신기술 개발에 힘을 쏟았다. 1984년 국설 전전자교환기TDX 개발에는 뒤늦게 참여하였지만, 대우 특유의 도전정신으로 놀라운 성과를 만들었다. 국내에서 최초로 1985년 3월 9,600회선 용량의 TDX-1 시제품을 국내 4개 업체와 공동개발·개통을 완료한 이래, 1998년에는 국내 교환기 생산업체 1개사만을 결정하는 TDX-100 개발에서 삼성, LG, 한화를 탈락시키고 단독으로 KT의 교환기 공급업체로 선정되는 성과를 이루었다. 이는 세계에서 10번째 초대용량 전전자식 교환기로 대우통신의 뛰어난 기술력을 입증하는 성과였다. 국내는 물론 1994년부터 우즈베키스탄, 중국, 이란 등에 수출함으로써 우리나라가 세계에서 6번째로 전전자교환기 수출국이 되는 데 크게 공헌했다. 1995년부터는 제2세대, 제3세대 이동 통신망 장비로 개발되어 2G, 3G 이농통신망에 공급되었다.

1986년에는 반도체 사업에도 본격적으로 참여하기 시작해 반도체 공장을 지어 생산라인을 갖추었다. 단계별로 투자를 확장하며 최첨단 설비를 갖춘 CMOS 라인을 준공하고 양산체제에 들어가는 등 사업영역을 통신에서 반도체까지 넓혀 갔다.

그중에 특히 컴퓨터와 PC분야의 발전은 괄목할 만한 일이었다. 그러나 업종 자체가 사회의 변화, 산업의 변화를 가장 빨리 반영하는 만큼 대우통신도 구조조정이라는 시련을 겪었다. IMF 외환위기로 인해 대우그룹이 해체됨으로 인하여 대우통신도 너무 빨리 해체된 것이 안타깝다. 계속 이어져 갔다면 지금은 종합 ICT 회사로 발전해 나가지 않았을까 하는 아쉬움이 남는다.

하지만 현재는 과거의 내가 만드는 것. 우리나라 컴퓨터 시장에서 당당히 자리를 차지하던 시절의 대우통신이라는 이름은 사라졌지만, 그 정신과 기업문화는 쉽게 사라지지 않고 당시에 같이 활약했던 인재들이 업계 곳곳에 스며들어 우리나라 IT 산업 발전에 기여하고 있다.

전자공학도에서 컴퓨터 전문가로

내가 컴퓨터를 처음 접한 것은 대학교 때다. 심지어 PC라는 것을 처음 접해 본 것은 회사에 입사한 후다. 우리나라가 늦은 게 아니라 그만큼 IT의 역사가 짧기 때문이다. 하지만 그 짧은 시간 속에서 IT는 우리의 많은 것을 변화시켰다.

산업이 발전하는 데 어느 분야가 더 중요하고 덜 중요한 것을 따지는 게 무슨 의미가 있으랴마는 분명히 어느 특정 시기에 많은 사람의 관심을 받는 분야가 있다. 이를 반영하는 지표 중 하나는 그 분야에 일하고 싶어 하는 사람들이 많다는 것도 해당될 것이다.

20세기 말 이후 많은 이들이 관심으로 눈여겨보고 있는 분야는 단연 IT 업계다. 단순히 이 분야가 전망이 있고, 수요가 많고, 급여가 높다는 이유도 있겠지만 그보다는 남녀노소를 막론하고 우리가 IT 환경 속에 살아가며 우리의 삶을 매일매일 엄청나게 변화시키기 때문이다.

잠자리에서 일어나자마자 휴대폰을 켜 간밤에 들어온 이메일이나 뉴스를 훑어보는 것에서 하루를 시작하는 것이 요즘 사람들의 라이프스타일이다. 마치 10여 년 전 사무실에 출근해 컴퓨터 모니터를 켰듯이, 그보다 더 오래전에는 조간신문을 펴 보듯이 말이다.

최근 이슈로 떠오른 '4차 산업혁명'과 더불어 정보 및 IT 산업이 앞으로의 미래 산업으로 급부상하기에, 많은 학생이 IT 관련 전공을 하고자 한다. 그런데 불과 30년 전에는 아예 대학에 컴퓨터통신, 컴퓨터공학 학과 자체가 없었다. 나 역시 컴퓨터가 아닌 전자공학을 전공했다.

다행히 지금까지 현업에서 컴퓨터 관련 일을 하고 있지만 지난 시간을 돌이켜 보면 여러 가지 생각이 든다. 경영의 중심축을 옮겨 일한 지 오래되었지만 밤새워 연구하고 개발했던 그때만큼 재미있었던 적이 없는 것 같다. 하지만 지금은 또 이 자리에서 최신을 다해 내 몫을 하고 싶다.

산업의 역사가 짧으니 글로벌 일등을 향한 열정을 기대하며 뒤따라오는 ICT 산업에 종사하는 직장인이나 창업자, 사업자, 대학생들에 몇 가지 생각을 남기고자 한다.

첫째는 자기의 인생 로드맵을 가져야 한다. 이 로드맵에 따라 직장에서의 목표 설정이, 아니면 사업의 경우 오너로서 목표 설정이 필요하다.

둘째는 어떤 직종과 직급을 막론하고 무슨 일을 하든 재미있게 할 수 있어야 일의 효율성과 성과를 낼 수 있다.

셋째는 혼자보다는 여럿이 낫다. 인적 네트워크를 만드는 데 소홀하지 말자. 나중에 큰 힘이 된다.

넷째는 만약 직장에 다닌다면 직급에 따라 한 단계 위의 직급에서 모든 업무 판단을 하고 의사결정을 하는 습관을 들이자. 그래야 발전이 있다.

마지막으로, 너무 흔한 말이지만 무슨 일에 있어서 항상 적극적이고 능동적으로 일을 처리하도록 하자. 어려운 일은 늘 있지만 그것을 어떤 태도로 해결하느냐는 결과에 상관없이 그 사람의 성공에 큰 영향을 미친다.

대우루컴즈로 이어져

나의 개인적인 경력은 국내에 컴퓨터가 보급된 역사와 같다. 정보의 격차를 줄이는 데 이바지한 컴퓨터 업계에서 일할 수 있었던 것에 대해 자부심을 느낀다.

'주식회사 대우루컴즈'는 2002년 대우전자에서 분사한 모니터 사업부와 대우통신에서 분사한 대우컴퓨터와 합쳐져 현재에 이르고 있는 회사이다.

국내외에 컴퓨터, 모니터, TV, 냉장고 등 가전제품을 공공 및 민간에 제조·판매하고 있다.

나는 대우컴퓨터 대표이사를 거쳐 현재는 대우루컴즈에서 PC 사업을 총괄하고 있다.

주요 경영진들은 과거 대우 출신들이며, 대우그룹 시절부터 이어져 온 기술력과 품질관리 시스템을 바탕으로 신뢰와 품질을 인정받는 기업으로 성장했다. 업력 14년 만에 체계적인 운영능력과 조직력으로 1,000억을 돌파하는 등의 실적을 달성하기도 했다. 특히 PC와 모니터 제조 및 유통을 통해 공공조달시장에서 성과를 냈으며, 성능 인증, 친환경 기술 인증, 굿 디자인 인증 등 제품의 품질을 높이기 위한 노력을 지속적으로 해 오고 있다.

하드웨어인 PC 사업은 오랫동안 정체기에 머물고 있다. 하지만 4차산업혁명이 도래하는 요즈음, 새로운 관련분야인 클라우드, AI, 빅데이터, 모바일 등 컴퓨터와 밀접한 산업분야는 계속 발전하리라 기대한다.

박창욱

1959년 경남 삼천포(지금의 사천)에서 출생했고 진주고등학교, 서울대학교 사범대를 졸업하고 연세대 경영대학원에서 마케팅을 공부했다. 1985년 대우그룹에 입사해서 대우무역 인사부에서 13년, 경영기획부에서 2년을 근무했다. IMF 외환위기로 워크아웃 준비 때에는 대우 비상대책실무대책 반장도 겸직했다. 2000년에 채권단에서 대우의 회생결정을 끝으로 회사를 떠났다. 중소기업에서 5년간 전문경영인을 하고, 교육사업과 전문 강사로 활동 중이다. 기업과 대학교를 중심으로 다양한 분야의 강의를 하고 있다. 2009년 7월에 다시 '대우'의 부름을 받아 대우세계경영연구회 사무국장직을 맡았다. 지금은 전무 직함으로 GYBM의 운영과 교육, 대우정신의 실현에 남다른 각오로 노력하는 중이다.

한국 인사관리분야 최초의 기록, '채용박람회'와 '이조판서'
: HR시스템 개발과 도전

인재 채용과 데이터베이스 구축의
새로운 전환점

그날도 해마다 두 번씩 어김없이 찾아오는 날이다. 신입직원을 공채하는 입사지원서 접수 시즌인 것이다. 마감할 때쯤 되면 저녁 9시 뉴스시간에 등장하는 것도 변함이 없다. 덕분에 몇 년째 TV 뉴스 한 꼭지의 인터뷰이로 등장했다. 세계경영으로 한국에서 제일 잘나가는 주식회사 대우의 인사과장이기 때문이었다.

"저는 지금 서울역 앞 대우빌딩 로비에 와 있습니다. 하루 남은 입사서류 접수 마감일의 모습은 시골장터를 방불케 합니다. 회사에서 마련해 준 테이블이나 접수창구도 모자라 맨바닥에서 입사지원서를 쓰고, 사진을 붙이는 지원자도 많이 눈에 띕니다. 금년 대기업의 경쟁률은 10대 1 정도 수준입니다. 대우, 삼성,

현대, 럭키금성그룹(지금의 LG그룹) 등 모두가 최고의 경쟁률을 보이고 있습니다. 지원자 한 명의 말을 들어 보겠습니다"로 취재 리포터의 급박한 목소리는 이어져 갔다.

지난 세월의 앨범 속에서 나온 색 바랜 사진을 가지고 옛이야기를 하나 꺼낸다. 1990년대 초반이다. 세계는 공산권 국가의 요동으로 연일 시끄러웠다. 1988년 서울 올림픽이 끝나고 사회 전체가 극심한 노사분규 등이 끝나고 재계의 분위기는 대체적으로 성장과 상승세를 타던 시기였다. 대우그룹도 본격적으로 '세계경영'을 선언하고 글로벌경영에 박차를 가하는 시기였다. 덕분에 신입사원 채용의 규모를 늘리고 직원 교육도 연일 이어지며 공격경영의 기반을 강화하던 때였다. 직접 손으로 입사지원서, 자기소개서를 작성하고 지정된 장소에 줄을 서서 접수를 한다는 말은 요즘의 디지털세대는 상상도 못 할 일이다.

"우리 회사가 뭐 하는지 아세요?"라는 면접 질문

약간 앵글을 바꿔 본다. 면접장의 광경이다. 실무면접장에서 필자가 질문을 던져 보았다.

"제1지망 회사가 대우인데 혹시 뭐 하는 회사인지 아세요?"

"네? 대우요? 회사는…"

채 10초도 지나기 전에 머리에 손이 올라가 긁적거린다. 무역과 건설부문이 주력인 회사의 이름으로 '주식회사 대우'라고 하며 산업의 특징이 없는 이름이다 보니 뭐하는 회사인지도 모르고 지원을 했다. 다행히 흔히 말하는 스펙이 좋아 서류는 합격했지

우리에겐 세계경영이 있습니다

만 이런 질문을 던지니 꼼짝없는 신세가 된 것이다. 가족사에 해당하는 대우전자, 대우중공업, 대우조선 등의 인사담당자에게도 이런 현상에 대해 물어보면 비슷한 현상이 일어나 너무나 한심한 경우가 많다고 하였다.

사람이 귀하던 시절이라는 것과 회사를 많이 알고 취업하는 것은 별개 문제이지만 대학가에는 기업 취업에 대한 준비는 거의 없었다고 해도 과언이 아니었다. 졸업 때나 되어 학교로 주어지는 추천 채용에 의해 입사하면 그것으로 만족하는 정도의 수준이었던 것이다.

이런저런 이유로 많은 생각이 들었다.

'낭패다. 사람만 좋으면 뽑아서 가르치면 되겠지만 좀 더 알고 미리 준비하고 면접을 보고, 입사를 하면 더 좋지 않을까? 대규모 인원 채용을 위한 효율성 때문에 대학 졸업이 있는 상하반기 2차례의 집중된 방식에 의한 공채를 하지만 로비의 차가운 바닥에 엎드려 지원서를 쓴다? 저런 정도의 수준으로 세계적 영역에서 최고의 비즈니스맨이 될 수 있을 것인가?' 하는 생각이었다.

'싸구려 장사나 하고 매일매일 급급한 하루살이를 키우고 있는 것은 아닌가? 마이크와 카메라 갖다 대는 언론사나 방송사는 또 뭐지? 기껏 경쟁률이나 취재하고 바닥에서 뒹구는 취업준비생들 사진만 올리면 다야? 진짜 기업의 경쟁력은 무엇일까라는 관점과 미래를 준비하는 좀 더 심각한 고민은 없는 것일까?'

이런저런 문제의식이 샘솟기 시작했다. 그러고 보니 대기업의 입사공채뿐만이 아니었다. 예비고사, 학력고사, 수능 등 입시철만 되면 많은 사람이 원서를 내기 위해 줄을 서고, 더러 시간에 맞추지 못해 현관문 밖에서 발을 동동 구르는 모습을 연례행사로 방송에서 많이 보던 시절이었다.

대학교에 입학하면 다시는 보지 못할 줄 알았는데, 졸업 후 취업 시에도 비슷한 모습이 계속 이어져 오고 있었다. 지금 돌이켜 보면 인사과장으로 내심 즐겼는지도 모른다는 생각도 들었다. 한국에서 제일 잘나가는 회사, 그 회사의 인사과장, 좋은 인재 뽑는 것은 누워서 식은 죽 먹기 등등 꼬리를 물면서 으쓱거리고 있었다. 사무실 직원들과도 그 광경을 보고 즐기고 있었다는 생각도 들었다. 이게 무슨 인사관리고 채용관리인가? 그냥 회사의 명성에 몸 갖다 대고 사는 것이지.

대기업들의 치열한 인재유치 경쟁

1990년에 접어들면서 기업의 성장과 함께 좋은 인재를 확보하려는 경쟁이 치열했다. 그 때문에 경쟁률이 어느 정도인지 서로 견주기까지 했다. 언론들의 치열한 취재 경쟁도 한 몫을 했었다. 어느 때부터인가 대학생들의 기업 선호도를 조사한 설문조사 결과들이 일간지와 뉴스시간에도 보도되기 시작했다. 흔히 말하는 취업해서 일하고 싶은 기업의 인기를 조사한 결과이다. 해마다 한두 차례 발표가 되었다.

그런 설문 데이터는 신입사원 채용 정보를 종합해서 월간지를 발간하는 회사나 경제전문 일간지 등이 조사하여 발표한 것들이 었다. 1990년대 초반에 들면서 급여후생, 일하기 좋은 분위기,

우리에겐 세계경영이 있습니다

발전가능성 등 학생들이 평가하고 판단할 수 없는 항목들이 등장하고 급기야 대기업 창업주의 인기까지 조사하여 보도하는 일들이 일어났다.

인사담당자로서 '대우'의 인기는 좋으리라 짐작했지만 의외로 부진했다. 4~5위권으로 기억에 남아 있다. 당시는 대학생도 일간지 등의 신문을 찾아보던 때라 심각하게 생각이 되었다. 회사의 성장에 필요한 좋은 인재를 선발하여 공급하는 것은 기초적인 업무 내용이었다. 그래서 수소문하여 데이터를 생성한 기관들을 찾아가 내부 근거들도 탐문해 보았다. 이 글을 쓰며 인터넷 검색을 통해 확인을 해보니 1991년도에 매일경제신문사가 조사한 취업선호도에서 대우는 8등에 랭크*가 되어 있었을 정도로 큰 위기감을 느꼈다.

이러한 이유를 생각해 봤다. 첫째는 대우가 후발주자이다 보니 상승세는 눈에 띄지만 회사나 제품별 순위(시장점유율이나 평판도)가 3~4위권에 있는 것이 많다는 것이있다. 두빈째는 일을 많이 시킨다고 소문이 나 있다는 것이다. 서울역 앞의 '대우빌딩은 불 꺼지지 않는 대우의 상징이다'라며 해외의 지사나 거래처가 워낙 전 세계에 다양하게 있어서 시차에 의해 순차적인 업무가 있다는 글로벌 활동의 위용을 설명하던 부분이 대학생들에게는 '퇴근

---

* 1991년 10월 10일 매일경제신문 조사 발표기사
　제목 : "한국통신 가고 싶다" 1위 24개 대학교 4년생 1,000명 조사
　한국통신 1위, 삼성, 럭키금성, 한전 순 그 뒤를 이어 한국이동통신, 현대그룹, 기아그룹, 주택공사,
　대우그룹(9위), 선경그룹이 10위까지의 순을 보여 인기기업군에 끼였다.

을 못 할 정도로 일 많이 시키는 회사'로 낙인이 되는 현상도 있었다. 보통 심각한 문제가 아니라는 생각이 들었다.

실제 필자도 1985년 6월의 장교 공채에 응시하여 입사를 하였지만, 정작 전역과 함께 입사를 한다니까 주변에서 많은 걱정을 해 주었다. 일 많이 시킨다는 소문과 워낙 공격적 경영으로 오래 가지 못할 것이라는 의견이 많다는 이유였다.

본격적인 고민을 시작하다

1992년은 대우의 성장이 본격화된 시기였다. 1988년 올림픽 이후의 한국 사회는 큰 변화의 시기를 맞이하였는데 사회적 갈등, 특히 노사갈등이 표면 위로 올라왔다. 대우는 1990년부터 관리혁명을 해서 군살을 빼고 효율을 극대화하고자 하였다. 밖으로는 동구권, 공산권의 출현으로 새로운 시장이 열려 이를 선점할 수 있는 우수한 인재가 절대적으로 필요한 시기였으며, 경영진으로부터 좋은 인재를 많이 선발할 것을 주문받았다.

나는 인사과장으로서 어떻게 하면 이 문제를 해결할 수 있을지 방법을 찾아 고민하기 시작했다. 약 1년간의 고민 끝에 우연히 방문한 아파트 모델하우스에서 힌트를 얻었다. 보통 아파트는 지어지기 전에 모델 하우스를 만든다. 사람들은 이곳에 방문해 앞으로 자신이 살게 될 집을 미리 보고 선택한다.

'바로 이것이다'라는 생각을 하게 되었다. 콘셉트는 잡았지만 이름을 무엇으로 할 것이냐는 고민으로 또 6개월을 보냈다. 마침 1994년 대전 엑스포의 이름에서 모티브를 잡고 '박람회'를 키

우리에겐 세계경영이 있습니다

워드로 잡았다. 아이디어만으로 언론사 기자들이나 취업관계 미디어 계통에 일하는 사람에게 호응을 얻었다. 기자 중에 한 명이 앞에 '채용'이라고 붙이자는 아이디어를 주어서 '채용박람회'라는 이름을 정하게 되었다.

우리나라 최초의 '채용박람회' 탄생

나는 대우 무역부문 인사과장 자격으로 1992년 5월 그룹의 대우인력관리위원회에 공식적으로 제안했다. 대우그룹 30여 개 계열사 인사 담당자 100여 명과 함께 경주에 모여 세미나를 개최하는 자리에서다. 내용을 들어 보고 많은 사람들이 좋다고 긍정적인 반응을 보였다. 하지만 새로운 제도를 실제로 시행하려면 여러 가지 번거로운 일이 따른다. 일부에서는 '가만히 있어도 지원자들이 찾아오는데 뭐하러 번거롭게…'라는 의견도 있었다. 무산 위기였다. 백방으로 설득하고 이해시키는 노력을 하여도 어려웠나.

그래서 나는 이것을 대우무역만의 단독 행사로 기획하였다. 취업선호도와 기업인기도를 끌어올리는 데 고민하는 홍보팀과 의기가 투합이 되었다. 단순히 인재선발에 도움을 주는 발상일 뿐 아니라 회사 홍보에도 획기적인 기여를 할 것이라는 판단이 섰다. 우리 무역부문 문기환 홍보팀장의 적극적인 도움으로 힐튼호텔에서 진행하는 대우무역부문만의 단독 행사로 기획하며, 기획조정실의 대우인력관리위원회 관계자를 집요하게 설득해 나갔다.

드디어 그룹 차원에서 함께하자는 결론으로 힐튼호텔을 예약해 1주일 전에 답을 받았다. 대우의 주력 가족사 14개 회사가 함께 그룹 차원의 채용박람회를 열었다.

이 행사는 곧 언론의 집중 조명을 받았다. 평소보다 100% 이상 증가한 숫자의 지원자들이 몰렸다. 친절하게 회사와 업무에 대해 알려 주니 지원자는 자신의 적성에 맞는 계열사나 업무를 정해 지원할 수 있어 서로 윈윈하는 제도였다. 대우그룹의 인재 중시 정책 이미지를 확산시키는 데도 큰 도움이 되었다. 다른 기업이나 사회에서도 좋은 반향을 얻었다. 궁극적으로 대우그룹은 이 제도를 통해 우수 인재 확보라는 목표에 근접하게 되었고, 그룹의 이미지 개선에도 적지 않게 도움이 되었다.

다음 해에는 좀 더 적극적으로 행사를 실시하였다. 장소를 코엑스로, 전국을 순회하여 부산, 전주, 대구, 광주 등으로 지역을 확대하며 채용박람회를 개최했다.

우리가 개최하고 2년이 지난 후인 1996년부터 정부 차원의 행사가 우후죽순같이 여기저기서 열렸다. 학교, 지자체 등 개최 단위별 행사가 중소기업, 여성채용 등의 이름으로 열렸다. 지금까지도 맹위를 떨치며 상업화된 행사로 진행이 되고 있다. 아쉬운 것은 기관장이나 학교 관계자의 단순 홍보 차원으로 전락하고, 찾아가는 사람들도 수박 겉핥기의 수준을 넘지 못하고 있는 것이 안타깝다는 생각이다.

개인적으로 특허 등록하지 못한 게 아쉬움으로 남는다. 일반 명사의 결합이라는 이유였다. 하지만 대우 재직 시절 개인적인 성과는 물론 회사에 큰 도움이 되었다는 자부심은 크게 남았다.

이 행사 이전에는 하드웨어(구체적 상품) 중심의 박람회만 있었다. 이후에 유학박람회, 교육박람회, 여행박람회, 결혼박람회 등의 무형의 서비스산업 박람회가 생기기 시작했다.

요즘은 서울 경기 기준으로 코엑스와 킨텍스에서 쉴 새 없이 박람회가 열리며 산업의 활동범위가 확대되는 것을 보는 재미도 쏠쏠하다.

1994년 서울 코엑스에서 개최된 제2회 대우채용박람회에서
대학생들에게 대우의 인재상을 설명하는 모습.

남산에서 김서방 찾기

"박 과장! 서울고등학교 나오고 연세대학교 졸업하고 프랑스 파리에서 근무한 사람 인사카드를 찾아와 봐요"라는 지시를 받았다. "예? 그걸 어떻게 찾아요?"라고 대답을 드렸더니만 "같이 찾아보자"고 한다. 약 3,000명의 직원을 뒤졌다. 이미 퇴직한 직원들을 포함해서 8,000명 이상을 뒤졌다. 비슷한 경력을 가진 분을 포함해서 4~5명의 명단을 만들고 보고를 드렸더니만 '아니다'라는 답만 돌아왔다.

그 지시는 김우중 회장의 지시였고, 당시 회장님의 기억 속 인물을 찾은 것이다. 파리 현지에서 근무를 했던 분들에게 탐문을 통해 당사자를 찾았다고 했다. 그런데 2년 전에 회사를 떠난 분이었다. 해프닝이라 생각했는데 이런 일이 계속 이어지고 있었다.

당시 인사데이터를 관리하는 수준은 회사에 한 대 있는 중앙집중식 컴퓨터에 단순히 입력시켜 필요한 내용만 프린팅하거나 단순히 명부나 찍어 내는 수준이었다. 특히 사무용으로 개인PC가 공급되어 업무를 도와주던 것도 1990년대 초반에나 가능했었다. 요즘으로 따지면 몇 가지 검색어를 넣어서 검색하면 될 일이다. 물론 기초적인 데이터 입력이 전제가 되어야 하지만….

필요한 것은 시시각각으로 뻗어 나는 해외지사망과 새로 신설되는 조직에 적임자를 찾는 것이다. 자리가 늘어나는 양적인 팽창과 적임자를 찾아야 하는 질적인 과제가 동시에 주어졌다. 그런 필요가 몸으로 느낄 정도로 거세게 다가오기 시작했다.

창업 초기부터 같이 일했던 분들의 기본 데이터는 회장님, 사장님의 머리에 있고 완벽하지는 않지만 그 데이터를 이용해서 적임자를 찾던 시절이었다. 몇 가지가 결합된 조건검색을 기준으로 하는 사람을 찾아내는 일은 정말 고통스러운 작업이었다. 일일이 인사기록카드 등 서류를 찾아야만 가능한 일이었다. 나는 그럴 때마다 밤새 기록을 뒤져 비슷한 사람을 찾아 보고하곤 했다. 원하는 답이 아닌 경우엔 참으로 난감했다.

재직자는 물론 퇴직자를 찾는 경우는 더했다. 어림잡아 재직자 3천 명, 퇴직자 8천 명 중에서 찾아야 했는데, 찾으면 본전, 못 찾으면 야단맞는 일이었다. 게다가 이 일 때문에 다른 업무를 보지 못할 정도이니 인사 담당자인 나로서는 이 문제를 어떻게든 해결해야만 했다.

특히 필자는 말이 인사과장이지 회사가 창립된(1967년) 지 20년이 지난 1985년에 입사를 했고, 그 엄청난 수의 직원들 이름은 그로부터 3년여가 지난 1988년 정도에 가서야 기억을 너듬을 수 있었다.

회사 내부용 인사관리시스템 '이조판서' 탄생

다행히 1994년 정도가 되니 조건검색을 하는 소프트웨어가 나오기 시작했다. PC의 운영체제도 MS-DOS에서 WINDOWS로 옮겨 가는 시기가 되었다. 이 문제를 해결하기 위해 전산실과 머리를 맞댄 후 1년여 만에 시스템을 개발하고 임원회의에서 시연을 하게 되었다. 내용을 보고 계시던 유기범 사장과 임원진이 너무 좋아하였다. 그리고 '최고의 프로그램'이라 칭찬해 주며 조선시대의 인사참모직함에 해당하는 '이조판서'吏曹判書라고 작명作名해 주었다.

사내용 인사관리 시스템인 이조판서의 개발과정에 관한 스토리를 소개한다.

새로운 소프트웨어의 등장에 맞추어 나는 인원 검색 기능을 자체적으로 개발하자는 의견을 냈고 마침 회사 전산실의 박용수 이사께서 힘을 더해 주셨다. 인사시스템 전반의 개발로 발전시켜 진행하고자 하였다. 다른 곳에서도 유사한 프로그램을 들어 본 적이 없었기 때문이다. 그런데 정작 기술을 담당하는 전산실 실무진의 부정적 인식이 문제였다. 방대한 데이터를 가지고 하는 '조건검색'에 기술적인 어려움을 예상하고 난색을 보였다.

"차장님! 이런 것 찾으려면 이삼 일은 걸립니다. 자신이 없습니다."

"류 대리! 검색시간은 걸리더라도 찾은 답의 정확성은 높지 않을까? 그것만으로도 일단은 충분하다. 한번 해 보자. 도와주라."

수차례 회의를 하고 다양한 방법으로 프로그래밍을 해도 안 된다는 것이다. 고민하고 검색 논리를 적용하는 작업을 계속 반복하던 중에 우연히 낸 아이디어가 빛을 발했다. 검색조건이 많으면 단순화하여 단계별로 해 나가는 것이다. 1차 검색한 결과로 중간DB를 만들고, 그 DB만 2차 검색하여 다음 중간DB를 만들며 단계적으로 검색 조건을 좁혀 나가자는 생각이었다. 앞에서 언급한 경우 즉 서울고, 연세대, 파리 근무라는 세 가지 조건 검

우리에겐 세계경영이 있습니다

색의 경우를 예시로 풀어보았다.

"한꺼번에 DB를 돌리지 말고 일단 서울고 출신만 찾아 새로운 DB를 만들자. 그리고 그 DB에서 연세대를 찾아 다음 단계의 DB를 만들자. 그 데이터 중에 파리근무 경력을 찾자."

전산실 직원들도 갸우뚱하면서 테스트용으로 일단 만들어 둔 6,000여 명의 DB로 검색을 해나갔다. 갸우뚱하면서 '결과가 나오려면 서너 시간 이상이 걸릴 것 같다. 그 시간 동안에는 컴퓨터로 다른 작업도 할 수 없다'고 한다. 아무튼 실제로 작업을 했다. 그러는 중에 "나왔습니다. 차장님!"

10초밖에 지나지 않았다. 7명 정도의 해당 인원 명단이 눈에 들어온다. 손으로 기록된 인사카드를 모두 찾았다. 정확한 데이터였다. 눈물이 날 결과였다. 상사들에게 보고하고 다양한 조건을 추가로 대입하며 테스트를 해 보았다. 대체적으로 10~20초안에 답을 찾았고 인사부에 오래 계셨던 상사들의 인사데이터 기억을 기준으로 '정확하다'는 답을 듣게 되었다.

그렇게 이조판서는 탄생을 하였다. 이후 보직관리, 급여관리, 교육연수관리, 승진관리, 선발 채용관리 등으로 확대해 가며 획기적으로 인사 업무를 개선하게 되었다.

여러 명이 모여 만든 집단지성의 산물

20년이 지난 최근에 유튜브에서 수학이나 물리분야의 강의를 들으니 비슷한 방식이 있었다. '지문검색'과 '위작僞作찾기' 분야이다. 수천만 명의 DB에서 지문이 일치하는 당사자를 찾는 방법이다. 일단 끝 테두리가 일치하는 사람으로 1차 DB를 만들고, 그 DB에서 안쪽에 있는 2차 DB를 찾으며, 그 자료를 중심으로 3차… 이렇게 하면 4~5단계만 가도 일치하는 사람을 찾으며 요즘의 검색속도로는 순식간에 찾는다고 한다. 미술이나 예술품 중에서 모방을 하여 거짓으로 만든 것과 진품을 구분하는 위작찾기에도 같은 방식을 적용하며 4, 5차례만 가면 금방 위조품을 찾아낸다고 한다.

같은 원리를 우리는 머리를 맞대는 '도전'으로 찾아낸 것이었다. 검색이 생활화된 지금과 비교하면 정말 기초적인 프로그램이었으나 당시 IT 환경에서는 매우 획기적인 일이었다.

다른 회사 판매와 판매 수익의 쾌거

이조판서라는 이름을 언론을 통해 조금 자랑도 해 보았다. 그이후로 1주일 정도는 외부 다른 회사의 문의전화를 받느라 정신이 없을 정도가 되었다. 다른 회사들도 비슷한 고민을 하고 있다는 방증이었다.

드디어 이 프로그램을 팔라는 주문이 있었다. 내부검토와 보고를 하고 진행하였다. 사내용으로 만든 인사관리용 전산프로그램을 다른 기업이 비용을 내고 사 가는 매우 특이한 일이 벌어진 것이다. H그룹, T호텔 등으로 팔려 나갔다. 당시 기억으로 회사당 2천만 원, 두 회사라 4천만 원을 받았던 것으로 기억한다. 개발비를 상쇄하는 수준이었다. 대단한 일이었고 회사 내외로 많이 회자되는 사건이 되었다. 경상이익 5%의 사업이라면 80억 원의 매출이 있어야 만들어지는 돈이 아닌가?

지금 생각해 보면 시스템을 더욱 발전시켜 다른 기업에 적극적으로 판매하였으면 하는 아쉬움이 남는다. 하지만 프로그램을 개발하면 판매할 수 있다는 생각조차도 하지 못했던 시절이었고, 개발 의도 자체가 우리의 업무 효율성을 높이고자 하는 데 집중되었기 때문이었다. 어쨌든 대우 재직 15년 동안에 '채용박람회'와 '이조판서'라는 획기적 아이디어로 업무의 개선뿐만 아니라 평생을 살아가는 도전과 자신감이라는 자산을 갖게 되었다.

원 없이 일해 본 경험이 준 무한자산

13년의 인사업무와 그 후 2년간의 기획부장 업무를 뒤로하고 2000년 2월에 대우를 떠났다. IMF 외환위기로 지낸 기획부장의 1년은 개인적으로 지난 세월에 쌓았던 적극성과 일하는 재미로 날개를 달고 싶었던 꿈이 산산조각이 난 시기였다.

미련 없이 옮겨간 회사가 중소기업의 상부 식함이었나. 나행히 사장께서 같이 일해 보자는 제의를 받아 간 것이다. 일반적인 시각으로는 전망이 좋지 않은 섬유봉제산업이었다. 그러나 덕분에 국내영업을 바닥부터 배웠다. 재래시장, 백화점, 대형마트, TV홈쇼핑 심지어는 암웨이 등 직접판매 회사에도 납품하여 판매를 하였다. 제조업체 전반을 두려움 없이 부딪혔던 용기의 출발점은 대우에서의 15년 세월이었다. 브랜드사업과 프랜차이즈사업을 하는 회사라 대우에서 했던 영역과는 전혀 다른 새로운 영역이었지만 부담 없이 부딪혀 보겠다며 용기백배하였다.

내 머리 속에 남아 있는 대우는 '위임과 책임'의 균형을 갖춘 기업문화가 핵심이었다. 그리고 무역 상사商社로 출발한 회사이기에 새로운 일, 낯선 세계에 도전하는 것을 꺼리지 않았다. 그것이 창조, 도전, 희생의 대우정신에 함축되어 나타났다. 덕분에 나 역시도 대리급 이후에는 생각하고 제안하는 대로 회사가 수용해 주고 기회를 주었다. 내가 아무리 좋은 아이디어를 제안해도 회사가 이를 받아들여 주지 않으면 성과를 내기 어렵다. 그렇기 때문에 결과에 상관없이 좋은 아이디어면 '한번 해 봐'라는 격려의 기업문화가 있었기에 '채용박람회'도 '이조판서'도 세상에 나올 수 있었다.

글로벌청년사업가GYBM 양성과정 담당으로 재호출

2005년에는 다니던 중소기업도 뒤로하고, 교육사업과 강의라는 새로운 도전을 하게 되었다. 힘은 들지만 1인 오너 비즈니스로 손색이 없었다. 대학가와 기업을 오가며 강단에 섰다. 이 일도 대우라는 직장에서 뭐든지 해 본 경험이 큰 힘이 되었다. 그러나 머릿속에는 늘 대우의 명예회복이라는 과제가 자리 잡고 있었다. 대우를 떠난 뒤 길에서 오가며, 특정 장소에 있다 보면 숱한 대우 출신 선후배를 만나게 되었다. 가슴이 아팠다.

그러던 중에 2009년 7월에 대우에서 마지막으로 모셨던 장병주 사장(지금의 대우세계경영연구회장)의 호출을 받다. 사무국장직을 좀 맡아서 하라고… 별일 없을 줄 알고 기존의 강의와 병행해 나갔다.

다음 해 김우중 회장께서 지금의 청년양성사업에 대한 화두를 던지셨다. 돌고 돌아 '대우'였고 '김우중 회장님'이었다.

'베트남 1년 무상 연수, 전원 취업, 10년 후 현지 창업이 가능한 글로벌사업가로 키워라'는 GYBM의 시작이었다. 김태구 회장과 장병주 회장을 모시고 타당성 조사부터 시작하여 8년 만에 청년 양성 1,000명을 돌파하는 위업을 이루었다.

지난 2019년 말 회장님의 부음을 듣고 영면永眠의 길로 모시는 자리에 서게 되었다. 마지막 혼신의 힘을 다했다. 당부하신 유지遺志이자 유업遺業에 최선을 다하겠다고 마음속 다짐을 했다.

4

고객과 인재
PARTNERSHIP

효율화의 비밀, 마음을
움직여야 몸도 움직인다

강희철 ●●●

1952년 전북 익산에서 출생했고 경복고, 성균관대 산업심리학과를 졸업했다. 1979년 대우중공업에 입사해 인사부, 내자구매부, 기획실, 영업본부 서울지점·충무지점·마산지점에서 근무했으며, 1996년에 마산지점장을 끝으로 회사를 떠났다.

현재 인천 남동공단에서 산업용 철제가구, 전동지게차(TOVICA) 제조업체인 (주)태진E.N.G를 22년째 경영하고 있다.

고객과 직원 모두에게
진심을 다하는 '무한신뢰'
: 대우중공업, 국내영업 경험과 창업

사람의 마음을 넘어 몸까지 움직이게
하는 힘은 어디서 나오는 것일까?

"공장 운영하는 사장님 아닌 것 같아요."

인천 남동공단에 터를 잡고 공장을 운영한 지 벌써 20여 년이
넘었는데도 나를 처음 보는 사람들의 한결같은 반응이다.

염색하지 않은 채 길게 기른 흰 머리 헤어스타일, 즐겨 입는 셔
츠와 청바지 차림 탓일까? 아니면 내 DNA에 또렷이 각인된 인
문학적 성향이 나도 모르게 자연스럽게 배어나는 것일까? 맞다.
나는 문과생 출신이다. 대학에서 산업심리학을 전공하고 지난
1979년 대우그룹 공채로 대우중공업에 입사한 후 꽤 오랫동
안 인사, 기획, 홍보 분야에서 커리어를 쌓았다. 임직원의 다수
가 엔지니어인 회사였지만 말과 글로써 회사에 이로운 일을 하

는 스탭 부서 업무가 적성에 맞았다. 열심히 했고 성과도 나쁘지 않았다. 그렇게 천생 '문과생'인 내가 지금은 산업용 철제가구와 운반기계 전문 제조업체인 (주)태진E.N.G 대표이자 오너가 되었다. 20여 년 넘게 사업을 하면서 만나본 비슷한 업종의 많은 대표들이 거의 엔지니어 출신이니 내가 생각해도 좀 특별한 케이스다. 하긴 나 역시 내가 이 사업을 하게 될 줄 몰랐다.

기회는 위기 속에서 왔다. 그리고 기회는 과감하게 내린 하나의 선택에서 시작되었다.

사무실에서 현장으로

나의 첫 직장이자 마지막 직장인 대우중공업에 발령을 받아 첫 근무를 시작한 곳이 바로 인사부였다.

업무를 차츰 익혀 가면서 만약 내가 직장 생활을 계속한다면 어느 한 분야의 스페셜리스트가 될 것인지, 여러 분야를 섭렵하며 제너럴리스트가 될 것인지를 고민하였다.

다행히 회사에는 다양한 분야의 업무가 있었고 내가 원한다면 그 업무를 골고루 경험할 수 있는 분위기였다. 나는 이왕이면 여러 분야를 경험해 보는 게 좋겠다 싶어 대략 3년 주기로 업무를 바꿔 가며 배우려고 마음먹었다.

인사, 구매, 기획에 3년씩 번갈아 가며 12년을 근무하고 13년째 되는 해인 1992년, 내겐 예상치 못한 업무가 주어졌다. 회사의 경영 상황이 나빠지면서 간접 지원부서에서 영업지점으로 파견근무를 하게 되었다. 당시 기획관리 팀장이었던 나는 기획실의

우리에겐 세계경영이 있습니다

선임팀장으로서 솔선수범도 보이고, 직접 영업 일선에서 고객을 상대로 일하는 경험을 하고자 스스로 지원하여 경기도 안산지점에서 생애 첫 영업을 시작하였다.

단단히 각오는 했지만, 난생처음 그것도 나이를 먹은 후 처음 시작한 영업은 쉽지 않았다. 지점 파견근무 한 달 후 처음으로 혼자서 영업을 나간 날, 고객 사무실에 문을 열고 들어가 무슨 말을 해야 할지 망설이느라 자동차에서 내리지도 못하고 한참 동안 애꿎은 담배만 계속 피웠던 게 생각난다.

거래처 문 앞에서 망설였던 첫 영업

우여곡절 끝에 본사에서 약속했던 6개월이 지난 후 나는 다시 기획실로 복귀하였다.

나는 본격적으로 영업에 도전하고자 당시 영업본부장이었던 김영구 전무께 면담을 신청하였다. 처음에 전무님은 그간의 경력과 성격을 고려할 때 험한 영업현장에는 적합지 않다며 만류했다. 하지만 꼭 해 보고 싶다고 여러 번 의견을 피력하자, 우선 영업현장을 간접적으로 배워 보라며 영등포에 위치한 서울지점의 관리팀장으로 발령을 내 주셨다. 그렇게 정식으로 영업지점 근무를 시작하였다.

지점관리 업무는 대부분 사원에서 대리급이 하는 업무인데, 차장이었던 내가 그 업무를 하게 된 것은 남들이 보기엔 엄청난 좌천이었다. 거기다 본사 부서에서 영업지점으로 가면 이 역시 일반적으로 '물 먹었다'는 인식이 강했다. 간혹 본인이 적극적으로 희망해 자리를 옮기기도 했지만 내가 일하던 기획실에서 무슨 문제가 있어서 지점으로 발령 난 게 아닌가 하고 걱정해 주는 이들이 주변에 많았다.

이런 여러 가지 우려의 시선 속에서 내가 영업일을 자청했던 것은 기업경영에 있어 '영업'이 핵심부서라고 생각하기 때문이었다.

많은 이들이 말로는 그렇게 생각하면서도 막상 영업지점 근무를 꺼리고 좌천이라 생각하는 인식을 내가 먼저 깨고 싶은 마음도 있었다. 물론 내가 직접 영업 일선에서 각종 어려움과 부딪치면서 새로운 도전을 하고자 하는 게 우선이었지만.

그러나 중요한 것은 그런 시선이 아니었다. 영업을 시작한 이상 성과를 내고 잘해야 하는 게 무엇보다 시급했다.

그렇게 해서 서울지점에서 영업 전반을 익히며 일 년을 보내고 1993년 12월 말에 경남 충무(지금의 통영)지점장으로 발령을 받았다.

지금은 관광도시가 되어 많은 사람이 찾는 곳이 통영이지만 30여 년 전 충무는 거리상으로 서울과 매우 먼 지역이었다. 그때까지 나는 한 번도 가보지 못한 곳이었고 당연히 아는 사람은 단한 명도 없었다. 막막한 나에게 당시 본부장이었던 박국경 전무는 직접 전화를 해 '자고로 영업은 무연고지에서 해야 제대로 잘 배울 수 있다'며 격려를 해 주셨다. 듣고 보니 그런 것 같기도 하고 어차피 이렇게 된 것 경치 좋고 순박한 사람들이 사는 곳에서 근무해 보는 것도 내 인생에 좋은 기회이다 싶었다.

아는 이 하나 없는 충무에서 시작

1994년 1월, 드디어 충무 땅을 밟았다. 당시 충무지점은 담당 지역이 충무, 거제, 고성, 삼천포(사천) 등 농수산업을 주로 하는 지역이라 중장비 수요가 그리 많지 않고 고객 수도 적은 편이라 초임 지점장에게 적합한 곳 중 하나였다.

부임 후 한 달 만에 거의 모든 고객을 직접 만나 현황을 파악하고 자연스럽게 고객들과 친분을 쌓아 갔다.

영업은 결국 매출 실적으로 평가받는데, 지점장 혼자 고객을 상대하며 팔 수는 없으니 내겐 영업사원들 한 사람 한 사람이 무척 중요했다.

매일 아침 잠시 회의를 한 뒤 각자 외근을 나가는데 그들이 제대로 일을 하는지 나로서는 알 수가 없었다. 나는 그들을 감시하고 의심하는 대신 믿어 주기로 했다.

'의인불용疑人不用 용인불의用人不疑' 즉 '의심나는 사람은 쓰지 말고, 쓴 사람은 의심히지 말라'는 내 나름의 인사 철학을 직접 실천해 보는 것이었다. 사람은 관리하려 들면 도리어 반발심이 생기거나, 시키는 일만 수동적으로 할 뿐이라는 생각에 그들을 믿고 정말 자발적으로 일할 수 있게 응원해 주는 게 최선이라고 판단했다.

고객과 지점 직원이라는 양 축으로부터 어느 정도 신뢰가 쌓여 가면서 영업 실적도 눈에 띄게 나아졌다.

굴삭기 판매 시장점유율을 우리 회사 전국 평균 40%대를 훨씬 앞서는 70% 수준으로 끌어올렸다. 이때 받은 포상금으로 직원들과 가족동반 제주도 여행, 경주 여행 등을 함께하면서 지점의 분위기도 매우 좋아졌다. 나 역시 처음 이곳에 왔을 때의 부담을 훌훌 털어 버리고 즐겁게 새해를 맞이하였다.

그런데 충무에 근무한 지 또 일 년 만인 1995년 1월에 마산지점장으로 전보 발령을 받았다. 조직 개편으로 충무지점이 마산지점 관할 영업소로 바뀌면서 더 큰 집 격인 마산지점장으로 소위 영전을 한 셈이다.

마산지점은 담당 지역이 경상남도 전체의 절반 이상을 차지할 정도로 넓은 데다가 특히 마산(창원)은 최대 경쟁사인 삼성중공업 공장 소재지인지라 영업 환경이 상당히 열악했다.

마산 지점은 부임 당시 굴삭기 시장점유율이 10%대 후반일 정도로 실적이 부진하다 보니 직원들의 사기는 땅에 떨어져 다른 지점으로 가거나 사표를 내려는 직원들도 적지 않았다.

우위를 선점하기 위한 다양한 방법 모색

또다시 고행이 시작되었다. 직원들을 한 명씩 붙잡고 딱 일 년만 같이 한번 화끈하게 일해 보자고 설득했다. 처음 한두 달은 매일같이 영업사원들과 동행하면서 부임 인사 겸 분위기 파악에 나섰다. 하루 200km 이상을 운행하는 날도 많다 보니 어느새 직원들과 전우애 같은 것이 싹트고 한번 해 보자는 의욕이 살아나는 것 같았다.

나는 직원들을 '무한신뢰'로 대했다. 이게 정답이라고 생각했기 때문이다. 지점장이라고 해서 사무실에 앉아 말로만 영업을 하거나, 어려운 일이 있을 때 뒤로 물러나지 않았다. 이렇게 진심으로 상대를 대하다 보면 열심히 하는 사람들이 훨씬 많다. 누군가가 나를 믿어 주고 회사 일이 내 일이라고 느껴질 때 진심을 다해 사력을 다해 일하는 게 사람의 본성이다. 영업은 이를 아주 정확하게 반영한다.

마산지점에서 취급하는 제품은 굴삭기를 비롯한 지게차, 크레인, 발전기 등이 있었지만 가장 비중 있는 제품은 역시 굴삭기였다.

굴삭기는 시장 규모가 계절에 따라 월 5~20대 정도였기에 1대 판매 어부가 시장에 미치는 영향이 지대했다. 그러다 보니 구매 가능 고객의 정보가 입수되면 첩보전을 방불케 하는 전쟁이 시작되었다.

고객 입장에서도 자신의 사업에 중요한 자산이다 보니 장비 특성과 거래조건을 신중하게 검토하느라 영업사원과 여러 차례 접촉하게 된다. 계약이 임박할 때가 되면 우리는 동선이 노출되지 않도록 택시를 이용하거나 먼 거리에 차를 주차하고 걸어가서 고객들을 만나 계약을 하곤 했다.

가끔은 때를 놓쳐 경쟁사와 먼저 계약한 고객일지라도 계약금 입금 전이라면 고객을 끝까지 설득하여 우리와 계약하게 하기도 했다. 이때 가장 효과적인 방법이 바로 고객의 아내를 공략하는 것이었다. 여성이 좋아하는 선물이나 어린이가 있는 집이면 장난감 같은 선물을 사서 무작정 집으로 찾아갔다. 그리고 다시 경쟁사와 접촉할 수 없도록 계약금이 입금될 때까지 고객을 계속 붙잡고 있기도 했다.

경쟁사인 삼성, 현대와의 싸움은 대우 그룹 차원의 자존심을 걸고 이기고 싶었다. 이런 일들이 몇 차례 승전으로 이어지면서 우리 직원들의 전투력과 자신감은 상승하기 시작했다. 여기에 본부의 강력한 지원까지 더해져 시장점유율을 조금씩 회복해 나가기 시작했다.

나와 내 가족을 위하여

그러던 중 전년도 우수영업사원들과 함께 독일에서 열리는 바우마BAUMA* 중장비 전시회를 참관하는 포상 성격의 해외 출장을 가게 되었다. 그러나 나는 아이러니하게도 이 출장을 계기로 회사를 그만두어야겠다는 결심을 하게 되었다.

지점 근무는 아침에 출근하면 퇴근이 없었다. 도리어 저녁부터 본격적인 영업이 시작된다. 고객들 대부분이 낮에 현장에서 일하는 중장비 기사인지라 저녁이 되어서야 만날 수 있었기 때문이다. 충무지점 근무할 때는 가족과 함께 살았는데, 마산지점에서 근무할 때는 가족과 떨어져 혼자 살았다. 나의 하루는 잠자는 시간을 제외하고는 온통 '일'이었다. 영업은 단지 제품을 파는 것만이 아니었다. 사후관리도 매우 중요했다.

굴삭기 한 대가 고장 나면 보통 덤프트럭 10대 정도가 같이 쉬

---

* BAUMA: 세계 최고의 무역 박람회로 건설 및 건축 자재 기계, 건설 차량, 건설장비 및 광산 장비를 다루는 전문가를 위한 전시회이다.

게 되는데, 부품이 마산지역에 없으면 인천 본사에서 부품이 올 때까지 기다렸다가 한밤중에 정비작업을 하다 보면 새벽이 되어야 끝날 때가 부지기수였다. 나 역시 직원 옆에서 밤새 전등을 켜고 작업을 도와주곤 했다.

그렇게 밤낮없이 일에 몰두하면서 직원들과 끈끈한 유대감을 쌓으며 모두가 한마음이 되어 최선을 다해 일했지만, 독일에서 내가 본 모습은 지금까지의 나를 되돌아보게 하였다.

저녁이 되면 사람들 모두가 가정으로 돌아가고, 상점조차 모조리 문을 닫아 자판기 외에는 물건조차 살 수 없는 텅 빈 거리가 나에게는 너무도 큰 충격이었다. 그야말로 가족들과 저녁이 있는 삶이었다.

그래서 귀국하자마자 회사에 사직원을 내고 사직 조건을 제시했다. 마산지점의 굴삭기 시장점유율이 전국 평균치인 40% 이상이 될 때까지는 일하겠다고…. 그게 지점장으로서 할 수 있는 최소한의 도리라고 생각했다. 다행히도 모든 직원이 노력한 덕분에 상반기가 끝날 무렵 드디어 목표치에 도달했고, 이제 그만두겠다고 말을 꺼냈다.

그런데 본사 지역인 인천지점과 경쟁사가 버티고 있는 마산지점을 대상으로 당시 석진철 사장께서 특별판매 캠페인을 하라는 지시가 내려왔다.

이런 상황에서 지점장이 바뀌면 곤란하니 캠페인이 마무리될 때까지 사직 시점을 미룰 수밖에 없어 결국 그해 마지막까지 마산지점에서 근무하며 대우 18여 년의 시간을 마무리하였다.

충무지점장으로 의도치 않게 꽃길을 걸었다면, 마산지점에서의 일 년은 가시밭길을 걸었다. 그러나 몸과 마음을 다했기에 후회는 없다. 마지막에는 건강을 해칠 정도로 힘에 겨웠기에 그런 생활을 지속할 자신이 없어 사표를 던졌지만, 그처럼 어려운 시절을 극복한 것이 지금 내가 사업가로 성장할 수 있는 원동력이 되었음은 분명하다.

그리고 그 시절을 함께한 직원들과는 마치 전쟁터에서 생사고락을 함께 한 전우와 같아서 25년이 지난 지금도 자주 만나고 연락하며 남다른 친분을 유지하고 있다. 사업은 크든 작든 그 핵심을 잘 판매하는 것이고, 잘 판매하는 것은 결국 고객의 마음을 얻는 일이다. 그리고 내가 직접 판매하는 것은 한계가 있기에 영업사원들이 얼마나 스스로 열정적으로 활동하게 하느냐에 성공 여부가 달려 있다. 나의 영업 비법은 별 게 없다. 고객의 자존감을 세워주고 대우해 주는 일, 직원들의 존재감과 자존심을 세워주고 대우해 주는 일이 내가 영업 실적으로 대접받는 지름길이라고 생각한다.

창업으로 제2의 인생 시작

특별한 대책 없이 퇴사하고 심신을 추스르면서 평소 막연히 꿈꾸었던 제조업을 창업하고자 선배가 경영하는 자동차부품 회사에서 무보수로 3개월을 일해 보기로 했다.

그러다가 우연한 기회에 과거 구매부에서 철강재를 취급할 당시 인연을 맺은 지인의 추천으로 철강유통업을 시작하였다.

지점에서 영업 경험을 토대로 매출을 늘려 가며 제법 자리를 잡아 갈 무렵, 대한민국을 강타한 IMF 외환위기를 맞아 내 사업도 휘청거렸다. 그때는 정말 힘들었는데, 친정이나 다름없는 대우중공업에서 물심양면으로 많은 도움을 주어 버틸 수 있는 힘을 얻었다.

위기는 기회일까. 1998년 12월에 철판을 거래하던 업체 중 부도가 난 회사를 인수하면서 현재의 (주)태진E.N.G를 창업하기에 이르렀다. 우리 회사는 공구함, 작업대 등 산업용 철제가구를 만드는 회사로 내가 인수한 지 5년 만에 업계 1위로 성장하였다. 2007년부터는 운반기계, 전동지게차 분야로 사업영역을 넓혀 가고 있으며, 최근에는 무인 자율주행 운반차를 개발 중이다.

내가 중소기업으로서는 다소 힘든 지게차 사업에 뛰어든 것은 대우중공업에 대한 향수도 한몫했다. 특히 지게차로 대변되는 물류운반기계도 산업현장에서 필요한 제품이라 동일한 시장이라는 섬, 시상 조사 결과 국내에서 유통되는 제품의 대부분이 중국산이거나 또는 국내산이더라도 수준이 높지 않아서 '메이드 인 코리아'로 제대로 된 제품, 그리고 세계 어디에 내놓아도 손색이 없는 명품을 만들고자 하는 욕심에서 시작하게 됐다. 대우에서 배운 무수히 많은 것 중에 가장 먼저 손에 꼽는 '도전정신'의 실천이었던 셈이다.

직원이 뭔가를 하려 하면 통제하고 관리하기보다는 '한번 해보라'는 분위기가 우세했다. 내가 영업을 지원했을 때 내치지 않고 기꺼이 하게 해 준 것도 이런 기업문화가 있었기 때문이다.

대우중공업이라는 대기업에서 더불어 살아가는 지혜를 배웠고, 이는 현재 내가 회사를 운영하는 데 큰 도움이 되었다.

내우중공업은 이후 회사 이름이 바뀌고 주인이 바뀌는 등 여러 부침을 겪었지만 누가 뭐래도 대한민국 기계공업의 어머니이며, 출신 인원들은 현재도 관련 업종에서 중요한 역할을 하고 있다. 그래서인지 대우중공업 출신들의 유대감과 동지애는 다른 어느 계열사보다 유난히 돈독하다.

태진 E.N.G의 대표 자리에 오른 지도 20여 년이 지났건만 좀처럼 불어나지 않는 체중처럼 다들 여전히 내 사업의 성공을 궁금해한다. 전형적인 영업맨 스타일도, 기계를 전공한 엔지니어도 아닌 내가 어떻게 기계 관련 제조업을 창업하고 경영하는지 의문을 가지는 것이다.

전문 분야이니만큼 기술개발이 매우 중요하지만, 대표가 직접 개발하거나 제품을 만들 필요는 없다. 각 분야의 전문가를 선택해 적절히 배치하고 그들이 열심히 일할 환경을 만들어 주면 된다.

나는 일찌감치 제너럴리스트를 지향해 다양한 분야에서 업무를 익혔다. 직원을 뽑아 교육해 부서에 배치하고, 필요한 자재를 선택해 구매하며, 직접 거래처를 다니고 영업을 하면서 업계 전반에 필요한 지식과 정보, 기술을 익혔다. 운 좋게도 이 모든 것을 도전과 상생의 기업문화가 있던 대우중공업에서 배웠다. 그래서 지금 하는 모든 일의 바탕에는 알게 모르게 대우에서 배운 것들이 작용하고 있을 것이다. 대우에서의 18년과 이후의 20

년, 돌이켜 보면 나는 인생의 절반을 각각 대우와 태진에서 보낸 셈이다. 동기들보다 이른 1996년 퇴사 이후 대우중공업의 시간보다 이제는 (주)태진E.N.G와 보낸 시간이 더 길지만 대우중공업에서 근무하지 않았다면 (주)태진E.N.G의 존재도 생각하기 어렵다.

대우에서 체득한 도전정신, 그리고 30여 년 전 작은 바닷가 마을에서 깨우친 '진심을 다해 인간적으로 대하면 모두 다 내 편이 된다'는 나의 사업 노하우는 지금도 유효하며, 앞으로도 나를 계속 지켜 나갈 것이다.

1995년 7월 전국 지점장 회의에서 석진철 사장으로부터 우수 지점상 수상.

고성태 ●●●

1960년 서울에서 태어나 한성고, 고려대학교 경제학과를 졸업하였다. 1987년 대우 자금부에 입사하여 1992년 자금1부 총괄과장, 1998년부터 1999년까지 자금1팀 팀장으로 재직하였다. 팀장 재직 당시 프로젝트 파이낸싱 및 M&A 등에 참여하였으며, IMF 이후 대우그룹 워크아웃까지 대우그룹의 자금을 총괄하였다. 국내 최초로 ABS(Asset-backed securities), Credit Swap, Bridge Financing 등의 새로운 금융기법을 도입하였다. 이후 벤처기업 총괄부사장, 관광컨설팅회사 대표 등을 거쳐, 현재는 대우네트웍스 전무이사로 재직 중이다.

| 한국 |

대한민국 최대 SOC 민자사업,
사업 수익성을 최대치로 끌어올리다

: 천안-논산 간 민자고속도로 금융협상전

끈기와 전략으로 끝내 목표를 돌파한
피 말리는 금융협상. 그것을 감싼 신뢰의 울타리!

"아니 뭐 프로젝트 파이낸싱을 남대문 시장 물건 값 깎듯이 하는 거요? 이서 너무하잖아!"

"차장님, 20년 장기대출인데 장기금리는 당연히 단기금리보다 낮아야 하잖아요. 차장님이 말도 안 되는 금리를 부르니 저도 제 생각대로 한 겁니다. 이건 금리 이론상에도 없는 이자율이에요."

"사업에 변수도 많고 위험도가 많으니 스프레드가 클 수밖에 없는 거죠."

"사업에 뭔 위험이 있습니까? 정부에서 최소 수입 보장, 즉 엠

알지MRG*를 90%까지 커버해 주잖아요. 그럼 리스크에 노출되는 비율은 겨우 10%뿐인데, 이걸 21%를 받아요? 말이 안 되죠."

"그래 좋아, 내가 백 보 양보해서 6%로 하자고."

"거절합니다. 그래도 18%나 되잖아요, 말이 안 되죠. 오늘 협상은 여기서 끝냅시다."

나는 자리를 박차고 나왔다. 이제부터 주도권을 누가 쥐느냐의 싸움이 시작되었다고 생각했다. 주도권을 우리 쪽으로 가져오는 전략은 과연 무엇일까?

위 대화 내용은 아침 드라마의 한 장면이 아니다. 1997년 착공해서 2002년 개통한 '천안-논산고속도로'(지금은 '논산-천안고속도로'로 명칭이 변경되었다) 사업 중 내가 맡았던 금융 협상의 한토막이다. 막대한 자본이 들어가는 큰 사업은 수주와 시공 외에 파이낸싱이 매우 큰 역할을 한다. 나는 프로젝트의 성공을 위해 숱하게 이런 장면을 만들어 냈다.

'천안-논산고속도로' 사업은 경부고속도로 천안JC와 호남고속도로 논산JC를 직접 연결하는 81㎞의 4차선 도로건설 사업이며, 총 투자비는 1조 6천억 원이었다. 당시 고속도로 등 각종 SOC 사업이 민자民資로 추진되었는데, 국내 첫번째 민자고속도로 사업인 '인천신공항고속도로'는 총 투자비 1조 3천 3백억 원이었으며, 이후 2006년 개통된 '대구-부산고속도로' 이전의 사

---

* MRG(Minimum Revenue Guarantee): 최소운영수입보장의 약자로 SOC사업 시 사업시행자의 운영 수입이 당초 약정한 추정수입의 일정비율에 미치지 못할 경우 사업시행자에게 재정지원을 약속하고 지급하여 주는 보조금이다.

우리에겐 세계경영이 있습니다

업 중에서는 '천안—논산고속도로'가 가장 투자 규모가 큰 사업이었다.

1995년 12월 30일에 '시설사업기본계획'이 고시되었고, 대우컨소시엄과 다른 한 곳이 참여하였다. 1997년 4월에 대우컨소시엄이 우선 협상자로 지정되었고, 같은 해 12월 협약이 체결되었다. 1997년 12월 26일에 착공하여 2002년 12월 24일 개통하였다.

사업방식은 BTO_{Built-Transfer-Operation} 방식이었는데, 민간사업자가 도로를 완공한 후 시설을 정부에 양도하고, 이 대가로 30년간 무상 이용과 통행료 수입으로 도로 건설비와 관리 및 운영비를 회수하는 사업이었다.

투자비는 정부의 국고보조금 4천 368억 원을 제외하고 총 건설비가 1조 1,589억 원이었으며, 이 중 참여 건설사가 4천 166억 원을 자기자본으로 출자하였고, 은행대주단**이 7천 423억 원을 협조융자(신니케이트론)하였다.

당시 은행대주단의 주관은행은 한국산업은행이었으며, 신한은행 등 10여 개 은행이 참여하였다. 건설사 입장에서는 공사비의 30% 정도가 이익이 되는 사업이므로 3,477억 원 정도는 건설수익으로 확보할 수 있고(투입 자기자본의 약 80%), 이후 통행료 수입으

** 대주단(貸主團): 프로젝트 투자규모가 클 경우 대출금융기관의 리스크를 분산하기 위하여 여러 개의 금융기관이 일정한 비율로 분담하기로 하고 참여한다.(참여금융기관) 이 경우 대주단 구성, 금융조건의 협상, 대출금의 사후관리를 맡은 금융기관을 주관은행이라고 하며, 대주단 내에서 신디케이트 여신약정서(Syndicated Credit Facility Agreement)를 체결한다.

로 수익 확보가 가능하므로 해 볼 만한 사업이었다. 특히 예측통행료 대비 실제 통행료가 부족할 경우, 예측통행료의 90%(2005년 5월 82%로 수정되었다)를 국고에서 부담해 주는 MRG(최소운영수입보장) 조건이므로 수익성과 안정성이 높은 사업이었다. 그러나 중요한 것은 대주단貸主團으로부터의 차입금리가 전체 프로젝트의 수익성을 좌우하기 때문에 금리가 높으면 통행료 수입의 대부분을 지급이자로 지불하며, 사업자(천안논산고속도로(주))의 수익을 보장받지 못한다.

따라서 대주단, 특히 주관은행과의 금융협상은 미래 수익을 확보하는 매우 중요한 일이었다. 사업을 따내기 위해서는 대주단의 구성이 전제되어야 하며, 대주단이 구성된 후 사업계획을 제출하여 정부와의 협상을 통해 사업자로 낙찰되어야 했다. 대주단과의 금융협상은 1995년 사업고시 이후 1996년 봄부터 시작되었다.

천안–논산 간 고속도로 금융협상이 시작되다

1996년 2월경 대우건설 SOC사업팀*에서 자금1팀으로 천안–논산고속도로 민자 사업과 관련하여 대주단 구성을 할 주관 금융기관으로 산업은행을 지정하였다는 통보를 받았다. 이에 당시 본부장의 지시로 산업은행과의 금융협상 업무를 내가 담당하게 되었다. 나는 산업은행과의 거래가 처음인 데다, 무엇보다 그동안

---

* 당시는 대우 건설부문 - 1981년 건설회사인 대우개발과 무역회사인 대우실업이 합병하여 대우가 되었으며, 무역부문과 건설부문으로 나뉘어 있었으며, 1999년 대우그룹 워크아웃 이후 2000년에 대우인터내셔널과 대우건설로 다시 분할되었다.

우리에겐 세계경영이 있습니다

한 번도 해 보지 않았던 프로젝트 파이낸싱 업무를 맡게 되어서 기본적인 지식을 쌓는 것이 급선무였다.

프로젝트 파이낸싱은 우선 프로젝트 구조에 대한 정확한 지식을 가지고 있어야 했으며, 특히 특수 목적 법인SPC, 스폰서(출자 기업), 정부(국토교통부, 기획재정부, 한국도로공사), 대주단(주관은행, 참여금융기관), 수요자(교통량 통계, 통행료 수입, 부대 비용 등) 등 다양한 집단이 참여하기 때문에 이들 모두에 대한 정보를 먼저 파악해야 했다.

나는 우선 건설부문 SOC사업팀과 사업에 대한 정보를 공유하고, 프로젝트 파이낸싱에 대한 기본적인 지식을 얻기 위하여 각종 문헌을 조사하였다. 당시 국내에서는 SOC 프로젝트 파이낸싱에 대한 자료가 거의 없어서 외국의 자료와 문헌을 확보하여 참고할 수밖에 없었다. 특히 고속도로에 대한 지식을 얻기는 더욱 힘든 상황이었다.

고속도로는 일반 도로와 달라서 차량이 고속으로 운행하기 때문에 지반 특성, 노로 상도와 노면 상태, 배수처리, 고속도로 표지, 안전장치, 고속도로 과금 시스템, 고속도로 나들목IC 및 갈림목JC의 설치, 휴게소 설치, 모니터링 시스템 등 고려해야 할 사항이 매우 많았다.

특히 중요한 것은 민자사업이다 보니 스폰서 기업과 대주 금융기관의 수익성, 고속도로의 유지 관리에 필요한 비용 문제와 공공재로서의 공익성, 사용자의 비용대비 편익 등도 같이 고려해야 했다.

SOC사업팀에서는 선진기술이 집약된 고속도로를 건설하는 것을 목표로 정하고, 고속도로가 잘 발달한 유럽의 고속도로를 벤치마킹하기로 하였다.

1996년 3월, 나는 SOC사업팀원과 주관은행인 산업은행의 SOC금융팀 A차장과 함께 유럽의 고속도로를 벤치마킹하기 위하여 11박 12일간 유럽 출장을 다녀왔다. 독일의 쾰른-프랑크푸르트-하이델베르크-바덴바덴-베른-샤모니-인터라켄-밀라노-볼로냐-플로렌스-로마에 이르는 긴 여정 속에서 유럽 고속도로와 휴게소, 터널 등에 대한 많은 현장 지식을 쌓을 수 있었다.

더욱이 함께하는 여정 속에서 산업은행 A차장과 사업에 대해 많은 이야기를 나누고 공유하며 공감대를 형성하는 기회가 되었다.

금융은 상호신뢰가 매우 중요하며, 이를 위해서는 상대방에 대한 파악과 은행의 현황에 대한 지식이 필요하다. 또 은행원들은 기본적으로 '차주借主에 대한 의심에서 출발하고, 차주의 실력으로 확인하고, 사업성으로 결정을 내리는' 사람들이다. 그리고 은행원들은 자부심이 대단한 사람들이며, 특히 산업은행 사람들은 '자신이 대한민국 제1의 은행인 산업은행의 은행원'이라는 자부심이 높아서 자신의 의견을 반박하는 것을 매우 싫어하는 경향이 있다.

따라서 은행원들과의 관계는 숨김없이 솔직해야 하며, 은행원이 하는 이야기를 무조건 경청해야 한다.

그리고 그들의 이야기 속에 들어 있는 허점을 찾아내서 '단 한

마디One word'로 그들이 나를 인정하게 하여야 한다. 물론 '대우, 김우중'이라는 타이틀이 가진 위력은 대단하다. 은행원들도 '대우맨'이라면 신뢰하는 경향도 있다. 그러나 막상 실무로 들어가면 담당자의 신뢰, 능력 등이 영향을 미치게 된다.

1996년 4월, 유럽 출장에서 돌아온 후, 천안-논산고속도로 민자사업에 대한 금융협상을 시작하기 전에 광주2순환도로 민자사업에 대한 금융협상을 먼저 하기로 하였다. 광주2순환도로 민자사업은 총 투자 규모 1천 700억 원이며, 이 중 프로젝트 파이낸싱 금액은 약 1천 100억 원으로 기억한다. 천안-논산고속도로 사업과 비교하여 규모 자체가 작아서 금융협상은 순조롭게 진행되었다.

산업은행 A차장은 "광주2순환도로사업은 규모도 작고, 바로 공사가 진행되어야 하니 바로 조건을 결정합니다. 고차장이 요구하는 이자율을 제시하세요"라고 하였다. 내가 "A차장께서 일단 가이드라인을 주시죠. 제가 처음이라 어느 수준인지 참 어렵네요"라고 하였다. 나름 목표하는 금리 수준이 있었으나 A차장에게 주도권을 주는 것이었다. 그 이유는 '제가 한 수 배우겠습니다'라는 의미를 주면서 A차장의 자부심을 살짝 높여 주려는 의도도 있었으며, 특히 더 큰 사업인 천안-논산고속도로 사업에 대한 산업은행 측의 가이드 라인을 알 수 있는 기회라고 생각했다.

"차장님, 광주2순환도로는 규모도 작고 사업의 안정성도 높으니 최대한 신경을 써 주시면 감사하겠습니다"라고 했다. A차장은 웃으면서, "그렇죠. 그럼 금리의 기준은 산업금융채권(이하 산금채) 수익률이 기준이 되고, 여기에 사업성 등을 고려하여 스프레드를 붙여야 하는데, 스프레드를 4%로 하면 어떨까?" 하는 것이었다.

"차장님, 스프레드 4%면 현재 산금채 수익률이 12%이니 결국 16%라는 건데 이건 너무 높죠. 저로서는 첫 사업인데 더 내려 주셨으면 합니다."

"그럼, 고 차장이 금리를 제안해 주세요."

"저는 1%면 좋겠습니다."

"말도 안 돼… 너무 낮아요. 이 금리로는 내부결재를 받을 수 없고, 다른 금융기관의 동의를 받을 수도 없어요. 더 올려 줘야겠는데요."

"더 큰 사업인 천안-논산 건이 중요하니 광주건 가지고 시간 끄는 것은 좋은 방법이 아닙니다. 그럼 2%에서 차장님이 앞으로 잘해 주실 거로 믿는다는 의미에서 0.5% 더해서 2.5%로 하는 것이 어떨까요?"

"하하하. 이참에 내 생각도 해 줘서 고맙네. 사실 내부적으로는 3% 정도로 생각했는데… 고 차장 의견을 따르지요. 대신 천안-논산은 잘해 줘야 해요."

"물론이죠. 천안-논산 건은 차장님 힘들지 않게 하겠습니다. 감사합니다."

이렇게 해서 광주2순환도로 민자사업 금융조건은 산금채 (12%)+2.5%(당시 14.5%)로 결정하였다. 내가 생각한 목표치는 3% 이하 수준이었다.

당시 SOC 민자사업 1호인 인천국제공항고속도로 민자사업 금리가 산금채+3.0% 수준인데 반해 좋은 조건을 얻어 낼 수 있었다.

그리고 천안-논산고속도로 사업의 금리조건 협상에서 산업은행의 내부 목표이자율에 대해서 감을 잡을 수 있는 좋은 기회였다.

1996년 4월, 광주2순환도로 민자사업에 대한 금융조건을 합의하며 금융제공협약LOI를 성공적으로 마치고, 드디어 천안-논산고속도로에 대한 금융협상이 시작되었다. 총 투자금액도 당시에는 가장 큰 금액이었고, 이에 따른 협조융자(신디케이트론) 금액도 가장 큰 규모였고, 대출 기간도 20년이었기 때문에 금리 0.1% 차이는 20년간 약 90억 원이 더 나가느냐, 덜 나가느냐의 싸움이었다. 더구나 천안-논산고속도로의 경우, 대체도로가 없는 인천국제공항고속도로와 비교해서 기존 경부선과 호남선으로 연결되는 대체도로가 있다. 당시 서해안고속도로도 건설 중이있으며, 경부고속도로의 경우 일반 및 산업도로로 일정한 교통량이 확보되어 있으나 호남 방면의 경우 교통량에 대한 확신이 없는 상황이었다.

따라서 금융협상에 있어서 난항이 예상되었으며, 교통량 문제는 사업의 수익성과 직결되었기 때문에 이를 극복하는 것이 최대의 과제였다. 이제 화살은 당겨졌으니 꼼꼼하고 포괄적인 협상 전략이 필요한 상황이었다.

협상의 첫 미팅에서, 산업은행 A차장은 산금채(국공채/특수채)를 기준으로 9%의 스프레드를 제시하였다. 당시 산금채 수익률이 12% 정도이니 결국 금리를 21% 받겠다는 것이다. '이건 뭐 남대문시장 상인들이 하는 방법이 아닌가!' 나중에 협상이 끝나고 들어보니 A차장은 9%를 던지면 그 절반 수준인 4~4.5% 수준에서 시작할 것이라고 생각했다고 했다.

'저쪽에서 말도 안 되는 금리를 제시하니, 나도 말도 안 되는 금리를 제시해서 시작하자'고 생각했다. 그래서 광주2순환도로와 같이 산금채+1.0%를 제시하였다. A차장은 난색을 표하며 받아들일 수 없다고 펄쩍 뛰었다. 그러나 나는 굴하지 않고 버텼다. 그리고 자리를 박차고 나왔다. 이제부터 주도권을 누가 쥐느냐의 싸움이 시작되었다고 생각했다. 주도권을 우리 쪽으로 가져오는 전략은 과연 무엇일까?

협상 전략에서 우위를 점하다

은행원들이 가장 싫어하는 것은 똑같은 얘기를 반복하는 것과 점심시간 이후 1시간, 즉 오후 1시부터 2시 사이에 일하자고 찾아오는 사람이다. 당시 은행 차장급은 통상 12시경 거래처와 점심식사 후 1시 20분쯤에 사무실로 돌아오고 이때부터 오후 2시까지는 휴식을 취하고 오후 업무를 위해 재정비하는 소중한 시간이다. 따라서 보통 업무 협의를 하려고 약속을 하면 오전에 오라고 하든가 오후 3시경에 약속을 잡는 경우가 흔하다. 내 전략은 '귀찮게 하자' 전략이었다. 귀찮게 되면 모면하기 위해서 조건을 바꾸려고 할 것이다.

이때부터 매일 오후 1시 30분, 같은 시각에 정확히 산업은행 SOC금융팀에 나타났다. 들어갈 때는 최대한 밝은 목소리로 인사하며 들어간다. 나타나는 시각은 1분도 어김없어야 한다. 조금 일찍 도착하면 1시 30분 정각이 될 때까지 밖에서 기다렸다가 들어갔다. 왜냐면 1시 30분이면 어김없이 고성태가 나타날 거라는 믿음을 주어야 하기 때문이다. 그렇게 되면 A차장은 점심시간에 쉬지도 못하고 일해야 하니 얼마나 귀찮고 피곤한 일일까. 나는 매일 오후 1시 30분만 되면 나타나서 앵무새처럼 똑같은 이야기를 반복하였다.

"차장님. 안녕하세요? 금융 협상하시죠. 금리를 내려 주셔야죠."

"오후 3시에 오면 안 되나? 좀 쉬자."

"저도 할 일이 많아요. 빨리 협상하고 회사 들어가서 자금 막아야죠. 아니면 저녁 때 한잔하실래요?"

"난 일이 걸린 사람하곤 술 안 먹어요."

"아, 그러세요. 그럼 협상 시작하죠. 금리 깎아 주실 거죠? 전 1% 이미 제안했습니다."

"안 됩니다!"

"그럼 오늘 협상 결렬된 걸로 알고 전 물러갑니다. 내일 뵙죠."

매일 1시 30분 정각, 산업은행 출근은 한 달 동안 계속되었다. 매주 금요일이 되면 사탕이나 초콜릿 한 봉지를 사서 들고 갔다. 사탕은 SOC금융팀 여자행원들에게 나누어 주었다. 왜냐하면 우군을 만들어야 하기 때문에….

사탕 뇌물(?)의 효과는 만점이었다. 여행원들은 A차장에게

"고차장님 고생 많이 하시는데 좀 봐주세요"라고 이야기하곤 했다. 결국 A차장이 나에게 웃으면서 한 말은 "고차장. 곰인 줄 알았는데 이제 보니 순 여우네…"였다. 자금 담당으로서 이 말은 기분 좋은 말이었다.

이러기를 두 달째, A차장은 스프레드를 인하하여 4%를 제시하였다. 이제 산업은행이 원래 제안할 것으로 생각하는 수준에 도달하였다. 그러나 지금부터 본격적인 협상이 시작되었다고 생각하였다. 전략이 바뀔 때가 되었다고 생각했다. 나는 4%를 거절하고 여전히 1%를 고수하였다.

"너무하잖아. 내가 9%에서 4%까지 내려줬으면 고차장도 올려야지 뭔 고집이야. 사업하지 말자는 얘기야? 그리고 이제 매일 오지 말라고. 귀찮아 죽겠네."

"네, 알겠습니다. 그리하지요."

다음 날부터 나는 한 달간 산업은행에 나타나지 않았다. 이것 역시 전략의 일환이다. 이제 A차장과 친해졌으니 '차장님 말을 잘 듣는 착한 사람' 전략이다. 한 달이 지난 후, 나는 다시 산업은행에 오후 1시 30분 정각 출근하기 시작했다. 물론 A차장은 내심 반가워하면서도 겉으론 냉정하게 협상을 진행하였다. 매일 출근한 지 1개월, 여전히 금리 수준의 변화는 없었다. 협상을 개시한 지 5개월이 지나고 있었다. 우리 SOC사업팀에서는 금융협상이 지지부진하다고 불만을 표출하기 시작했다. 1996년 말까지는 사업계획서를 제출하여야 하는데, 금융기관의 대출의향서가 없으면 안 되었다. 이제 가을이 지나가고 있었다.

우리에겐 세계경영이 있습니다

마지막 전략이 필요했다. '궁금하게 하자' 전략이다. 매일 출근하던 나는 갑자기 산업은행에 가질 않았다. 그러기를 2개월이 지난 어느 날 A차장으로부터 전화가 왔다. 기다리던 전화였다.

"고 차장. 사업 안 할 거야? 왜 안 와? 다른 일을 못 하겠네."

내심 '그렇지 딱 걸렸어' "차장님. 제가 너무 바빠서요. 그리고 매일 같은 내용 자꾸 하면 뭐 합니까?"

"알았어. 조건 바꿀 테니 다시 협상하자고."

"그럼. 일단 금융조건은 빼고 대출의향서 먼저 주세요. 사업계획서 내야하니까."

"그러자고."

이렇게 협상이 재개되었다. 이제 대출의향서는 받았겠다, 여유 있게 협상하면 되었다. A차장은 금리 스프레드를 3%로 낮추어 주었다. 이는 인천신공항고속도로와 같은 조건이었다. 이제부터는 진정한 논리를 바탕으로 한 협상이 시작되었다. 나는 1.5%를 제시하였다.

논리의 모순, 금융협상의 보틀넥= 병목현상

고속도로 민자사업의 수익성을 좌우하는 요소는 통행량과 밀접하다. 고속도로 수입은 통행료와 휴게소 수입으로 구성되는데, 통행료 수입은 통행량과 통행요금으로 계산된다. 통행요금은 일반 이용자가 내야 하는 것으로 통행요금이 높으면 통행량이 줄어들 것이고 통행요금이 낮으면 통행량은 늘지만, 적정 통행량까지 도달하지 못하면 민자사업은 적자를 면할 수 없다.

더구나 천안-논산고속도로의 경우 기존의 호남고속도로와 새로 건설되고 있는 서해안고속도로가 경쟁 도로이고, 호남권에 대규모 공단이 없어서 산업 물량은 기대하기 어려운 상황이었다.

결국은 대거 수도권에 이주한 호남 출신 사람들의 이동을 기대해야 하는데, 매일 출근하는 깃도 아니고 주말이나 명절 수요만 가지고 수익을 기대하기는 어렵다. 따라서 사업의 불확실성이 인천신공항고속도로나 대구-부산고속도로에 비해 높다는 데 문제가 있다는 것이 내 생각이었다.

한편, 대출을 해 주는 은행으로서는 사업성이 좋으면 금리를 높여도 문제가 없다는 것과, 사업성이 낮으면 리스크가 크므로 금리를 높여야 한다는 논리를 내세웠다. 어떤 경우에도 금리가 높아야 한다는 논리였다. 그렇다고 사업성이 좋아서 발생하는 수입을 통행료 인하에 쓰겠다는 약속은 할 수 없었다. 왜냐하면 이 부분이 공론화되면 실시협약에서 통행료 결정에 불이익을 당할 수도 있기 때문이었다. 고속도로 사업은 수익성에 앞서서 공익성이 중심이 되어야 하는 사업이다. 금융협상의 가장 큰 딜레마는 여기에 있었다.

논리의 모순을 극복할 수 있는 묘수는 의외로 간단한 곳에 있었다. SOC사업팀과의 회의 시 정부가 보증하는 MRG 조건과 필요한 경우 스폰서 기업들이 자금보충약정을 제공하는 것이 어떻겠는가 하는 제안이 나왔다. 은행의 입장에서는 대출원금과 이자를 잘 받을 수만 있다면 좋을 것이다. 그간 우리 생각은 사업자의 수익에서 비용을 차감하고 남은 영업 이익에서 이자를 지급하는 사고에서 벗어나지 않았다. 그러나 순서를 변경해서 수익에서 이자를 지급하고, 즉 정부에서 제공하는 MRG를 이자 지급에 우선 충당하고 남은 금액으로 비용을 지출하며 모자라는 경우 스폰기업, 즉 주주사들이 자금을 보충한다는 약속을 하게 되면 은행은 정부가 보증하는 대출이 되는 것이고 그렇다면 이자율이 높을 이유가 없다는 논리이다. 정부가 보증하는 대출은 국고채 수익률에서 은행의 취급 비용을 더하면 그만인 대출이 된다. 사업성 리스크와는 별도의 문제인 것이다.

결국 산업은행은 자신의 논리를 취소하였으며, 같은 논리에 따라 스프레드를 2.5%로 인하할 수 있었다.

마지막 협상, 그리고 승부수

1997년 4월, 대우컨소시엄이 우선협상자로 지정이 되었다. SOC사업팀으로서는 대규모 공사 수주로 축제 분위기였다. 그러나 남아 있는 프로젝트 파이낸싱 조건의 협상은 막바지로 치닫고 있었다. 0.1%의 금리가 90억 원을 좌우하는 상황에서 마지막 협상은 매우 중요한 사안이었다. 거의 일 년을 넘게 끌어온 협상이었다. 덕분에 산업은행 A차장과의 신뢰 관계도 많이 쌓았다. 이제는 서로의 눈빛만 보면 의중을 파악할 수 있었다. 자연스럽게 점심과 저녁 술자리도 같이하는 사이가 되었다. 거래처와는 점심 식사를 안 한다는 A차장의 원칙도 바꾸는 사이였다.

마지막 협상을 하기로 하고 금리 스프레드 수준에 대한 밀고 당기기가 시작되었다. 그간의 고생을 보답한다는 의미에서 A차장은 스프레드를 2.25%로 0.25% 낮추어 주었다. 더 이상의 협상은 없다는 의미였다. 최초 목표로 한 스프레프율인 3.0% 이하로 많이 낮추었기 때문에 협상을 종결하기로 하고 내부보고를 하였다. 본부장님께 그간의 협상 결과를 보고했다. 그런데 이 과정에서 본부장님은, "고 차장. 그동안 너무 고생 많았어. 근데 한 번 더 협상해서 더 낮춰 보라고." 이렇게 하시는 것이 아닌가. 맙소사! 이미 합의한 내용을 또다시 뒤집어야 하는 상황이었다. '그래, 일단 부딪쳐 보자.'

A차장의 반응은 예상대로 이미 합의된 내용을 바꿀 수는 없다고 하였다. 그런데 이상하게도 표정이 나쁘지 않았다. 오히려 입가에 미소를 띠고 있었다. 협상의 여지는 있는 것 같았다.

"차장님. 그동안 많이 양보해 주셔서 대단히 감사하고, 존경합니다. 근데 의사결정자인 저희 김 전무님과 이 이사님 몫도 생각을 해주세요. 그분들에게도 선물을 좀 주셔야 되지 않겠습니까. 이번에 잘되면 저도 승진 좀 합시다."

"그래 좋아요. 그동안 고 차장과 미운 정 고운 정 다 들었는데 고 차장 승진시켜야지요. 승진해서 자금부장 되면 산업은행 잊지 말라고. 0.25% 낮춰서 2.0%로 결정합시다."

기쁜 마음에 날듯이 회사로 들어와서 본부장님께 보고하였다.

"본부장님. 협상이 잘 되서 0.25% 낮춘 2.0% 스프레드로 합의하였습니다."

"하하. 수고했어. 근데 좀 더 낮춰 보지."

이게 대우정신인가? 이제 더는 협상을 할 명분이 없었다. 마지

우리에겐 세계경영이 있습니다

막 방법을 쓸 수밖에 없었다.

산업은행에 들어가서 완전히 풀이 죽은 모습으로 A차장을 만났다.

"고 차장. 왜 그래. 무슨 일 있어?"

"차장님. 작별인사를 드리러 왔습니다. 지금 대우에 사표를 쓰고 나와서 차장님께 마지막 인사드리러 왔습니다. 천안-논산 협상은 앞으로 다른 친구가 올 것입니다. 그동안 감사했습니다."

"이게 뭔 소리야. 왜 그래?"

"제가 본부장님께 협상 결과를 보고 드렸더니 금리를 더 낮추라네요. 이건 도저히 차장님께 말씀드릴 수 없고, 상호 간의 신뢰를 저버리는 일이기 때문에 저로서는 협상할 수 없다고 반발했습니다. 그리고 사표 쓰고 나왔습니다."

"나 원 참… 그렇다고 사표를 쓰냐? 고 차장 그렇게 안 봤는데 되게 성격 급하네. 그동안 고 차장을 봐왔는데 은행생활 15년에 고 차장 같은 사람도 처음 봤고, 이렇게 우정을 나눈 사람도 없었네. 내가 구제해 줘야겠네요. 좋아요. 최종 1.75%로 합의하자고."

마지막 승부수는 완벽한 성공으로 마무리되었다. 최초 9%의 스프레드와 비교하면 7.25%를 낮춘 것이 되었다. 이는 20년 동안 6,525억 원의 이자를 절감한 것이고, 산업은행이 최초 목표한 4%의 스프레드와 비교하면 2,025억 원의 이자를 절감한 것과 같았다. 당시 국내 SOC 민자사업에서 가장 낮은 금리로 합의한 것이기도 하다. 거의 1년 반 동안 협상은 진행되었고, 1997년 12월 실시협약에 이어 공사를 시작할 수 있었다.

1997년 10월부터 시작된 금융시장 경색과 그해 12월 IMF 사태로 인한 금융기관과 대기업의 구조조정, 국내 기업의 도산 등 경제위기로 인해 산업은행도 대주단 구성을 중지하였으며, 나도 더는 천안−논산고속도로 프로젝트에 관여할 수 없었지만, 금융협상을 성공적으로 했다는 공적으로 1998년 3월 '대우인상'을 받게 되는 영광을 얻었다.

한 가지 아쉬운 점은 SOC사업팀에서 금융협상을 성공적으로 했다고 천안−논산고속도로가 완공되면 머릿돌에 내 이름을 새겨 주기로 했으나, 대우 워크아웃 이후 대우지분을 LG건설로 매각해 내 이름이 빠진 것이다. 그러나 천안−논산고속도로를 지나갈 때마다 내 가슴 속에 이름을 새기고 있다. 그리고 또 한 사람의 이름 'A' 그분의 이름도 가슴에 새기고 있다.

이 글을 쓰다보니 내 안에 새겨진 대우의 '도전정신'을 다시 돌아보게 된다.

현재에 안주하지 말고, 늘 도전하는 자세를 가진다는 것은 무엇일까. 도전은 시장에 대한 도전일 수도 있고, 새로운 방법에 대한 도전일 수도 있다. 지속적인 도전은 시장에 대한 지식을 쌓게 되고 이는 자신감으로 발전한다. 지식과 자신감은 위기를 기회로 만들어 준다. 특히 어느 직군에 있어도 재무에 대한 지식을 착실히 쌓는 것은 비즈니스에 있어 반드시 도움이 된다. 제품이든 서비스이든 프로젝트이든 우리가 이 일을 하는 것은 결국 돈을 벌기 위해서이다. 재무에 대한 지식은 이익을 극대화하는 것뿐만 아니라 우리의 파트너와 상호 원원할 수 있는 방안을 도출하는 데 매우 유용하다.

'재상평여수 인중직사형財上平如水 人中直似衡'은 나의 좌우명이다.
즉, '재물은 물과 같이 평평하게 퍼져 나가야 하며, 사람은 모든
저울과 같이 중심에 있어야 한다'라는 뜻으로, 인삼 무역으로 조
선 전체의 재산보다도 재물이 더 많았던 거상 임상옥의 유명한
말이다.

모든 일에는 사람이 중심이고, 사업은 사람을 얻기 위해 한다
는 뜻이다. 사람에 대한 사랑, 파트너를 소중히 여기는 마음이
사업을 성공으로 이끌게 될 것이다.

2020년 2월 천안–논산 간 고속도로 본사 상황실.

한익수 ●●●

1948년 강화도에서 태어났다. 한국항공대학교 기계공학과를 졸업하고 대학원에서 산업공학을 전공했다. 1976년 대우자동차에 입사 후 생산기술부장, 부평사업본부장, 우크라이나법인 공장장, 폴란드법인 부사장을 역임하였으며, 2009년 한국GM 퇴임 후 중견기업인 (주)한양정밀 사장을 역임하였다. 재임 기간 중, 대우에서 습득한 많은 실전경험을 바탕으로 한국형 창조경영혁신 시스템인 'RBPS경영혁신 시스템'을 독자적으로 구축하였다.

그리고 이를 사회에 전파하기 위하여 'RBPS 경영연구소'를 설립하고 학교, 기업, 사회단체에 전파하여 많은 혁신 성공사례를 만들어 가고 있다. 석탑산업훈장(2006), 한국 아이디어대상 CEO대상(2015) 등을 수상했고, 국가 직무능력표준(NCS) 개발위원, 국가 뿌리산업 CS위원, KMAC 제조경쟁력 강화위원회 부위원장을 역임하였다. 저서로는 『우리는 우리를 넘어섰다』, 『혁신의 비밀』, 『결국 꿈은 이루어진다』 외 공저 다수가 있다.

사람도 바꾸고 조직도 바꾸는 'RBPS 경영혁신 시스템'

: 대우자동차, 우크라이나 공장의 혁신

청소 하나가 가져온 나비 효과,
사람을 바꾸는 혁신의 비밀

1997년 대우자동차가 세계경영의 일환으로 우크라이나와 합작 자동차 회사를 설립하게 되면서 나는 그곳 공장장으로 발령이 났다.

아직 공산주의 냄새가 채 가시지 않은 땅 우크라이나, 백만 평이나 되는 부지 위에 60여 년이 지난 낡은 건물들, 여기저기서 물이 새고 오랫동안 공장을 사용하지 않아 설비 대부분이 녹이 나 있다. 먼지투성이로 영하 30도가 넘는 스산한 공장 안에는 개들만 여기저기 돌아다닌다. 관리자들은 말로만 지시하고 손 하나 까닥하지 않는 데다 영어조차 통하지 않아 의사소통도 어려웠다.

나는 추운 겨울날 함께 파견된 직원들과 함께 청소부터 시작했다. 처음에는 공장 내부로부터 시작하여 100만 평이나 되는 모든 공장에 청소 운동을 벌였다. 한국에서 공장장을 할 때 내가 나름대로 만들어 둔 경영혁신시스템인 'RBPS 혁신 시스템*'의 러시아어 교재를 만들어 교육하면서 혁신 운동을 접목해 나갔다. 환경이 깨끗해지자 직원들의 의식도 점차 바뀌기 시작했고, 직원들은 깨끗한 공장에서 일하는 것에 대한 보람을 가지기 시작했다.

1998년 우크라이나 오토자즈 대우공장 근무 시
현지 간부들과 현장에서.

그로부터 3년 만에 우크라이나 자포로지 공장은 구소련 지역

---

* 필자가 시스템으로 만든 고유의 경영혁신운동. RBPS(Responsible Boundary Production System)의 약자로 환경품질인증제이다.

에서 볼 수 없는 가장 깨끗한 공장이 되어 주변의 벤치마킹 대상 공장이 되었다. 당시 쿠츠마 우크라이나 대통령도 회사를 방문해 극찬을 아끼지 않았다. 그 후 품질 좋은 차를 만들어 회사의 손익이 좋아지면서 자포로지 공장보다 3배 이상 규모가 큰 폴란드 FSO 공장도 인수하게 되었다. RBPS 사과나무는 이렇게 척박한 땅에서도 잘 자란다는 것을 증명해 보였다.

'RBPS 사과나무!' 혁신운동을 시작하게 된 1990년대 초로 기억을 거슬러 올라가 본다.

제조산업 선진국과 우리의 차이

1990년대 초, 대우자동차에 근무할 때의 일이다. 생산기술 부장이라는 요직에서 신차 개발과 공장 확장 등으로 바쁜 일정을 보내고 있던 어느 날, 갑자기 현장부서 책임자로 발령이 났다. 구성원이 약 600명 정도 되던 차체 공장은 당시 대우자동차의 인기 차종인 프린스 모델의 차체를 만들었다. 당시 대우자동차 부평공장은 강성노조가 생기면서 공장 운영에 많은 어려움을 겪었는데, 그 노사분규가 처음으로 발생한 곳이 바로 차체 공장이었다.

나는 새로운 부서에 부임하기 전 일본 출장을 다녀올 기회를 얻었다. 일본의 자동차 제조 현장을 둘러보고 새로운 대안을 찾기 위해서였다. 일주일 정도 일본에 있는 동안 도요타, 혼다, 닛산 자동차 공장을 방문하면서 주로 자동차 제조 현장을 돌아보았다.

그곳에서 나는 우리나라와 일본 자동차 산업은 기술면에서 아직도 많은 격차가 있다는 것을 절감했다. 돌아오기 전날, 도쿄 시내를 둘러보았다. 전자제품을 많이 판매하는 아키하바라, 카메라점이 모여 있는 신주쿠, 그리고 몇몇 백화점을 둘러보며 다시 한번 일본 제품의 품질 수준에 놀랐다.

돌아오는 비행기 안에서 내내 한 생각만 머릿속에 맴돌았다. 스위스는 시계를 잘 만들고, 독일은 기계를 잘 만들고, 이탈리아는 가구를 잘 만드는데, 일본은 어떻게 거의 모든 제품을 골고루 잘 만들어 세계시장을 석권하고 있는 것일까?

내가 접해 본 일본 사람들 개개인의 면모를 보면 모두가 다 뛰어난 것 같지도 않은데 도대체 이유가 무엇인지 궁금했다.

한국에 돌아온 후 몇 주가 지났다. 한 조간신문에 한국과 일본의 의식 수준을 한눈에 알아볼 수 있는 비교 사진 한 장이 실렸다. 한쪽은 서울 광화문 네거리 횡단보도 사진이었고, 다른 쪽은 일본 도쿄의 번화가인 긴자 미쓰코시 백화점 앞 횡단보도 사진이었다. 확연한 차이를 보여주는 서울과 도쿄의 횡단보도 사진을 보자 일본에 갈 때마다 느꼈던 깨끗한 거리와 질서정연한 모습이 순간적으로 떠올랐다.

그리고 머릿속에서 불이 켜지듯 한 가지 생각이 번뜩였다. 어디를 가나 주변 환경이 깨끗하고 정지선에 가지런히 서 있는 차들과 횡단보도를 질서 있게 건너가는 일본 사람들, 들쑥날쑥 심지어 횡단보도의 반을 점령한 채 정지해 있는 차를 피해 뒤엉켜 건너가는 서울 사람들, 얼굴이 화끈거리는 사진이었다. 나는

우리에겐 세계경영이 있습니다

이 사진에서 일본 제품의 우수성의 비밀을 드디어 발견할 수 있었다. 비밀은 바로 사람에게 있었다. 일본 제품의 품질 수준은 그것을 만드는 사람들의 수준인 것이었다. 제품이 바뀌려면 그 제품을 만드는 사람이 바뀌어야 한다.

환경이 바뀌면 사람도 바뀐다

일본을 다녀온 후 차체 공장을 운영하면서 많은 문제가 현실로 다가왔다. 어느 날 생산라인이 정지되었다는 연락을 받았다. 부랴부랴 현장에 내려가 보니 생산설비가 모두 멈춰 있고, 공장 안에는 여기저기서 에어 새는 소리만 들릴 뿐 적막만이 흘렀다. 자동차 차체에는 문짝을 달기 위한 힌지(hinge:경첩) 부위가 있는데, 지금은 모두 볼팅bolting 구조이지만 당시만 해도 용접 구조였다. 용접할 때 가스를 빨아 내기 위한 부스에서 가스가 잘 빠지지 않아, 작업이 어렵다는 것이 라인을 세운 이유였다. 차체 공장이 서면 잠시 후 다음 공정인 도장 공장, 조립 공장이 차례로 멈추게 되어 전 공장이 멈출 상황이었다.

그리고 그 책임은 차체 공장 운영책임자인 내가 모두 짊어져야 했다. 당시만 해도 노조 대의원들이 현장을 좌지우지했던 시절이었다. 책임감과 자존심이 누구보다 강했던 나는 가슴이 터질 것만 같았다. 노조 대의원들과 대화를 통해 설비개선 날짜를 약속하고 생산라인을 겨우 재가동할 수 있었다. 그러나 언제 다시 공장이 설지 아무도 모르는 상황이었다. 나는 그날 오후 내내 현장에 머무르면서 부스 내부를 세심하게 살펴보았다.

두 가지 문제점이 있었다. 하나는 가스가 잘 배출되지 않는 설비상의 문제였고, 다른 하나는 지저분한 부스 바닥에 쌓이는 먼지가 선풍기에 날리는 것이었다. 먼저 손쉬운 먼지 문제부터 해결해야겠다고 생각했다.

다음 날 점심시간에 사무직원 몇 사람과 함께 빗자루를 들고 부스 안을 청소하기 시작했다. 그런 나를 이상한 눈초리로 보거나 아예 신경조차 쓰지 않는 작업자들이 훨씬 더 많았다. 청소를 시작한 지 며칠이 지나자 청소를 돕는 일부 현장감독자들이 생겨났다. 일주일간 청소를 하자 부스 내의 작업장 바닥에는 흙먼지가 없어졌고 오히려 다른 작업장보다 더 깨끗해졌다. 주말을 이용해 부스 바닥에 흰색 페인트를 칠했다. 며칠 동안 노력했는데 작업장은 몰라보게 변했다.

그런데 단순히 눈에 보이는 외관상의 변화만 일어난 게 아니었다. 부스 청소를 통해서 환경이 바뀐 다음, 작업장에서도 서서히 놀라운 변화가 일어나기 시작했다. 쓰레기를 버리는 사람이 줄어들었다. 작업자들 스스로 청소하기 시작했으며 얼굴 표정도 밝아졌다. 물론 약속한 대로 가스 배출 설비도 개선해 주었다.

그때의 경험은 내게 무엇으로도 바꿀 수 없는 큰 깨달음을 주었다. 그 일을 통해 청소에는 사람을 근본적으로 바꾸는 힘이 있다는 것을 확인할 수 있었다.

나는 작업장을 직장 단위, 개인 단위로 책임관리구역을 정해주고 자기가 맡은 구역의 환경과 안전 그리고 4M(사람, 기계, 자재, 작업 방법)을 스스로 책임지고 관리하는 시스템을 구축하고, 내가 먼저 매일 아침 빗자루를 들었다. 이것이 후에 'RBPS 경영혁신 시스템'을 구축하는 실마리가 되었다.

차체 공장 혁신사례는 전사적으로 소개되었고, 그 후 같은 원리로 부평공장 30만 평은 새로운 공장으로 변화하는 기폭제가 되었다. 작은 혁신이 큰 혁신으로 연결된 것이다.

그리고 이것이 대우 사태 이후 위기에 처해 있던 대우자동차 부평공장을 부활시키는 구원투수 역할을 해냈다. 사람을 바꾸는 혁신의 비밀은 바로 환경에 있었다. 나는 그 후로 회사에서나 가정에서나 매일 아침 빗자루를 들고 청소하는 것이 생활화되었다. 청소가 사람을 바꾼다. 주변을 깨끗이 하면 마음도 깨끗해지고 머리도 깨끗해진다. RBPS 경영혁신 시스템 속에는 창조, 도전, 희생의 대우 정신이 녹아 있다.

사과나무에서 찾은 혁신의 비밀

나는 그동안의 환경 혁신을 통한 경영혁신의 제험을 체계화하여 경영이론을 정립하고 싶었다. 그때 마침 과수원을 하는 친구에게 들은 사과나무 이야기에서 내가 생각하며 실천하고 있는 혁신 운동에 부합하는 이론의 단서를 찾을 수 있었다.

사과나무의 존재 가치는 맛있고 튼실한 열매를 많이 맺는 것에 있다. 사과나무에 튼실한 열매가 많이 달리려면 이파리와 가지가 있어야 하고, 비바람 속에서도 가지를 지탱하기 위한 튼튼한 줄기가 있어야 한다. 줄기를 지탱해 주는 것은 뿌리이다. 그리고 뿌리를 내리게 하는 것은 토양이다. 토양이 좋고 비옥해야 뿌리를 잘 내릴 수 있다. 토양으로부터 물기와 영양분을 잘 빨아들여야 튼실한 열매가 많이 달린다.

사과나무에서 사과는 기업에 비유하면 제품이다. 이파리는 생산공장이고, 뿌리는 기업문화다. 줄기는 간부이고, 가지는 종업원이다. 사과 열매는 이파리에서 수분과 이산화탄소와 태양에너지에 의한 광합성으로 만들어지지만 제품은 자재, 공정 그리고 사람에 의해서 만들어진다.

사과나무가 자라서 열매를 맺는 원리에 성공적인 조직의 원리가 숨어 있다. 사과나무에서 과일을 맺는 원리 속에 기업 경영의 지혜와 경영의 원리가 숨어 있다. 농부가 날씨 조건에 맞추어 때를 놓치지 않고 물과 거름을 주고 잡초를 제거해 주는 것은 기본과 원칙 준수 정신이다. 뿌리와 줄기, 가지가 한 몸을 이루면서 각기 자기 역할을 다하는 것은 전원 참여, 협업정신이다. 농부가 수시로 과수원을 돌아보며 살피는 것은 눈으로 보는 관리, 현장 중시 경영 정신이다. 화학비료 대신 자연비료를 주어야 유기농 사과를 얻을 수 있는 것처럼, 직원들의 정성이 담겨야 좋은 품질의 제품을 만들 수 있다. 나는 사과나무에서 혁신의 비밀을 찾아 고객이 만족하는 유기농 제품을 만들어 일류기업을 만들기 위한 경영혁신 시스템인 'RBPS 경영혁신 시스템'을 구축하였다.

RBPS(Responsible Boundary Production System : 환경품질 책임제)의 기본 정신은 깨끗한 환경과 깨끗한 마음을 가진 사람들이 최고의 깨끗한 제품을 만들 수 있다는 철학이다. 나는 사과나무에서 찾은 경영이론을 그동안의 경험을 바탕으로 경영혁신 시스템으로 정리했다. 이것이 바로 'RBPS 경영혁신 시스템'이다. RBPS 경영혁신 시스템은 환경 혁신과 의식개혁을 바탕으로 고객이 만족하는 최고의 제품을 만들어 일류기업의 꿈을 실현하고자 하는 한국형 창조 경영혁신 시스템이다.

RBPS 경영혁신 시스템 속에는 나에게 주어진 일터를 스스로 청소하고 맡은 일에 대한 책임 정신을 함양하는 의식개혁의 도구인 '아침 행사', 깨끗한 환경과 안전한 현장을 확보하기 위한 '안전지도 시스템'Safety Map System, 현장에 널려 있는 모든 문제를 도출하고 개선 아이디어를 긁어모으는 그물과 같은 역할을 하는 전원 참여 혁신활동 시스템 RBPS Map, 즉 실천 품질 개선활동인 아침 품질회의 시스템, 설비 고장을 최소화하는 MBMMy Baby Machine 운동, 태양 리더십, 5단계 평가 시스템 등 제조 현장의 4M을 혁신하기 위한 여러 경영혁신 도구들이 체계적으로 정리되어 있다.

GM 전 세계 계열사에서 최고의 공장, 숨은 보석으로 평가

2000년, 대우자동차 부도 이후 당장이라도 문 닫을 듯 연일 신문과 방송을 장식하던 회사, 강성노조와 폐업이라는 극한 노사 대립의 대명사, 생산성 최악의 기업, 1,750명이라는 유례없는 정리해고, 끝내 GM도 인수 포기한 회사, 지역 경제는 물론 한국 경제까지 위기로 내몰았다는 오명을 써야 했던 기업. 이 모든 것들이 내가 대우자동차 부평 사업본부장으로 있을 당시 부평공장을 규정하는 말들이었다.

그로부터 3년 후 대우자동차는 노사협력을 바탕으로 놀라운 혁신을 이루어 생산현장은 사무실보다도 더 깨끗해졌다. 자율적 개선활동 250%, 안전율 54%, 품질 50%, 목표관리 61%, 원가관리 32% 향상을 이루었다.

GM이 부평공장을 인수하게 되면서 당시 릭 왜그너 GM 회장은 "전 세계 GM 계열 임원들은 대우자동차 부평공장을 학습하라"고 했고, 〈월스트리트 저널〉은 당시 부평공장을 일컬어 'GM의 숨은 보석'이라고 표현했다. 2004년 4월 디트로이트 세계 GM 임원진 경영자 회의에서는 대우자동차의 성공사례가 영상 자료로 보고될 만큼 놀라운 혁신을 이루었다.

최악의 상태에서 단 3년 만에 세계 최고의 기업들이 벤치마킹하는 회사, 소리소문없이 1만 명이 넘는 대기업과 중소기업 직원들이 방문하여 학습하고 간 그 비밀은 무엇인가? 그 배경에는 'RBPS 혁신 시스템'이 있었다.

부평공장은 극심한 노사갈등과 부도, 법정관리, 구조조정 과정에서의 정리해고와 그 이후의 재입사 과정에서의 갈등 등 많은 어려움을 극복하고 기적같이 부활했다. 아무도 예상하지 못했고, 모두가 포기했던 상황에서 만들어 낸 기적 같은 3년간의 혁신 이야기. 바로 그 드라마보다 더 드라마 같은 이야기를 나는 『우리는 우리를 넘어섰다』란 책에 소상히 담았다. 이 책이 베스트셀러가 되면서 부평공장은 혁신 현장의 아이콘이 되었고, 나에게도 방송, 특강 요청이 쇄도하여 혁신 전도사로 바쁜 하루하루를 보내게 되었다. 최악의 상황에서도 성과를 입증한 대우 부평공장의

환경품질 책임제RBPS 혁신 시스템은 이제 공장을 넘어 각 가정과
사무실, 그리고 지역과 해외에서도 그 진가가 확인되고 있다.

벤치마킹하던 기업에서 벤치마킹 대상 기업으로

나는 2009년 폴란드 FSO 부사장직을 마지막으로 대우와 함께
한 34년을 마무리하고 정년퇴임을 하였다. 그 후 아내와 함께 약
두 달간의 일정으로 세계여행을 떠났다. 그동안 회사 일로 해외
를 수없이 다녔지만, 이번에는 자유로운 시각으로 세상을 느끼고
바라보며, 지난 삶을 돌아보고 인생 2막을 어떻게 살 것인가라는
질문에 생각을 정리해 보고 싶어서였다.

여행 도중 나는 한 가지 특별한 깨달음을 얻었다. 여행했던 많
은 나라마다 생활 방식과 수준은 다르지만 대부분 환경이 '깨끗
한 나라가 선진국'이라는 공통점을 발견한 것이다. 스위스, 독일,
스웨덴, 캐나다, 일본, 싱가포르 등이 그 예다. 이러한 깨달음은
내가 20여 년간 연구하고 다듬어온 환경품질 책임제RBPS를 더
욱 발전시켜 한국형 창조 경영혁신 시스템으로 만들고 이를 통해
국가와 인류에 공헌하는 데 여생을 바쳐야겠다는 결심으로 이어
졌다. 그래서 또 하나의 성공사례를 만들어 보고자 일을 시작한
곳이 중견기업인 (주)한양정밀이었다.

한양정밀은 당시 대우자동차에 기능 부품을 공급하고, 소형 굴
삭기를 만들어 두산인프라코어에 납품하는 중견기업이었다. 이
회사도 여느 중소·중견 기업과 다름없이 인력난과 잦은 인원 변
동 등으로 시스템과 제도가 부실했다. 나는 이 회사에 사장으로

취임 후 기업의 현상을 파악한 다음, RBPS 혁신 시스템을 중소기업으로 보완하여 접목해 나갔다. 한양정밀은 4년 만에 생산성 43% 향상, 품질 개선 80%, 안전사고율 90% 감소, 제안 250% 향상 등의 놀라운 성과를 거두어 모기업인 GM, 두산인프라코어를 비롯해 삼성전기, LG화학, 현대, 대한항공 등 국내외 굴지의 대기업 임직원들이 벤치마킹을 위해 줄을 이었다. 덕분에 나는 국내 많은 기업과 사회단체뿐만 아니라 GM 본사에 가서 간부 대상으로 RBPS 성공사례를 주제로 영어 강연을 하는 기회도 얻었다.

한양정밀은 2014년도에는 제21회 대한민국 기업혁신대상 시상식에서 중소기업 분야 최고상인 대통령상을 수상하였으며, 나도 같은 해 전국 아이디어 대상 CEO 혁신대상을 받았다. 저성장기의 불안한 경영 환경 속에서도 기적 같은 경영혁신을 통해 성장해 가고 있는 한양정밀의 혁신의 비밀은 바로 RBPS 혁신 시스템의 정착에 있었다. 우리나라의 한 중소기업이 어떻게 글로벌 기업도 벤치마킹하는 기업으로 놀라운 성장을 할 수 있었는지, 저성장 시대를 타개하기 위한 한국형 창조경영 혁신 시스템은 무엇인지, 이에 따른 국내 기업들의 생존전략은 무엇인지, 그 해답을 나는 『혁신의 비밀』이라는 책에 세세히 기록했다.

혁신의 아이콘이 된 'RBPS 경영혁신 시스템'

환경품질 책임제RBPS는 자기가 생활하는 환경의 품질을 스스로 책임지는 사고에서 시작된다.

환경품질 책임제가 가정에 정착되면 깨끗하고 행복한 가정을

우리에겐 세계경영이 있습니다

이룰 수 있고, 회사에 적용하면 환경 혁신을 통한 의식개혁을 바탕으로 품질 좋은 유기제품을 만들어 일류기업으로 성장할 수 있다.

나아가 국가에 적용하면 안전과 질서를 바탕으로 살기 좋은 선진국을 건설할 수 있고, 지구촌에 정착되면 오염되어 가는 지구를 되살릴 수 있는 원동력이 되리라는 것을 나는 굳게 믿는다.

나는 대우와 함께한 34년을 포함해 40여 년간의 직장생활을 마무리하고 제2의 인생을 대우의 창조, 도전, 희생정신과 책임정신을 토양으로 구축된 'RBPS 경영혁신 시스템'을 세상에 전파하는 것을 미션으로 삼았다. 그래서 보다 나은 세상을 만들어 가기 위해 'RBPS 경영연구소'를 설립하고 강의, 컨설팅, 방송, 집필활동을 전개하고 있다. 어디에든 누구든 RBPS 사과나무를 심고 정성껏 가꾸어 나가면 온 세상에 사과 향기가 가득 차게 될 것이라는 믿음을 가지고.

대우호는 닻을 내렸지만, 대우의 세계경영 철학과 창조, 도전, 희생정신은 지금도 세계 곳곳에서 살아 숨쉬고 있다. 끝으로 'RBPS 경영혁신 시스템'을 대우 세계경영 현장에 접목시킬 기회를 상실한 것을 아쉽게 생각한다. 그동안 대우가족의 일원으로서 김우중 회장, 김태구 회장을 비롯한 많은 훌륭한 선배님들을 모시고 열정을 바쳐 대우의 세계경영을 위해 일했던 시간을 나는 더없는 영광으로 생각한다.

김동철

1952년 경상남도 진주에서 출생하여 경남고등학교, 서울대사범대학을 졸업했다. 1979년 그룹공채 입사 후 대우중공업 연구소, 엔진영업부, 경영관리부에서 근무하다 1993년 10월부터 1년간 북경 소재 대외경제무역대학에서 중국어 어학연수 후, 산동성 옌타이시 경제기술개발구 굴삭기 제조공장 설립에 참여했다. 1997년 3월 한국 본사로 귀임 후 대우그룹 기조실로 파견되어 세계경영기획팀에서 근무 후 중국으로 다시 발령받아 부임했다. 그중에 본사는 1999년 대우종합기계, 2005년에는 두산인프라코어로 회사 명칭이 바뀌었다. 2010년 3월까지 중국에서 회사관리, 시장개척, 중국사업개발 등에 참여했다. 2012년부터 두산엔진주식회사 대표이사로 근무했으며, 2018년 6월 퇴임하였다.

중국 비즈니스의 핵심은 상호존중을 담은 파트너십

: 대우중공업, 옌타이 굴삭기법인 설립

···

현지법인 설립 초기, 그들의 마음을 잡아서
위기를 돌파했던 이야기들

"차장님, 차장님! 밖에 좀 내다보세요!"

"왜요? 무슨 일 있나요?"

"그게 아무래도 공장에 불이 난 것 같아요!"

공장에서 그리 멀리 떨어져 있지 않은 주재원 식당에서(작은 아파트를 임대하여 식당으로 이용) 저녁식사 중 갑자기 나를 부르는 아주머니 외침에 밖을 보니 멀리서 시커먼 연기가 솟아오르는 게 아닌가. 바로 우리 공장이었다.

나는 한달음에 공장으로 달려갔다. 현장 근무자와 주재원 모두 허둥지둥 난리가 아니었다. 그런 정신없는 상황에서 어떻게 해서든 불을 끄려고 맨손으로 불길을 잡으려는 직원들도 보였다.

불길 속에서 소중한 것을 두고 나온 사람처럼 겁도 없이 온몸으로 저항하는 모습에 나는 더욱 놀랐다. 마음은 알겠지만, 자칫 그러다간 화상을 당할 수도 있는 상황이었다. 나는 서둘러 그들에게 피하라고 소리치며 대피시켰다. 곧 소방차가 와서 화재를 진압하였다. 다행히 큰 피해는 없었지만 역시나 불을 끄려고 맨손으로, 맨몸으로 앞섰던 사람들 여럿이 화상을 입었다. 그들을 개발구區 병원에 데려가 치료를 받게 하였다. 무척이나 아팠을 텐데, 양손에 붕대를 감은 채 "차장님, 공장은요?"라고 되묻는 그들을 보고 나는 뒤에서 혼자 눈물을 흘렸다.

이 사람들이 이렇게도 공장을, 업무를 소중하게 생각했었던 걸까! 그렇다면 이들을 믿고 한번 해 볼 만하겠다는 생각이 이곳, 중국 옌타이煙臺에 온 후 처음으로 들었다.

현지인들의 마음을 잡아라

"그 사람들 다 믿지 마세요. 아마 일 년이 지나면 절반 정도는 이직하고 없을 겁니다."

옌타이에서 공장을 지으면서 함께 일할 현지인을 구하는 게 나의 가장 중요한 업무였는데, 먼저 진출한 회사 사장들을 만나 조언을 구하면 이직이 매우 잦다며 내게 해 준 말이었다. 한마디로 회사에 대한 소속감이 부족하다는 것이다.

반면, 구직자의 경우는 얘기가 또 달랐다. 열심히, 오래 일하려고 했는데 회사가 하루아침에 본국으로 철수했다는 것이다. 이런 이야기를 들은 터라 나 역시 현지 채용인에 대한 믿음이 크지

우리에겐 세계경영이 있습니다

않았다.

그런데 준공식을 앞두고 공장에 난 화재 사건으로 그런 불신이 없어졌다.

"왜 그렇게 했니?"

"그냥 저도 모르게요. 빨리 불을 꺼야 더 번지지 않을 것 같아서…."

맨손으로 불을 끌 정도의 마음가짐이라면 조금 부족해도 잘 이끌어주면 분명히 좋은 성과를 낼 수 있으리라는 확신이 들었다. '어떻게 하면 이들이 회사에 정을 붙이고 열심히 일할 수 있게 만들까?'라는 데 집중했다.

우선은 '잘 먹이자'라는 생각으로 식당부터 만들었다. 가능한 좋은 식재료로 맛있게 양껏 먹을 수 있도록 자율배식을 하였다. 우리 회사에서 일하는 직원들만큼은 잠자리며 먹고 입는 것에 대해서는 넉넉하고 편안하게 해 주고 싶었다. 이런 내 마음이 통했는지 현장은 섬섬 안정되어 갔다.

작은 어촌마을에 굴삭기 공장을 세우다

중국과의 정식 수교 전부터 중국과 긴밀한 관계를 유지하던 대우그룹은 수교(1992년) 후 본격적으로 중국에 진출하였다. 대우전자, 대우자동차, 대우정밀 등이 선두에 섰는데, 대우중공업은 건설장비인 굴삭기 공장을 짓기로 했다. 공장만 짓는 게 아니라 새로운 법인을 만드는 일이었다.

나는 회사가 준비한 교육 프로그램에 따라 중국 대외경제무역

대학에서 중국어 연수를 마치고 1994년 중국 옌타이에 도착했다. 앞으로 이곳에서 경영할 회사의 정식 명칭은 '대우중공업연대유한공사'로, 중국 산동성의 옌타이시 경제개발구에 위치했다.

옌타이는 작은 어촌에 불과했지만, 경제개발구로 지정된 이후 해외 기업이 몇몇 들어와 있었다. 그러나 대부분 규모가 작고 사무실이나 작은 공장을 만들어 가동한 뒤 실적이 좋지 않으면 금세 회사를 접고 떠나는 경우가 많았다. 우리에 대해 전혀 알 길이 없는 현지인들은 회사에 대한 신뢰가 없었다. 하지만 넓은 부지에 크고 긴 파일을 심으며 터를 잡는 모습을 보더니 우리를 보는 눈이 달라졌다. 나중에 들은 얘기로는 "저렇게 큰 파일을 땅에 묻는데 그걸 파내서 쉽게 떠나겠냐"는 생각이 들었다고 하였다.

준공식을 3개월 앞두고 내부 마무리 공사 중 화재가 발생했지만, 곧 진화되었고 서로를 이해하는 큰 계기가 되었다. 이후 순조롭게 공사도 진행되어 준공식도 성대히 잘 치렀다.

1996년 6월 중국 옌타이 굴삭기 공장 준공식.

우리에겐 세계경영이 있습니다

해외진출 초기에는 누구나 그렇듯 서로 간 이해의 폭이 넓지 않고 문화나 시스템이 워낙 다르기 때문에 크고 작은 문제들이 종종 생겼지만, 큰 곡절 없이 무난하게 공장을 운영해 갔다. 몇 명 되지 않지만 최선의 노력을 다해 준 주재원들 덕분이었다.

주재원들의 향수병

물질적, 제도적 토대가 없어 말 그대로 허허벌판이었던 옌타이에 들어와 공장을 지으니 약간은 독립투사가 된 심정으로 일했던 것 같다.

그렇지만 회사를 운영하는 실질적인 주체는 본사에서 부임한 주재원들이고, 현채인과는 다른 어려움을 호소하는 그들을 챙기는 일도 내 몫이었다.

단독 부임한 주재원은 가족에 대한 그리움으로, 어린 자녀들과 함께 온 주재원은 교육 문제 등으로 조금씩 힘들어했다. 겉으로는 티를 안 내려 했지만, 이런저런 문제가 쌓이면 결국엔 업무에 영향을 미치기 때문에 나로서는 큰 걱정거리였다.

초기에는 이런 일도 있었다. 몇 명의 주재원이 며칠째 설사와 복통을 호소해서 처음에는 음식이 맞지 않아서 그런 줄 알았다. 음식을 바꿔 먹어도 계속 몸 상태가 좋지 않아 본사에 보고하니, 감사하게도 한국의 본사 사내병원 의사가 출장으로 옌타이에 왔다. 그런데 진료한 결과, 정신적인 스트레스로 인한 복통이라는 진단을 받았다. 일종의 향수병이었다.

회사도 주재원들의 상황을 이해하고 여러 편의를 봐준다고 애는 썼지만 지금 생각해 보면 미안한 게 한둘이 아니다. 현지 상황을 잘 몰라서 미처 헤아리지 못한 점도 많았다. 당시 함께 고생했던 주재원들과의 인연은 지금도 이어져 좋은 관계를 이어 가고 있다. 열악한 상황에서 근무한 터라 이들과는 일종의 전투애, 동지애가 쌓였다.

나 역시 가족과 떨어져 혼자 생활하는 주재원 중의 하나였으나 현실적으로 해결해야 할 일이 산더미라 외로움조차 느낄 여유가 없었다.

그중에 가장 중요한 일이 현지 채용 인원을 선발하는 것이었다. 옌타이는 지역 특성상 중장비 제조에 적합한 기술 인력을 구하기가 쉽지 않았다. 여기저기 수소문하니 동북 3성의 연변지역에 조선족들이 많이 다니는 기술기공학교가 있는데, 그곳은 자동차 관련 기술을 익히는 곳이니 그나마 적합한 인력을 찾을 수 있을 것이라는 말을 들었다. 그러나 우리 공장이 있는 곳은 산동성, 찾아가야 할 곳은 연변조선족자치주로 비행기로만 몇 시간을 가야 하는 곳이다. 결국 다른 방법이 없는 상황이라 항공편으로 연변을 향했다.

직접 연변까지 가서 직원 선발

나는 학교 관계자의 도움을 받아 일종의 리크루팅 행사를 열었다. 학교 강당에 모인 학생과 학부모 앞에서 회사에 대한 프리젠테이션을 했다.

"우리 회사는 오랫동안 중국에서 일할 것입니다. 학생들이 고

우리에겐 세계경영이 있습니다

향과 부모님 곁을 떠나도 안전하게 일할 수 있도록 최선을 다하겠습니다. 믿어 주십시요"라고 부탁하였다.

연변 외에 다른 지역에서도 직원을 구했다. 굴삭기라는 제품의 특성상 용접전문 기술 인력이 절대적으로 필요한데, 산동성 옌타이 지역에서는 구하기가 녹록치 않았다. 흑룡강성 치치하얼시齊齊哈爾市에 외국으로 원자로부품을 납품할 정도의 용접기술을 갖춘 회사가 있다고 개발구 정부로부터 소개받았다.

우리 회사 채용팀의 현채인 직원과 그 회사에 찾아가니 마침 일요일 저녁이라 회사에 당직자만 있었다. 다행히 같이 간 직원과 당직자가 대학 동기여서 일이 잘 풀렸다. 내가 3년 전에 한국 본사 인천공장에서 중국 손님을 안내한 적이 있었는데, 그분의 회사가 바로 지금 찾아간 회사였다. 인천공장을 방문했을 때의 이야기를 자연스럽게 꺼냈고 당시 작성했던 리포트도 보여 주었다. 그랬더니 당직자는 반가워하면서 휴일임에도 불구하고 그분에게 연락하여 만날 수 있게 해 주었다.

만나서 치치하얼시에 온 목적을 얘기하니 자기 회사의 동사장董事長이 도움을 줄 수 있을 거라고 하면서 바로 그 자리에 모셨다. 한걸음에 온 동사장은 우리를 반갑게 맞아 주었다. 그리고 필요 인력에 대한 적극적인 지원을 약속받는 성과를 얻었다.

이튿날, 관련 업종 40~50개 회사의 인력을 총괄 관리하는 업체의 총경리가 우리 숙소를 찾아와서는 나에게 전날 동사장에게 받았다는 쪽지를 보여 주었다. 거기에는 '이 사람이 요구하는 사람을 최대한 지원해 줄 것'이라는 메모가 쓰여 있었다.

나는 사실 그 당시 큰 도움을 주셨던 동사장이 중국 경제인들 가운데 어떤 정도 위치에 있는지 전혀 몰랐다. 도와준 것에 대한 고마운 마음으로 준공식에 초대했을 때 알게 되었다. VIP 자리 배치에 옌타이시 정부의 도움을 받았는데, 알고 보니 그 동사장은 매우 높은 위치였다.

당시 수교 전부터 한국으로 공장 견학을 오는 중국 손님들이 있었다. 회사의 임원진이나 공무원들이 대부분이었는데, 내가 안내를 맡는 경우가 종종 있었다. 나는 늘 하던 대로 최대한 성실히 손님들을 모셨는데 그게 그분에게는 인상적이었는지, 이렇게 나를 도와주며 보답한 것이다. 작은 친절, 성실함이 나중에 큰 성과로 보상받고, 작은 인연이 큰 성과로 이어진다는 것을 느꼈던 인연의 소중함을 생각하게 한 에피소드이다. 이후 이 경험이 나의 중국 생활에 근간이 되었다.

어쨌든 나는 그 동사장님 덕분에 좋은 직원들을 만나서 옌타이에 데리고 올 수 있었다. 이후에 국가 중앙부서인 기계공업부로 영전했다는 소식을 들었다. 지금도 그 동사장님의 직급에 상관없이 소탈하고 친절하게 격려해 주셨던 모습이 생각나곤 한다.

관리자는 해결사

행여 불미스러운 일이 일어날까 노심초사하던 중에 큰 사건이 일어났다. 공장 설립 초기라 외부 사람들의 출입이 많았다. 당시 공장에 기계 설치를 위해 일본인 엔지니어가 와 있었다. 일을 마치고 곧 귀국할 사람이었는데, 간밤에 '삐치기', 즉 노상강도를 당해서 머리에 큰 상처를 입은 것이다. 당시 우리 직원들은 녹색 작업 점퍼를 자랑스럽게 입고 출퇴근을 했는데 그 엔지니어도 마침 같은 종류의 점퍼를 입고 외부식당에서 저녁 식사를 했다고 한다. 그 옷으로 인해 돈을 많이 가지고 있겠다고 생각되었는지 한밤중에 범행을 당한 것이다.

상태가 위중했다. 우리는 북경에서 의사를 데리고 와서라도 치료를 해서 살려야겠다는 마음으로 치료에 정성을 다했다. 두어 달 넘게 치료하고 본국으로 돌아갔는데 결국 한쪽 눈을 실명했다는 소식을 들었다. 범인은 떠돌이 외지인인 것으로 밝혀졌고, 이미 멀리 도망간 후라 잡을 수 없었다. 우리 회사 일을 하러 왔다가 사고를 당해서 여간 미안한 게 아니었다. 다행히 일본 본사가 중국 사정에 정통해서 상황을 이해하고 우리가 최선을 다해 치료해 준 것에 대해 고맙다는 편지를 보내왔다.

문제는 이런 일이 생기면 직원들의 사기가 꺾이고 결국 업무에도 좋지 않은 영향을 준다는 것이다. 생활이 안전하지 못하고 서로 간에 불신이 생기면서 분위기가 나빠지는 것이다. 당시만 해도 중국 사람들은 한국에 대해 잘 모르고 있었다. 한국의 자동차는 조금 알고 있지만 굴삭기도 만드는 줄은 전혀 모르고 있는 상태에서 이렇게 공장을 만들어 가동시키고 일을 한다는 것 하나하나에 이르기까지 어느 것 하나 만만한 일이 없었다. 이번에도 해결사 역할을 해야 했다. 우선 회사에 대한 불신, 좋지 못한 생활 습관 등이 남아 있는 현채인들을 우선 잘 다독였다. 또 주재원들에게는 현채인들에게 농담일지라도 나쁜 말, 험한 말은 상처를 주는 것이니 하지 말라고 신신당부했다. 두 집단 사이에서 아슬아슬한 나의 줄타기는 계속되었다.

대우중공업이라는 자긍심

공장 건설 초기에 대우중공업 본사 현장의 기술연수를 하기 위해서 현채인 50여 명을 데리고 한국으로 갔다. 가기 전에 이들이 생활하는 데 불편함이 없게 준비하도록 본사에 당부하였다. 연수생들이 묵게 될 기숙사 방에 개인별로 각각의 이름표를 붙이고 개인별 유니폼, 교재 등을 가지런히 정리하여 연수생을 맞았다. 기숙사 한쪽에는 중국 노래방 기기를 들여놓아 여가를 보낼 수 있도록 하였다. 식당에는 연수생들에게 중국식으로 입맛에 맞는 음식을 제공하는 코너를 별도로 운영하도록 특별 부탁을 하였다.

나는 나대로 연수생들이 괜히 주눅 들지 않게 깨끗한 옷도 사서 입히고 이발도 하게 했다. 한국의 대우중공업을 방문한 연수생들은 난생처음 자기 이름이 붙은 방을 보고 매우 감격하였다. 연수생들은 짧게는 3개월, 길게는 6개월씩 한국에서 생활하였다. 본사 직원들은 이들을 집에까지 초대하고 국어사전 등의 작은 선물도 주며 따뜻하게 대했다. 이 일을 계기로 오랫동안 서로 '사부와 제자'라 부르며 친하게 지냈다.

대우중공업의 기술과 기업문화를 배운 이들은 옌타이공장에서 중추적인 역할을 하였고 지금까지 근무하는 사람들도 있다. 당시의 주재원들은 이제 옌타이를 떠난 지 꽤 되었고 지금은 현역에서도 은퇴했지만, 여전히 명절엔 서로 인사도 나누고 옌타이를

우리에겐 세계경영이 있습니다

방문하면 한결같이 반갑게 맞아 주고 있다. 그들이 한국에 오는 경우도 마찬가지다.

해외에 법인을 세우고 현지인들과 함께 사업을 꾸려 가려면 파트너십이 매우 중요하다. 그들 위에 군림하는 게 아니라 서로에게 필요한 부분을 도움받고 도움 주는 관계가 유지되어야 한다. 더구나 중국 비즈니스 관습상 인간관계는 매우 중요하다. 그때나 지금이나 중국에서 사업을 하고자 하는 사람이라면 반드시 명심해야 한다. 내가 대우받기를 원하는 것처럼 그들도 대우받기를 원한다는 생각을 가져야 한다. 그리고 내가 그들을 대우할 경우 그들도 나를 대우할 것이라 믿고 행동해야 한다.

더구나 중국 비즈니스 관습상 인간관계는 매우 중요하다. 모든 일은 사람이 하는 것이고, 그 시작과 끝에는 늘 사람이 있기에 인간관계 또한 진정성 있게 다가가는 이에게는 열릴 것이다. 그때나 지금이나 중국에서 사업을 하고자 하는 사람이라면 반드시 명심해야 한다.

리더의 철학과 경영의지의 중요성

한창 세계경영이 화두일 무렵 나는 대우그룹 기조실 세계경영 기획팀으로 파견 나가 러시아, 우즈베키스탄, 카자흐스탄, 불가리아 지역의 대우 세계화 거점 확보를 위한 사업환경 조사 및 분석업무를 진행한 적도 있다. 그리고 약 40여 년의 직장 생활 중에 절반 남짓한 시간은 중국에서 보냈다. 연구소에서 해외기술 자료 번역 업무로 직장 생활을 시작한 나는 회사의 중국 진출에 따라 중국 옌타이로 떠났다. 그곳에서 근무하면서 차장에서 부장, 상무로 진급하였고 그만큼 책임도 커졌다. 이후 두산인프라코어로 회사 이름이 바뀌었지만, 업무는 큰 변화 없이 이어졌다. 두산으로 이름이 바뀐 후에는 두산공정기계유한공사 총경리 전무로 근무했다.

그리고 두산인프라코어 중국지역장, 부사장을 끝으로 완전히 귀국하였다. 이후 두산인프라코어 건설기계부문, (주)두산 물류부문의 부사장, 두산엔진의 대표이사 등을 역임하며 긴 직장 생활을 마감하였다.

그중에서 초창기 중국 옌타이에서의 경험이 가장 강렬하게 남는 것은 단지 타지에서 고생한 이유만은 아니다. 아무것도 없는 상태에서 하나씩 배워 가며 갖추어 가는 일이 힘들었지만, 재미도 있었다. 대우에서 배운 도전정신에다 나와 주재원들의 뜨거운 젊음과 열정 때문이었다. 마치 용광로 속에서 조금씩 다른 성질의 금속 덩어리가 한 덩어리로 녹아 결합하는 듯한 분위기의 연속이었다.

그리고 많은 시간이 지났다. 사람도 상황도 많이 바뀌었다. 그러나 도전과 열정으로 똘똘 뭉치며 어려움을 헤쳐 나갔던 초창기의 도전 DNA는 분명히 우리 어딘가에 남아 있고 후배들에게도 이어져가고 있음을 오늘 중국 옌타이의 두산공정기계유한공사에서 보고 있다.

사업의 흥망성쇠는 리더의 철학과 경영 의지에 따라 달라진다는 것을 개혁개방 정책으로 급변하는 중국사회의 발전을 보고 경험하였다. 좋은 리더란 바로 이런 DNA를 알아보고 이것이 구체

우리에겐 세계경영이 있습니다

적으로 발현할 수 있도록 격려하고 이끄는 사람이다. 조금은 손해 보는 듯 살면서 공功은 후배에게 양보해야, 당면한 문제에 대해 정확하고 냉철한 사리분별이 가능하다. 후배들은 자신의 업무에 전문성을 더욱 개발하고 남보다 조금 앞서 나가려고 할 때 조직에서 필요한 인재로 성장할 수 있을 것이다.

　다시 한번 더 그 시절 본사에서 아낌없는 지원을 해 주신 동료들, 그리고 중국 현지에서 고락을 함께 했던 주재원들과 중국 직원들에게 감사의 마음을 전한다.

박찬홍

1956년 충남 예산 출생이며, 대우무역 인재개발부장, 중외제약 수석상무, 중소기업기술정보진흥원 전략기획실장 등을 역임하고 현재 건국대학교 글로컬 캠퍼스 경영경제학부 교수로 재직 중이다.

〈한국기업의 인력개발 계획 수립 모형 연구〉, 〈전략적 경영성과평가시스템 구축에 관한 연구〉 등 논문과 『사람 중심으로 만들어가야 할 4차 산업혁명』 등의 저서를 출간했다.

글로벌 전문인재 양성으로
세계경영을 주도하다

: 대우그룹과 대우무역, 글로벌 교육시스템 구축

　지난 2012년 한·중 수교 20주년을 맞아 한 경제신문의 특집 기사를 읽게 되었다. 주요 필자는 20여 년 전에 네기 실무를 맡아 대우가 양성한 '중국지역전문가' 출신이었다. 정확하게 그는 해외지역전문가양성 1년 과정을 수료한 대우맨 출신으로, 당시 국내 타 그룹 상해법인 대표 자리에서 활약하는 것을 보며 깊은 감회를 느꼈던 적이 있었다.

　대우그룹 해체의 상황에서 수년간에 걸쳐 글로벌 차원으로 양성된 인재들은 다른 대기업뿐 아니라, 중견기업, 교육계, 공기업, 공무원 등등에서 발군의 실력을 보이며 활약했다. 대우그룹의 본격적인 인재양성 프로그램을 처음부터 끝까지 기획하고 운영했던 인력개발담당자 중의 한 사람으로서 자신있게 말할 수 있다.

참고로 이 해외지역전문가 양성과정은 1990년대 초반의 사회주의권 해체로 30억 인구의 새로운 글로벌 시장의 문이 열릴 것을 대비해 대우가 야심차게 준비한 대규모 미래형 인재양성 프로젝트의 하나였다. 일찌감치 아프리카, 중동, 그리고 공산권 국가를 대상으로 국교가 맺어지기도 전에 비즈니스를 개척해 가던 대우가 거대한 시장의 출현을 몸으로 느끼기 시작한 것이 그 출발점이었다. 이후 파견대상 국가가 베트남, 러시아 등으로 점차 확대되었으며, 나중엔 다른 대기업에도 영향을 미쳐 해외지역전문가 양성이라는 이름으로 확산하는 데 일조했다.

중국은 1992년 8월 한중수교 이후 28주년을 맞은 2018년 기준으로 교역 규모가 무려 50배로 비약적인 성장을 하였으며, 미국과 일본을 뛰어넘어 한국의 제1교역 대상국이 되었다. 종합상사인 대우무역은 공식적인 한중수교가 수립되기 몇 년 전부터 다양한 채널로 중국 비즈니스를 진행하고 있었고, 중국 전문가 수요 폭증에 대비해 '중국지역전문가 양성과정'이라는 획기적인 프로그램을 기획하였다.

1990년 북경 등 중국 주요도시 현지방문 실사를 거쳐 수립한 계획의 핵심은 중국 명문대학(북경대, 상해 복단대, 교통대, 대외경제무역대학 등)에 상사맨을 파견하여 일 년간 집중연수로 지역전문가를 양성하는 것이다. 중국어 집중학습을 통한 커뮤니케이션 스킬 향상, 중국의 문화와 상거래 관습 이해, 현지 인적 네트워크 구축 등을 목적으로 10년간 100명을 양성하는 목표로 추진하였다. 여기에 더

우리에겐 세계경영이 있습니다

해 이 글의 끝에 소개하는 중국의 무역지사, 현지법인에서 채용하는 한족과 조선족 현채인에 대한 교육도 종합하는 프로그램이었다.

대우무역에서는 '대우세계경영'의 최전선에 서야 하는 종합상사맨들의 역량 강화를 위해 앞에서 언급한 해외지역전문가 과정 외에도 곡물, 원면, 비철금속 등의 상품전문가교육, 보석감정사자격, 국제원면감정사자격의 상품자격증 취득교육, 국제금융, 선물거래 등의 직무전문가교육 등을 위해 세계적인 최고 교육기관에 파견하는 프로그램을 진행하였다. 그 교육을 집행하면서 글로벌 메이저기업과 어깨를 나란히 하고 네트워크를 형성해 가는 모습을 지켜보는 것은 30여 년이 지난 지금 생각해도 발상 자체가 쉽지 않은 선도적인 일이었다.

인재개발부서 책임자로서 최고의 쾌감을 맛보는 출발점은 1981년 대우그룹에 공채로 입사하여 10년간 대우 기획조정실에서 인력개발 업무를 담당하면서부터다. 이후 1990년에 대우무역으로 자리를 옮겨 종합상사 인재개발부장으로 10년간 그룹의 세계경영 전략의 첨병으로 활약할 글로벌 인재양성 업무를 수행하면서 완성점을 향해 항해한 것이다.

인재중시 기업문화의 시작

기업에서 인재의 중요성은 백번 강조해도 지나치지 않다. 기업에 어떤 인재들이 모였느냐가 기업의 경쟁력을 가늠한다. 핵심 실행 요소는 바로 좋은 인재선발과 교육훈련이라는 두 축이다.

대우의 인재채용은 1974년 처음으로 신문 공고를 통해 공개채용(공채)을 하게 되었다. 1천 4백 명이 지원해 43명을 채용하였는데 대졸신입 그룹공채의 효시라 할 수 있다. 한국 사회는 1970년대 후반부터 민주화의 열망으로 수많은 곳의 파열음이 생기며 불안한 정치적 혼란이 계속되었지만 전반적인 사회 분위기는 새로운 시대를 향해 나아갔다. 다행히 1960~1970년대의 국가경제발전 계획으로 기업활동의 폭이 급격히 늘어나고 대한민국 자본축적이 확대되는 데 힘입어 대기업은 본격적으로 성장해 나가면서 사업을 확장하고 그룹체제를 구축하며 더 많은 인재를 필요로 하는 시기였다.

나는 그즈음인 1981년 7월에 대우그룹 공채로 입사하며 인연을 맺었다. 처음 발령받은 곳은 대우 기획조정실이었는데, 아마도 인문학을 전공한 내가 잘할 수 있는 업무가 인사, 홍보, 교육 분야라는 차원의 조치로 그룹 차원의 교육 업무를 담당하게 한 것 같았다.

작은 우연이 모여 필연이 된다는 말처럼, 사회생활의 첫 업무가 작은 씨앗이 되어 40여 년이 지난 지금 결국, 대학에서 학생들을 가르치는 일로 뿌리를 단단히 내린 게 아닌가 하는 생각이 든다.

회사 성장단계별 기업교육

그룹공채를 통해 훌륭한 인재의 선발만큼 적절한 교육을 통해 기업이 원하는 인재로 양성하는 것은 또다른 과제였다. 당시는

우리에겐 세계경영이 있습니다

대학교 교육과정에서 기업에서 필요한 역량을 염두에 두고 가르치는 부분이 전혀 없었다고 해도 과언이 아니었기 때문이다.

특히 교육은 백년대계百年大計임을 고려한다면, 기업교육은 직원들의 경력성장단계별로 분야별 전문가와 미래의 관리자를 어떻게 개발할 것인가에 대한 플랜을 가지는 것은 소속 직원들의 미래 성장비전과도 이어지는 부분이다. 그러나 그러한 관점에 대한 인식도 부족했고 실제로 어떤 교육 훈련What & How을 해야 하는지는 거의 무지한 상태였다.

그런 의미에서 입사 초기부터 그룹 내 교육 담당자로서 일하게 된 것은 행운이었다. 약 10년 동안 기획조정실에 근무하며 모든 종류의 기업교육을 섭렵할 수 있었기 때문이다. 더군다나 기업교육의 산실로서 최적의 공간이라 할 수 있는 종합연수원의 필요성이 대두될 무렵이라 나는 기업교육에 대해 기초부터 차근차근, 그리고 밀도 있게 많은 것을 배울 수 있었다.

후발주자이지만 놀라운 성장 속도로 발전하던 대우가 가진, 타 기업과는 확실하게 차별화된 독특한 기업문화는 우수한 인재가 대우를 찾게 하는 원천이 되었다. 창업주가 솔선해서 시작된 도전과 창조의 기업문화는 자연스레 그런 성향을 지닌 인재를 모았다. 이들에게 내재된 성향을 잘 이끌어 직무역량에 반영할 수 있는 양성 프로그램이 절실했다. 신입사원 때의 패기와 도전 그리고 열정은 시간이 지날수록 퇴색하기 쉬운지라 초심을 잃지 않으면서 각자의 직무 전문성을 키우는 데 한 걸음 더 나아가 대우를 이끌어 갈 최고의 전문인재로 성장시키기 위한 지속적인 교육

체계 수립에 모든 역량을 투입하였다. 인재의 중요성을 인식하고 투자를 아끼지 않았던 대우는 이 시기에 두 가지 큰 축의 전략적 선택을 했는데, 하나는 대우인력개발원(종합연수원) 설립이고 또 하나는 그룹 해외연수였다.

인력개발원의 시작, 대우중앙연수원

그룹 인력개발원의 첫 단추는 경기도 부천에 마련된 대우부천연수원이다. 1980년부터 1986년까지 이곳에서 실시한 주된 교육은 대우가족이라는 이름으로 확장되는 그룹 관계사의 공동체적 일체감을 형성하는 것이었다. 창조, 도전, 희생이라는 대우정신을 정점으로 하여 그룹공채 대졸 신입사원 교육과 신규로 그룹 계열사로 편입된 회사의 대우가족화 교육을 실시하였다. 대우정신과 경영이념의 이해, 그룹 공동체적 일체감 형성 등이 주 내용이었다.

1984년에는 대우창업 정신 회복을 바탕으로 현장생산성과 품질교육인 TQC를, 1985년에는 STORMSecond Take Off Reform Movement85로 이름 지어진 경영혁신 교육을 실시하였다. 임원부터 대리급까지 전원을 대상으로 부천연수원 외에 중공업 인천연수원, 조선 옥포연수원, 전자 구미연수원에서도 동시에 진행하였다.

1980년대 이후는 국내 주요그룹마다 모든 교육을 아우르는 자체 연수원이 하나둘씩 생기기 시작했다. 대우그룹도 이때부터 본격적으로 인력개발원 건립에 들어갔다. 그룹 교육의 전반을 책임

우리에겐 세계경영이 있습니다

질 종합연수원 인프라를 만드는 일은 매우 중요하였고 안팎의 관심을 받으며 진행되었다. 나는 당시 대리에서 과장 사이 초급관리자 시절이라 이런 큰 프로젝트를 책임 맡을 자리는 아니었지만, 기획조정실 교육연수 기획조사팀에 있어서 처음부터 끝까지 참여하는 행운의 기회가 있었다.

창업 15주년을 기점으로 인력개발원 건립 마스터플랜을 세우게 된다. 프로젝트팀이 꾸려졌고 본격적인 준비가 시작되었다. 호기롭게 시작했으나 막상 일을 시작하려니 막막했다. 무엇보다 이제 막 그룹연수원이 하나둘 설립되는 시기여서 국내에서는 참고할 만한 자료가 거의 없었다.

우리는 정공법을 선택했다. 우선 해외 선진 기업을 벤치마킹하기로 하고 가까운 일본부터 미국, 유럽까지 직접 가서 그들의 교육 시설을 둘러보고 어떤 교육시스템을 갖추고 직원들을 교육하는지 발품을 팔아 확인했다. 미국 GE 크로톤빌 연수원, IBM 뉴욕연수원, 일본 도요디 연수원, 미쓰시디 정경숙政經塾 등 한눈에 보기에도 우리와는 비교할 수도 없이 이미 선진화된 그들의 교육 시설과 시스템을 보면서 과연 '우리도 이처럼 할 수 있을까?' 하는 걱정이 들었지만 수많은 자료와 토의, 협의를 거쳐 인력개발원의 청사진을 그려 나갔다.

대우보다 조금 앞서 인재개발원을 설립했거나 추진 중인 현대, 삼성, 엘지 등 국내 대기업들과 소통하며, 단지 대우만을 위한 인재개발원이 아닌 궁극적으로 우리나라 산업의 주역이 될 인재를 위한 교육원을 만든다는 큰 생각으로 일을 진행하였다. 수시로 전해오는 김우중 회장의 핵심 주문이기도 했다.

대우는 경기도 용인군 외사면에 53만여 평의 부지를 마련하고 이곳을 연수단지와 연구개발단지로 조성하기 시작했다. 드디어 1987년 약 10만 평의 부지에 연건평 3천여평의 연수원 및 체육시설을 건립하였다. '대우중앙연수원'이 탄생한 것이다. 대우중앙연수원의 설립과 동시에 본격적인 그룹 종합교육시스템에 의한 교육이 그룹사 전 임직원을 대상으로 실시되었다.

8년 후인 1995년에는 연수원 바로 옆에 '고등기술연구원'이 준공되어 그룹의 전자, IT, 통신, 기계, 자동차, 조선, 항공, 건설, 중공업 등 모든 계열사의 기술역량을 융합하여 다음 세대의 기술을 개발하는 중심축으로 삼고자 했던 콤플렉스 조성 계획이 완성되었다.

현장, 협력사, 임직원 가족까지

대우중앙연수원의 설립으로 기업교육은 곧 신입직원 연수라는 생각에서 벗어나 기업의 성장 단계별 혹은 개인 차원에서는 입사 후 경력성장 단계별 지속적인 교육 체제를 갖추게 되었다. 즉 신입사원부터 임원까지 직급과 직무, 업종의 양태에 맞는 교육을 실시하며, 한편으로는 경영혁신을 전파하고 주도하는 경영혁신 교육도 함께하였다.

가령, 당시 옥포조선소에 상주하며 직접 현장경영을 했던 김우중 회장이 주도해 실시된 '희망 90s' 운동은 그룹 차원의 의식혁신을 위해 3년간 진행되었다. 옥포조선소뿐 아니라 각 계열사

우리에겐 세계경영이 있습니다

로 확산 전파된 이 운동으로 현장의 낭비를 제거해 생산성 향상과 매출 증대라는 큰 성과를 얻었다. 교육은 본사 직원이나 사무직 직군을 벗어나 현장 직군과 협력사까지 확대 실시하였다. 임직원은 물론 협력사, 지역민 그리고 그 가족까지 '대우가족'으로 감싸 안았던 기업정신이 고스란히 반영된 결과였다.

이와 관련된 작은 에피소드가 있다.

1980년대 후반 산업현장에는 노사분규가 심했다. 단기처방이라 할 수 있는 임금인상, 근로조건 개선보다는 근본적으로 이들의 성장 욕구를 채워 줄 수 있는 프로그램이 있어야 하지 않겠느냐는 것이 김우중 회장의 생각이었다. 우리는 기능직 사원이라는 한계에 묶여 있는 이들의 경력성장의 길을 열어 줘야겠다고 판단했다. 두 트랙의 방법이 있었다. 하나는 기능장으로 크는 것이며 하나는 관리자로 성장하고자 하는 경우 회사가 이를 전폭적으로 지원해주는 프로그램을 운영하는 것이었다.

기능직 현장 사원들에게 전문대학, 일반대학 프로그램을 이수하도록 하고, 교육을 이수하면 그룹 내에서 그 학력을 인정하는 제도를 과감히 도입했다. 거제도에 전문대학을 세워 현장 기능직 사원들이 성장할 수 있는 통로를 열어 준 것이다. 거제도에 대학을 세운 것은 지역주민의 숙원사업이기도 했다.

내가 과장일 때 대학 설립 계획을 수립해 완공한 프로젝트라 특히 애정이 간다. 이후 이 대학을 졸업한 학생들이 바로 대우조선에 취업이 가능할 수 있도록 컴퓨터, 통신, 조선, 회계 관련 학과 중심으로 과를 신설 운영해 지역사회와 산업 간의 협력모델을 제시하였다.

나는 당시 거제조선소 인근에 전문대학을 설립하는 프로젝트를 맡아 추진하는 중에 과장이라는 말단 직원으로서 김우중 회장께 직접보고를 할 일이 생겼다. 거제도 대우조선소에 계신 회장님을 찾아가 전문대학 설립계획을 보고하게 되었다. 준비한 내용으로 브리핑을 하는데 갑자기 회장님이 "그렇다면 전국의 우수 전문대 취업률은 얼마인가?" 하고 질문을 하셨다. 나는 기껏해야 인근 영남지역 소재 대학들의 취업률 정도를 생각하고 준비했는데, 회장님은 최소 전국에서 가장 좋은 전문대학이 되어야 한다고 생각하고 물으신 질문에 크게 당황했던 기억이 있다. 또 지금은 아니더라도 경상도가 아닌 전국적 차원에서 우수 학생들이 지원할 만큼 좋은 대학으로 만들어야 한다는 의지이기도 했다.

세계경영의 핵심인재 양성을 위한 해외연수 체계화

인력개발원 출범으로 그룹 차원의 관리혁명, 즉 경영혁신을 추진하면서 다른 한 축으로는 세계경영의 핵심이 될 인재를 키우기 위한 해외지역전문가, 무역전문가를 양성하는 교육에 많은 시간과 노력을 기울였다.

해외 유학연수는 기업 차원에서는 비교적 이른 시기인 1981년부터 시작하였다. 연수 대상자에게 등록금 전액, 체재비용, 기본급 지급 등을 통하여 공부에만 열중할 수 있도록 최대한 지원을 해주었다. 주요 유학 파견 국가는 미국, 영국, 프랑스, 독일, 일본 등의 선진국이었다.

우리에겐 세계경영이 있습니다

그즈음 대우뿐 아니라 다른 그룹에서도 해외연수를 실시하였다. 하지만 내용 면에서 대우는 특별했다. 당시 다른 대기업에서는 대부분 AMP(Advanced Management Program, 최고경영자과정) 13주 과정을 보내는 정도의 수준이었으나 대우는 해외 유명대학의 2년~5년에 상당하는 장기 유학연수를 보냈다. 물론 다녀오면 그 혜택만큼 기업에 몇 년 이상 의무 복무기간이 있는 등 조건이 붙었지만 처음 이 제도를 도입하려고 했을 때 반대하는 사람들도 적지 않았다. 회사의 의도와 달리 유학 후 비용을 변제하고 그만두는 사람도 있었기 때문이다. 단순 경비의 문제가 아니었으며 해당 급여지급, 업무 공백 등에서 회사의 손실이 컸기 때문이다. 회사는 배려하고 기회를 줬지만, 학위를 취득하게 되니 이곳저곳 오라는 곳도 많아지고 본인 또한 좀 더 좋은 조건에서 일하고 싶은 욕심이 발동되는 것이다.

이런 경우 우리에게 손해가 되지 않느냐는 실무자들의 우려에 김우중 회장의 대답은 분명했다.

"걱정하지 마라. 대학으로 자리를 옮기거나, 경쟁업체에 가더라도 길게 보면 우리나라 산업발전에 기여하는 것이니 괜찮다."

이 이야기를 듣고 주변에 있던 임직원들은 깜짝 놀랐다. 기업에게 교육 훈련은 투자의 개념이기에 비용이 따르기 마련이다. 비용과 시간을 투자해 임직원의 역량을 향상시키고 그 결과 성과가 나고 이윤으로 이어지지 않는다면 기업 입장에서는 큰 손해다. 그러나 김우중 회장은 큰 아량과 배포로 이 제도를 시행하였고, 결국 이 프로그램을 다녀온 사람들이 그룹의 핵심인재가 되었다. 심지어 유학 후 회사를 그만두고 대학교, 연구소 심지어 경쟁그룹으로 옮겨 간 사람들은 김우중 회장의 말처럼 우리나라 산업계, 학계의 소중한 자산이 되었다. 그룹 차원에서 보지 않고 국가 경쟁력을 키우는 기준에서 이 제도를 전격적으로 실시하고 지원한 김우중 회장의 통 큰 결단은 인재양성 측면에서 언제나 존경할 만한 부분이 매우 많았다.

나 역시 이 제도의 은혜를 입은 사람 중 하나다. 인력개발원에서 대우무역 인재개발부장으로 근무한 후 약 일 년 넘게 미국 보스턴대학교에서 MBA 과정을 이수했고, 지금 대학교수를 하는 데 큰 도움이 되었다.

20년이 지난 시점의 결실, 중국 현채인 행사

한 시대에 뿌린 인재양성의 씨앗이 20년이 지난 시점에 전혀 예상치 못한 열매를 맺는 일이 있었다.

지난 2014년 7월경에 대우세계경영연구회 사무국에서 전화를 받았다. 대우그룹이 해체된 지 14년이나 지난 시점에, 중국의 기업인이 초대했는데, 중국 따이렌(대련: 大連)에 3박 4일 여행을 가자는 것이다.

그 내용인즉, 한중 국교가 맺어지고 대우의 중국 진출이 가속화될 시점에 폭증하는 인재수요를 대비하기 위해 김우중 회장의 아이디어로 각 현지법인과 무역지사에 근무하는 현지 채용직원들을 한국 본사로 불러 6개월간 교육연수와 OJT를 시킨 적이 있었다. 한족, 조선족으로 약 40여 명이었다. 대우센터에서 근무를

394 우리에겐 세계경영이 있습니다

해야 하니 서울역 뒤편의 숙명여대 근처에 하숙집을 구하는 등의 생활준비만이 아니라 한국어교육부터 그룹 현황과 주요 업무들을 배우고, 거제옥포의 대우조선, 창원과 인천의 대우중공업, 인천광주의 대우전자 등을 돌아보는 등의 프로그램으로 진행되었다. 한국의 대졸 신입사원과 동일한 업무를 하며 실무적인 역량을 키워 주는 것이었다.

1999년의 대우그룹 해체 이후로 하나둘 헤어졌지만, 그들은 한국 본사연수를 계기로 동기들과 꾸준히 만나고 교류하고 있었다고 한다. 개인사업 대표를 하기도 하고 다른 글로벌기업의 임원이나 부서장이 되기도 하는 등 성장하였는데, 20년이 지난 2014년 8월에 총동문회 행사를 사은謝恩차원, 즉 자기들을 키워 준 대우그룹과 김우중 회장의 은혜에 감사하는 차원으로 준비를 한다는 것이다.

연락할 방법이 마땅찮았는데 마침 대우세계경영연구회가 결성되었다는 말을 들었고, 한국 본사 연수 때 당시 인사과장으로 근무한 박창욱 사무국장이 연결되었다는 것이다. 김우중 회장을 모시고 몇 명이 되어도 좋으니 대련으로 오셔서 행사에서 격려를 해 달라는 것이었다.

얼마나 고맙고 자랑스럽고 가슴이 뭉클한 일인가?

그룹이 해체되고 일했던 사람들은 제각기 자기 생활을 위해 뿔뿔이 흩어져 모두의 뇌리에서 서서히 지워지는 시점에 이런 연락을 받았다는 것은 그 교육을 총괄 책임지는 위치에 있었던 나로서는 뭐라고 표현하기 힘든 감격이었다.

한국 땅이 아닌 곳에서 이런 연락을 받고 대우 출신의 알 만한 사람 20여 명으로 참가단을 만들어 행사장을 방문했다. 초대한 사람들은 가족까지 모두 참가를 해 성황을 이루었다. 당시의 연수생들 한 명 한 명을 만나 한국 본사 연수 시절을 회고하고 그간의 삶과 하고 있는 사업 이야기를 나누며 즐거운 시간을 보내고 돌아왔다. 김우중 회장이 강조하신 '길게 보자, 대한민국을 보자'는 대담한 강령statement은 새삼 큰 울림으로 되새겨진다.

2014년 8월 중국 대련에서 개최된 중국 현지채용인 동문회.

대우는 떠났지만 또 다른 차원의 인재를 키운다

나는 보스턴 대학교 해외 유학연수를 다녀온 1998년도에 세계경영의 중심 현장이었던 폴란드 해외 현지법인으로 주재원 발령을 받았다. 대우-FSO(폴란드 자동차 생산법인)와 센트룸대우(폴란드 자동차 판매법인)에서 그동안 해왔던 교육, 인사, 품질관리 등 경영지원 업무를 했다. 달라진 것은 대상자였다. 현지인이 대상이었다.

하지만 1999년 IMF 외환위기로 그룹이 해체된 이후 2001년 폴

　　　　　　　　우리에겐 세계경영이 있습니다

란드에서 한국으로 돌아와 대우를 떠났다. 중외제약 임원, 중소기업기술정보진흥원 본부장 등을 거쳐 2013년에는 대학교에 자리를 잡았다. 학교에는 처음부터 이론적 연구를 해 왔던 사람들이 대부분이라 나처럼 기업 현장경험이 많은 사람은 찾기 어렵다. 경영학을 전공하는 학생들을 대할 때 기업 경험에 기반한 생생한 강의를 할 수 있어서 그간의 직장생활이 결코 헛되지 않았음에 늘 감사하다. 무엇보다 산업현장과 기업에서 필요로 하고 원하는 인재를 잘 알기 때문에 앞으로 우리나라 경제 주역이 될 학생들을 지도하고 강의하는 데 도움이 되고 나 역시 그들에게 도움이 될 수 있음에 보람을 느낀다.

혹시 기업의 인재개발 업무에서 일하고 있는 후배들이 이 글을 본다면, 내가 업계 선배로서 당부하고 싶은 이야기는 현재 기업이 지향하는 인재상과 다르지 않다. 훌륭한 인재는 기본기가 탄탄해야 한다. 우리가 어릴 적부터 귀가 아프도록 들어 온 정직, 성실, 근면. 이것을 갖추지 않고는 다음 단계로 성장 발전할 수 없다. 변화와 혁신을 겸허히 수용하며 지속적인 자기계발과 학습을 해야 하고 타인과 공동체에 대한 배려, 겸손의 리더십을 갖춰야 한다.

현재 나는 건국대학교 산학협력 연구교수로 재직 중이다. 나는 이곳에서 이제껏 받은 것에 감사하고 봉사하며 후배들에게 나의 노하우를 되돌려 주고 싶다.

⑤
미래 글로벌청년사업가
GYBM

미래 세계경영 주역과 함께

1
대우정신으로 준비된 글로벌 비즈니스 리더, 미래를 시작하다

2016년 3월 베트남과정 6기 연수생들과 함께하는 김우중 회장.

김우중 회장과 대우창업 43주년 기념식

2010년 3월 22일 대우창업 43주년기념식. 이 자리에 참석한 김우중 회장께서 대우세계경영연구회의 결성과 출발을 축하하시며, GYBM의 시작이 되는 첫 제안을 하셨다.

"지금 우리 한국에는 청년 실업자가 많습니다. 우리나라 사람들이 세계에서 제일 우수한 머리를 가지고 있다고 생각합니다. 앞으로 20년간 20만 명만 교육시켜서 사업을 하는 사람으로 키우면 그 사람들이 성공해서 엄청난 국력을 발휘하리라고 봅니다. 우리가 제일 잘하던 것이 해외분야이니 힘을 모아 주기를 부탁합니다."

"돈이 없는데 무슨 투자를 하거나 정부 지원을 바랄 생각을 하기보다는 젊은 인재 20만 명을 외국으로 보낼 생각을 해야 합

우리에겐 세계경영이 있습니다

니다. 세계경영연구회를 시작했으면 봉사하는 자세로 결실을 맺어야 합니다"

대우 전현직 임직원의 모임, 대우세계경영연구회

대우그룹이 IMF 외환위기로 해체된 지 10년이 되는 지난 2009년 '대우세계경영연구회'란 이름으로 전현직 대우맨들은 다시 모였다. 당시 전 세계를 누비며 활약했던 임직원들은 뿔뿔이 흩어졌지만 대우 계열사들은 여전히 활발하게 활동하며 건재했고, 대우를 떠났던 많은 인재들은 건설·무역·통신·증권·금융·자동차·조선해양·중공업·항공 분야 등에서 맹활약 중이었다.

대우세계경영연구회로 재결집을 한 것은 지난 50여 년 동안 한국의 눈부신 산업발전 주역으로 전 세계를 다니며 해외시장 개척에 앞장서 활동했던 우리의 땀과 열정을 그냥 추억으로만 남겨두기에는 뭔가 아쉬웠기 때문이었다. 특히, 미완으로 끝났던 '세계경영' 즉, 활발한 해외투자활동의 경험은 또다른 시사점을 대한민국에 제공할 것이라는 판단으로 과거 주역들을 모으고 자료를 정리하며 한국경제에 기여할 부분을 찾아보았다.

한국 청년의 취업난과 해외 한국기업의 구인난

마침 한국 내 산업발전의 한계는 청년들의 심각한 일자리 부족으로 나타나고 있었다. 그런데 해외에 진출한 한국기업은 일할 만한 청년을 구하기가 너무 힘들다는 소리가 여기저기에서 들리고 있었다. 특히 신흥국가의 핵심으로 떠오르는 동남아권에 진출한 한국기업의 호소는 더 절실하였다.

국내는 일자리가 없고, 해외는 사람이 없는 미증유未曾有의 상황이 벌어지고 있으나 어느 누구도 해법을 제시하지 못하고 있었다.

이때 김우중 회장께서 남다른 통찰로 내어 놓으신 제안을 하나하나 준비해 나갔다.

우선, 동남아지역을 타겟으로 하다

동남아 주요 5개국을 직접 찾아 현지의 한국기업인을 만나고 현지의 청년과 한국의 청년들도 만나며 구체적인 밑그림을 그려 나가기 시작했다.

현장을 찾아 직접 들으니 상상 이상으로 인력의 미스매치가 심각하였다. 대한민국의 국력 신장과 개인 삶의 여유가 청년들의 신흥국 진출을 꺼리게 만들었고, 해외로 나갔다가도 금방 박차고 돌아 나오는 악순환으로 남아 있었다. 오죽했으면 현지 기업들은 우리가 청년을 키워서 한국기업에서 일하도록 해 보겠다고 했더니 하나같이 고개를 좌우로 흔들었다. 그러면서 "지난 10여 년간 한국정부나 각 대학교에서 인턴이나 취업을 부탁하면서 대학생을 정말 많이 보내왔다. 하지만 일할 만하면 뒤돌아 가더라"는 불평과 볼멘 소리가 주종을 이뤘다. 제발 제대로 된 인재를 키워 달라는 부탁도 들려왔다.

대우의 강점과 한국청년의 장점을 새롭게 결합

돌이켜 보면 지난 30년 동안 대우의 성장에는 창업 초기부터 해외, 특히 남들이 가지 않은 시장에 집중했던 남다른 노력이 있었다. 그 결과가 '한국 최고 인재'의 산실産室이 되었으며, 이는 한국 산업계에서도 널리 인정받는 사실이었다.

전 세계 시장을 다니며 많은 선진기업, 다국적기업과 경쟁하고 협력해 본 결과, 우리가 위축될 이유가 없다는 소중한 경험을 했었다. 인재를 키우는 일도 미리 준비하고 노력하면 제대로 해볼 수 있다고 판단이 섰다.

한편으로 전 세계를 다니다 보면 어디서든지 쉽게 만나는 한국 청년들이 있었다. 이들은 지난 3, 40년 전과는 비교가 안 될 정도의 당당함이 있었고 영어와 외국어 실력으로 다져져 있었다. 그리고 해외에 대한 어색함이나 두려움이 전혀 없었다.

그럼에도 불구하고 졸업을 하면 취업난으로 어깨가 처지는 것은 너무나 안타까웠다. 대우가 가진 해외 경험과 자신감으로 그들의 해외진출을 도와주겠다는 의지를 구체화시켜 나갔다.

베트남 하노이에서 연수생들과 대화 중인 왕멘토 김우중 회장.

대우의 해외시장 개척정신을 기본으로 과정 설계

이 과정의 기본 정신은 '창조, 도전'의 토대 위에 한 세대가 다음 세대에 대한 '희생'의 '대우정신'을 바탕으로 만들어졌다. 그리고 과정의 이름은 '글로벌청년사업가양성과정(Global Young Business Manager : GYBM)으로 정했다. 대우그룹 전성기의 신입사원 교육과정을 기본 골격으로 1년간의 과정을 설계하고 40명을 공개 모집해 베트남 달랏Dalat에서 첫 교육을 시작하게 되었다. 이때가 2011년 12월, 대우세계경영연구회를 창립한 지 2년여가 지난 시점이었다.

교육과정이 지향하는 핵심 가치는 '글로벌', '제조업' 그리고 '취업에 연계한 창업'이다. 다음은 1기 교육과정의 진행 내용이다.

- **교육기간** : 1년(전부 현지에서 합숙을 원칙)
- **교육내용** : 대우그룹 신입사원 교육 모델로 함
  - 공통 기본역량 : 34시간 (3.5%) / 인성교육 포함
  - 직무 공통역량 : 64시간 (6.3%)
  - 비즈니스영어 : 50시간 (5.0%)
  - 현지어교육 : 480시간 (47.1%)
  - 미션 수행 : 312시간 (31%) / 상황별 과제 부여
  - 인턴 실습 : 3개월~6개월
- **교육연수 장소** : 현지 대학교 협력 / 현지어 교육 과정, 강의 시설, 숙소
- **취업 알선** : 전원

글로벌 제조기업이 모여 있는 베트남에서 1년간의 연수과정을 마치고 현지 한국기업에서 직장생활을 시작하도록 교육 연수와

취업 알선을 해서 100% 전원을 안착시켰다. 그로부터 5~6개월이 지난 시점이 되니 그 반응이 나오기 시작했다. 여태까지의 청년들과는 '남다르다'는 것이었다.

1년여의 교육을 마치면 현지어인 베트남어의 중급 이상의 실력과 영어를 기본으로 갖추었다. 일부 인원 중에는 일본어나 중국어까지 겸비한 경우도 있었다. 높은 수준의 직무교육, 리더십 교육, 현지 문화나 역사 등에 대한 교육 외에 현지인들과 같이 호흡하도록 하였다.

그리고 한 축에는 멘토링 시스템도 갖추었다. 대우에서 해외 지향적인 비즈니스 활동으로 평생을 살아온 50대, 60대의 선배 멘토들이 연수생의 성장에 도움을 주기로 하고, 교육 과정을 시작하며 맺어진 서너 명 연수생의 멘토링팀이 되어 길잡이를 해 주고 있는 것이다. 연수기간 중의 조언은 기본이고 현지 기업에 취업, 직장생활, 성장, 창업 안목 키우기, 직접 창업에 이르는 과정 중의 든든한 형님의 역할을 다하고 있다. 지난 10여 년간 대이난 대우의 베테랑 선배 멘토들은 줄잡아 200여 명에 이른다.

연수국가와 인원의 확대, 그리고 1,150여 명의 인재 양성

덕분에 양성 인원은 베트남만으로도 40명에서 80명, 그리고 100명으로 늘어나게 되었다. 그 성과 덕분에 다른 국가에서도 같은 방식의 인재 양성에 대한 요청이 이어졌다. 그래서 2014년 미얀마, 2015년 인도네시아, 2016년 태국 등 동남아 전역으로 순차적으로 확대해 나갔다. 2017년, 2018년 과정은 한 해에

190명을 선발하여 진행하기에 이르렀다. 2018년 과정까지 합하면 지난 8년만에 무려 1,000명의 인재를 키워낸 것이다. 2019년 8월 초에 시작한 150여 명을 포함하면 8년만에 1,150명의 규모에 이르게 된 것이다.

1년간의 현지 합숙연수에 들어가는 비용은 교육, 숙박, 항공 등을 합하면 1인당 2,000만 원이 소요되며 연수생들에게는 전액 무상으로 시작하였다. 매년 200여 명 규모를 양성하는 비용이 40여억 원인 셈이다. 재정은 대우 출신 임직원들의 도움이 가장 중요했고, 마침 2013년부터 시작된 고용노동부와 한국산업인력공단의 해외취업 프로그램인 K-Move의 적극적인 지원이 큰 힘이 되었다.

이 시대 청년들에게 심어 준 방향과 꿈

과정 진행의 특징 중 하나가 한국의 용인연수원(고등기술연구원 자리)에서 입소식을 진행하며, 이 때 부모님도 초대해서 지켜보고 간접적, 심정적으로 참가하게 하는 것이다. 부모님을 비롯한 가족의 입장에서도 듣도 보도 못한 과정인 데다 해외취업의 길이라 잔뜩 불안한 심정으로 참가한다. 이 자리에서 이 과정을 만든 배경과 비전, 그리고 연수기간 동안의 생활이나 취업에 대한 전망과 방향 등도 소상하게 설명해 드린다.

힘들다고 중도에 포기하려는 연수자가 생길 때는 부모님과 같이 극복해 가자는 취지이다.

이제 연수생들도 취업 후 회사에서 여러 애로점을 잘 극복하며 사업을 보는 눈과 일을 대하는 태도가 현저히 다르게 나타난다. 업무적으로도 작게는 현지인 100여 명부터 1,000명에 이르는 현장을 책임지는 공장장의 역할 뿐만 아니라 영업, 마케팅, 생산관리, 품질관리, 재무회계, 인사관리, IT전산, 신규공장 건설프로젝트 담당, 오너 CEO의 보좌역까지 광범위하게 활약 중이다.

이제 조만간 현지에서 제조업을 기반으로 창업하여 전 세계를 누빌 사업가들이 탄생하리라 본다. 소속 회사에서 임원급으로 성장한 전문가도 계속 나오리라 생각한다. 모두가 소중한 대한민국의 인재들이다.

지난 10년간 진행된 교육체제로 양성된 인재들이 동남아는 물론이고 더 넓은 세계로 활동의 영역을 키워 나갈 것이다.

연수생들은 한결같이 본인이 받은 소중한 기회, 그리고, '대한민국과 김우중 회장, 대우 선배'에 대한 감사를 말하고 있다. 그 감사의 마음은 또다른 후배들에 대한 관심으로 이어질 것이다. 한국에서 일자리 집기에 지쳐 있는 후배들에게도 기회를 민들이 해외로 데리고 가겠다는 각오도 당차게 들리고 있었다.

2009년 대우세계경영연구회의 출발과 함께 뿌린 씨앗들이 글로벌 현장에서 이렇게 싹을 틔우고 있는 것이다.

2013년 베트남 과정 3기 수료식의 김우중 회장.(하노이 문화대학교)

2015년 8월 미얀마과정 2기생과 대화 시간의 김우중 회장.
(용인 글로벌인재양성센터)

우리에겐 세계경영이 있습니다

2017년 5월, 인도네시아과정의 현지어 강사진과 함께한 김우중 회장.
(반둥공과대학교)

2016년 3월 태국과정 1기 연수 수료식에서 김우중 회장. (방콕 탐마삿대학교)

2
글로벌청년사업가 양성과 시대 변화, 또 다른 도전

2017년 8월에 거행된 GYBM 4개국 연수 입소식을 마치고 기념 촬영.
(용인 글로벌인재양성센터)

GYBM 교육연수 본 궤도에서 나타난 새로운 과제

글로벌청년사업가양성과정이 시작된 지 5년 정도 지나니 졸업생만 300여명이 되었다. 베트남, 미얀마과정으로 배출된 이들이 주말이나 명절기간, 축제기간, 휴가기간을 어떻게 보내고 있는지 다양한 동선動線을 엿보게 되었다. 동남아지역에서 활성화된 사회적 관계망SNS 페이스북 덕분이었다.

토요일 밤만 되면 동기들이 한 장소에 모여 즐기는 모습, 부모님을 현지로 초대해 여행하는 모습, 한국으로 들어와 친구나 부모님과 어울리는 모습 등은 우리가 기대했던 것이었다. 한국의 취업공포에서 벗어났다고 보였다. 그러면서 부쩍 눈에 띄는 것이 해외여행을 즐기는 모습들이다. 가까운 중국, 일본, 호주를 넘어 유럽, 미국, 캐나다와 심지어는 북극의 오로라도 즐기는 사진이 줄을 이었다. '열심히 일한 당신, 떠나라'는 어느 신용카드사의 광고가 무색할 지경이었다. 현지 풍광과 본인 사진이 주를 이루며 현지의 먹거리 사진도 부쩍 늘어났다. 한국 방송에서도 연일 이어지는 먹방(먹는 것으로 구성되는 방송)과 같은 흐름이다.

그런 중에 따로 만나 여행기를 들어 보고, 비즈니스에 대한 경험을 물어보면 그런 내용은 '1'도 없이 '여행'이 아닌 '관광'의 수준에 급급한 것이 아쉬웠다. 특정 지역에 간 이유를 물으면, '그냥 관심 있는 지역'이라는 답이 전부였다. 글로벌 비즈니스 리더를 지향하는 과정인지라 연수기간 내내 글로벌 이슈에 대한 지식과 관심, 그리고 비즈니스적 안목을 가지도록 동기부여를 하였던 터이다. 모든 사업 기회는 시시각각 전개되는 글로벌 시장 변화에 대한 식견과 특정 지역에 대한 지식을 기반으로 만들어지기 때문이었디.

글로벌 시장의 이해 한계

연수생들이 따라오지 못한다는 느낌도 들고 교육 프로그램에 뭔가 빈 곳이 있는 듯해서 10개의 문항으로 테스트를 해 보았다. 그중 2가지 질문을 소개한다.

■ 페르시아만과 오만만을 연결하고 있는 해협으로, 최근 이란이 미국 원유 수입제재에 맞서 봉쇄를 경고한 중동 산유국의 주요 원유 수송로인 이 해협의 이름은 무엇인가?

■ 인도차이나반도와 인도대륙 사이에 위치한 미얀마는 인도차이나반도 국가 중에서는 가장 크고, 전세계에서는 40번째로 큰 국가이며, 주변은 5개 국과 접하고 있어 지리적으로 매우 중요한 위치에 있다. 다음 중 미얀마와 접하지 않는 국가는?

① 태국   ②중국   ③베트남   ④라오스

정답은 '호르무즈해협'과 '③베트남'이다. 2016년에 입소한 연수생들을 대상으로 테스트를 실시했다. 당시 언론에 거의 매일 언급될 정도로 시사성이 강하고 세계경제에 직간접적으로 영향을 주는 지역에 대한 10문항으로 구성하였다. 결과는 어땠을까? 점수는 완전히 바닥이었다. '세계경영'의 정신을 가르치고 미래에 글로벌 비즈니스에서 주도적 역할을 주문했지만 청년들의 글로벌 기초 지식 수준은 엉망이었다.

혹시 우리 연수생들만 모자라는 것이 아닐까라는 생각이 들어 최근 입시성적으로는 상위권을 차지하는 외국어고등학교를 거쳐 SKY대학 경영학과를 졸업한 몇 명에게 같은 시험지로 테스트를 해도 큰 차이가 나질 않았다. 국가 경제의 80%가 해외부문에서 만들어지는 나라의 미래를 책임질 청년들의 기본기, 바로 이런 모습이었다.

우리 연수생만이 아닌 한국의 대학생, 청년들 전반의 문제였다. 머릿속이 하얗게 변하는 충격이었다.

그 이유를 알아보니 "인문지리, 세계지리를 학교에서 배우지 않는다, 극소수의 인원만 선택과목으로 듣는 정도이다"라는 것이었다. 어느 대학교의 경영학과 교수에게도 한번 물어보았다.

"경영학에서 'Global Management'를 가르치지 않느냐? 그러자면 대학교에서 세계지리에 대한 동기부여가 필요한 것이 아니냐"고 했더니만 '포기했다'는 것이다. 중고등학교에서 가르치지 않는 것을 대학에서는 가르칠 상상도 못 한다는 것이었다.

2018년 8월에 거행된 GYBM 4개국 연수 입소식 환영사를 하고 있는 장병주 회장.
(용인 글로벌인재양성센터)

'90년대생이 온다'

학습 태도와 도전의식과 연계된 또 다른 새로운 면모가 부쩍 눈에 들어오기 시작했다. 우리 연수과정 입소자의 자격이 4년제대학 졸업자이니 나이가 25살 정도부터이다. 연수과정을 시작해서 5년 정도 되는 2015년은 1990년대생이 막 연수과정에 들어오기 시작할 때다. 초등학교 때 부모님이 IMF 외환위기를 겪었던 시대의 청년들이다. 큰 변화의 시대에 살았을 거라는 짐작이 들었다.

때맞춰 사회 전반에 90년대생의 행태적 특징을 보여 주는 보고서가 나오기 시작하였다. 효과적인 연수생 양성을 위해 관심을 가지지 않을 수 없었다. 최근 이 세대를 '밀레니얼세대(1980년~1995년 태생)'라고 하며 2018년말에는 『90년대생이 온다』는 책도 출간이 되었다.

90년대생의 특징은 간결함을 좋아하고, 의미보다는 재미(유희)를 즐기며, 공정을 요구하는 3가지라고 한다. 책의 부제副題도 '간단함, 병맛, 솔직함으로 기업의 흥망성쇠를 좌우하는 90년대생'으로 되어 있다. 소비자이자 기업의 주류를 형성해 가는 세대이며 기성세대에게는 충격적인 면모도 상당히 있었다.

우리 과정은 연수생의 글로벌 차원의 경쟁력을 지향하니 기본 정신은 그대로 유지한다고 하더라도 모집하고, 가르치고, 설득하는 데 새로운 접근이 필요하였다.

2017년 8월에 거행된 GYBM 4개국 연수 입소식의 대우세계경영연구회 장병주 회장과 멘토단, 관계자들. (용인 글로벌인재양성센터)

우리에겐 세계경영이 있습니다

지금의 GYBM과정 연수와 90년대 대우 신입사원 연수

결국은 20여 년 전 1990년대 대우그룹 연수교육 방식으로는 청년들을 양성한다는 것은 한계가 있었다. 더구나 1995년 전후의 대우그룹은 한국경제의 발전과 함께 거침없이 달리던 때였다. 대우 브랜드 힘과 권위만으로도 비즈니스맨을 키우는 나침반이 되던 시절이었다. 우리 연구회 사무국과 현지 연수팀장, 그리고 멘토들의 의견을 물어 가며 새롭게 방향을 설정했다.

우리가 간과했던 것들이 도출되었다.

주요 요인으로는 동남아국가라는 취업 근무 환경의 차이, 취업 국가의 주력산업, 취업과 창업으로 이어지는 도전 목표, 가정과 학교에서 경험한 성장환경의 차이, 한국에서 해외취업 도전 인원은 일정 수준인데 또다른 연수기관의 등장이라는 경쟁 환경 등 다섯 가지로 정리가 되었다.

첫째, 연수과정을 마치고 취업하게 되는 회사가 제각기 다르다. 매니저 역할을 해야 하지만 한국인 관리자만 놓고 보면 제대로 체계를 갖춘 조직이 아니다. 직급별로 단계적으로 구조화되어 사원-대리-과장-부장-임원으로 이어지지 않고, 매니저 본인-공장장 혹은 부장급-공장장으로 이어지는 조직이다. 거기에다가 산업의 특성상 지난 1990년대 초반에 한국을 떠났던 업종들이 많았다. 최근의 한국 청년들의 변화를 알아챌 기회도 없었던 분들이 경영진으로 자리잡고 이들을 리딩하고 있다. 일부 회사에는 '한국에서 취업이 안 되어 온 패배자'란 말도 서슴지 않는 경우도 있었다.

둘째, 창업을 염두에 둔 제조업 취업으로 동기부여를 하며, 본인의 비전을 그리고 팀워크로 사업계획을 만들어 보라고 하니 죄다 서비스업만 염두에 두고 있었다. 실제 한국에서도 창업 교육을 하면 80,90%가 IT 기반의 스마트폰 앱을 만들어서 사업을 하겠다거나 동남아 현지에서 카페를 하겠다는 경우도 나타나기 시작했다. 한국에서는 연일 새롭게 등장하는 어젠다인 '4차산업혁명'을 말하는 시기에 노동집약산업분야에 취업하고 그 분야를 발판으로 창업에 도전하라고 하니 매력도가 현저히 떨어지고 있었다.

셋째, 중고등학교에서부터 대학에 이르기까지 산업 생태계나 글로벌 거래와 관련된 교육이 많이 부족하였다. 국내에서 이공계 출신들은 비교적 취업이 무난한 반면, 인문사회계가 닥친 취업 절벽이 훨씬 심각하며 우리 과정 지원자 또한 70% 이상이 인문계 출신들로 붐볐다. 동남아는 산업측면에서 섬유 경공업, 부품산업 등으로 취업하며 전공이나 기술측면의 어려움은 비교적 적어 적응이 쉽고 언어만 잘 익히면 세계 최고의 챔피언도 충분히 가능한데, 정작 본인은 확신을 못 가져 자신감이 현저히 떨어지는 현상이 나오고 있었다. 게다가 한 회사에 한두 명 정도만 취업되다 보니 누구와 대화를 나눌 겨를도 없이 '나만 고생하고 있는 것인가?' 하는 걱정도 커졌다고 한다.

넷째, 그나마 다행인 것으로 대우의 노력을 사회에서는 크게 칭찬하는 소리가 여기저기서 들려오고 있었다. 언론이 주목하고 있었다. 동남아가 기회의 땅이라고 하며 한국 청년실업의 대안으로 크게 주목받기 시작했다. 정부의 고위급 인사도 언급하며 연

우리에겐 세계경영이 있습니다

일 화제가 되기도 하였다. 대통령께서도 나서서 정부의 해외취업 지원 방향을 베트남 등 동남아지역으로 꾸준히 늘려 나가라고 독려하게 되었다. 일부 대학교, 공익기관, 지자체 등도 과정을 개설하며 우리 과정 선발 시기에 앞서서 진행하였다. 대개가 연수 경비는 국가지원금에 추진기관 혹은 본인 부담으로 되어 있으며, 연수기간은 7-8개월(우리는 11개월), 입사 이후의 의무 근무기간도 없었다. 반면 우리는 2년 동안 현지 의무근무에 중도 포기 시 연수비용 일부 환수조건도 있으니 연수에 참가하는 당사자들 입장에서는 당연히 매력적이었다. 참고로, 동남아지역의 언어학습의 난이도로는 개인별 차이는 있겠지만 10~11개월 동안 치열하게 공부해야 중급 수준을 넘어 고급 수준의 문턱에 이르게 된다.

다섯째, 한국에서는 주 52시간제의 도입되고 '워라밸'과 '저녁이 있는 삶'을 지향하는 사회로 급격히 변모되고 있었다. 젊은 날의 일에 대한 열정이 급격히 식어 가는 의식구조가 형성되며 모집단계이든 연수과정이든 깊게 들어서기 시작했다. 이를 반영하듯 우리 과정의 모집인원은 2011년에 40명에서 출발하여 2016년 190명으로 5배 늘어나는 데 반해, 지원자는 2.5배 정도 늘어나는 수준이었다. 지원자가 400명 전후를 넘지 못하니 청년취업대란이라고 하는 사회적 현상을 비추어 보면 쉽게 수긍이 되질 않는 부분이었다. 거기다가 여전히 청년들의 해외취업 희망인원이 많다고는 하지만 희망국가는 선진국으로 심각하게 편향되어 나타나고 있었다. 여전히 베트남 정도만 제외하면 동남아 취업에 대한 낮은 매력도는 심각한 수준이었다.

뿐만 아니라, 과거 대우 명성으로 의기양양하게 대학가에 설명회를 가지면 졸업생 4,000여 명 수준의 대학도 참석자가 3~5명 정도밖에 되질 못했다. 취업 특강의 300여 명 참석자들에게 '대우와 김우중'에 대한 인지도를 조사하면 채 10명 수준밖에 안되는 것도 충격적인 현실이었다.

결론은 대우그룹 해체 15년여 세월만큼 세상이 바뀌었다는 것이었다.

2018년 8월에 거행된 GYBM 4개국 연수 입소식에서 선서를 하고 있는 연수생과 장병주 회장. (용인 글로벌 인재 양성 센터)

아래 표는 한국청년의 해외 취업 동향과 희망국가이다.

우리에겐 세계경영이 있습니다

■ 해외취업국가 통계(2016년, 2019년)

(출처 : 한국산업인력공단 월드잡 홈페이지)

(단위 :명)

년도	1위	2위	3위	4위	5위	6위	7위	8위	9위	10위
2016	일본	미국	싱가포르	호주	중동	베트남	중국	인니	독일	캐나다
	1103	1031	642	353	323	288	218	144	64	56
2019	일본	미국	베트남	싱가포르	호주	중국	중동	캐나다	인니	독일
	2469	1524	483	473	340	208	166	122	99	86

■ 해외취업 희망국가 설문조사 결과 (2019년 3월 29일 보도자료)

(출처 : 취업포털 사람인)

- 구직자 346명 설문조사 결과 (복수응답)
- 해외취업 희망 여부 : 79.5%

순위	국가	희망자비율	순위	국가	희망자비율
1위	미국	46.9%	6위	영국	20.4%
2위	일본	35.3%	7위	독일	18.2%
3위	캐나다	28.7%	8위	싱가포르	18.2%
4위	베트남	26.9%	9위	기타 유럽	16.4%
5위	호주	21.1%	10위	중국	14.2%

교육과정을 보완하다

　연수를 진행하며 요즘 청년들에게서 발견한 새로운 장점도 있었다. 이유와 방향이 분명하게 설득되면 힘들어도 잘 따르며 도전적인 면모를 보인다는 점이다. 특히, 김우중 회장께서 처음 강조하셨던 '한국 청년들의 우수성'은 지난 4~5년간의 과정 운영에서 증명이 되었다. 예를 들면, 현지어 연수를 맡기는 현지 대학교의 언어교육 책임자와 강사진의 일관된 목소리는 '다른 나라 연수생 대비 3배 정도 빠르다. 특히 대우의 GYBM과정은 더 빠르다'는 것이었다. 그리고 취업 이후에는 출신학교나 전공과 상관없이 맡은 업무에서 크게 활약하고 있다는 근무성과 피드백도 큰 힘이 되었다. 교육연수 진행의 상당 부분은 집중력을 발휘하는 기존 방식대로 하면 되겠다는 자신감도 얻게 되었다.

마지막으로 내린 결론을 두 가지로 정리해 본다. 하나는 최초 김우중 회장의 제안사항인 우수한 한국 청년을 잘 가르쳐 제조업 분야에 취업·창업연계, 글로벌 네트워크를 구축한다는 기본 명제에 좀더 구체적인 목표와 비전 제시가 필요했다. 또 다른 하나는 한국의 제도권 교육이 빠뜨린 분야를 보완하고 90년대생의 기질적 특징을 잘 이용하는 것이었다. 이를 잘 결합해 단계적으로 보완하여 연수생을 합리적으로 설득하면 한 단계 발전이 가능하겠다는 확신을 가질 수 있었다.

(1) 동남아 시장의 산업적 속성과 취업·창업의 미래 비전

먼저, 동남아지역의 산업과 글로벌 비즈니스의 구조적 특성에서 출발했다. 1990-2000년대의 중국에 이어 동남아는 노동집약적 산업을 근간으로 하는 세계적 브랜드의 소비재 제품인 소위 명품들의 O.E.M 공장의 역할을 한다. 현지에 진출한 한국기업이 큰 역할을 하며 성장해 가고 있다. 우리 연수 과정이 전략적으로 동남아를 주시하는 이유이기도 하다.

그런 의미에서 언어, 업무, 리더십 세 가지 측면에서 준비가 되어야 한다.

'언어'적인 측면이다. 세계적인 명품의 글로벌 마케터들과 상대하는 오더 수주 영업을 해야 하는 것과 현지공장 가동에 최고의 생산성을 내기 위해 현지인들을 활용해 생산,경영관리를 해야 하니 마케터를 상대하는 고급 수준의 영어와 현지인과 자유자재로 주고받는 현지어 실력이 최고의 관건이 되는 것이다.

'업무'적인 측면이다. 세계적 브랜드 회사들이 발주한 제품의 상세(디테일) 도면과 품질관리 기준을 무조건 학습하여야 한다. 기본이 되는 원가관리, 원부자재 발굴 및 관리 등은 물론이고 공장 운영을 비롯한 모든 측면에서 최고 수준의 경영관리를 해야만 하는 것이다.

'리더십' 측면이다. 현지인들의 문화적, 기질적 특징을 잘 고려하여 최고의 생산성을 올려야 한다는 것 또한 절대절명의 과제이다. 이 교육연수과정에서 문화, 역사, 지리 등의 공부가 필수이며, 1년 교육과정 전체를 현지에 가서 적응하는 등 모든 역량을 총동원해 준비하는 것이다.

세 가지 모두가 정말 쉽지 않은 것들이다. 힘든 것은 당연하지만 열심히 하여 3년, 5년, 10년이 지나면 세계 최고의 전문가 아웃라이어Outlier가 되는 것은 큰 비전이다. 짧은 기간에 세계적 수준의 안목을 가진 비즈니스맨으로 성장하면 추후 글로벌 창업 준비의 기반이 자연스럽게 만들어지는 것이다.

그런 측면에서 본인의 성장 경로 설계는, 입사한 기업에서 최고의 성과를 인정받아 임원급으로 성장하여 현지법인 대표나 회사의 CEO로 성장하는 하나의 길과, 제조업 기반의 독립된 글로벌 창업을 하는 또 다른 하나의 길이다. 이때 그 생산기반을 가장 잘 알게 되는 현지국가에서 출발하는 것이다.

이를 위해서 취업 후에 회사가 사용하는 수많은 원자재, 부자재, 포장자재, 생산설비 등 시스템 등을 눈여겨보아야 한다. 일했던 회사로부터 오더를 수주받아 창업하고 주변의 공장으로 납품을 늘려 가며 세계적 규모로 키워 가는 것이다. 그러면 작은 부품 하나로도 거뜬히 커 나갈 수 있는 기반이 되는 것이다. 이런 원리를 이미 대기업으로 성장한 곳, 자동화되어 장치산업화된 곳에서는 알 수도 없고 배울 수는 더욱 없을 것이다.

그러자면 취업한 소속 회사의 경영진은 물론이고 현지인들에게도 실력을 인정받고 좋은 리더십으로 관계를 맺어 두면 그 과정이 훨씬 매끄럽게 진행되는 것은 불을 보듯 뻔한 것이다. 즉, 일을 통해 경제적 문제해결에 더하여 사업을 배우고 새로운 시작의 안목을 키워 나가는 결과를 만들자는 것이다.

이런 측면을 감안하여 우리 교육과정에 한 제품이 만들어지고 팔려 나가는 전 과정을 분해하여 제품 제조의 산업생태계와 Chain-Work 구조를 몸으로 느끼게 하는 방식의 교육을 개발하여 진행함으로써 현실감을 더해 가고 있다. 취업한 제조회사에서 치열한 노력으로 일하다 보면 자연스럽게 창업의 모티브를 찾을 수 있을 것으로 기대해 본다.

우리에겐 세계경영이 있습니다

2017년 8월에 거행된 GYBM 4개국 연수 입소식에 이어
참석한 학부모들에게 과정설명회 모습. (용인 글로벌 인재 양성 센터)

(2) 교육연수 과목의 조정

대우의 세계경영에 대한 이해가 첫 번째다. 다행히 지난 2011
년 대우세계경영연구회가 출범하자마자 '대우세계경영'의 실체를
정리하였고, 2014년 싱가포르국립대학교 신장섭 교수의 『김우중
과의 대화(아카넷 출판)』에서 내용을 소상하게 정리하였다. 그 내용
을 토대로 개념을 이해하고, 실사례 7개를 토대로 실제적인 이해
를 시켜 나가는 과목을 신설했다. 7개 사례는 산업과 지역을 감
안하여 선정하고 교육 자료는 대우세계경영연구회가 내부용으로
2011년 출간한 『대우세계경영 사례와 시사점(1, 2, 3권)』에서 발췌
하여 진행했다. 베트남 비즈니스센터, 중국 굴삭기사업, 파키스
탄 고속도로사업, 멕시코 가전사업, 우즈벡 면방사업, 폴란드 자

동차사업, 방글라데시 봉제공장사례 등 7개 사업이다.

사람과 사물의 이치理致를 깨닫는 과목을 강화해 나갔다. 지리地理과목으로 인문·지역·세계지리, 동남아지역의 문화·역사 강의를 도입, 강화했다. 물리物理과목으로 4차산업혁명, 산업의 생태계와 밸류체인 구조, 그리고 사람의 도리道理차원에서 인성·태도교육, 자신감 강화, 감사훈련 등을 보완하였다.

특히 직무교육은 취업 이후에 담당하게 될 직무를 예측할 수 없는 상황이지만 취업과 동시 중간관리자(매니저)의 위치가 되고 조직 구조상 직속상사로부터 업무를 배우는 기회가 여의치 않은 점을 감안해 설계하였다. 한 단계 높은 수준의 교육은 추후 각자가 현장 업무를 통해 배워 나가고 사이버교육 등으로 보완한다는 전제로 모든 직무를 두루 가르치는 데 비중을 두었다. 회계 분야의 교육은 2,3배에 해당하는 시간을 배정하며 강화했다.

2018년 8월, 4개국 연수과정 중 극기훈련으로
충북 월악산 영봉에서 찍은 4개국 연수생.

우리에겐 세계경영이 있습니다

뿐만 아니라 인성과 관계, 셀프리더십을 강화하는 프로그램도 보강했다. 입소 초기에 약간 거친 명산名山을 등반하며 체력도 강화하고 동료와의 팀워크도 키우는 극기克己훈련으로 단순하게 진행하였다. 여기에 지루하면서도 끈기를 필요로 하는 코스를 추가하였다. 문경새재에서 다양한 코스를 거치며 미션을 수행하며 팀웍을 다지고, 한강변 40여km를 종주하며 인내심을 강화해 나갔다.

재미를 결합하며 비즈니스맨으로서의 식견을 넓히는 과목으로 커피의 이해, 맥주를 중심으로 한 술의 이해, 한국의 전통 문화인 종이접기, 유머의 이해와 활용 그리고 멘토와 동행하며 배우는 한양도성의 이해 등은 해외 출국 전에 대한민국을 좀더 폭넓게 공부하는 계기도 만들었다. 해외 현지에서 이루어지는 필드트립 형식의 아웃도어 캠프는 현지의 특정지역 문화 이해와 연수생간 친목 도모로 진행하였다. 특강도 유명 인사보다는 직장생활을 거친 뒤 창업에 성공한 인사를 초청하여 주기적으로 실시하고 있다.

매년 새롭게 40여 명 위촉되어 연수생 4~5명을 책임지게 되는 멘토링 제도도 업그레이드하여 연수시작 전에 모여 워크숍을 진행하고 있다. 이 워크숍을 통해 90년대생의 특징 이해, 해당국가의 현황과 취업 여건, 앞서 경험한 성공실패 사례를 공유하며 주기적으로 개최되고 있다.

2018년 7월에 개최된 멘토워크숍(서울 대우재단빌딩 강의장)

(3) 동문들의 다른 국가, 직장에서의 활약과 애환 공유

낯선 지역, 낯선 회사에 취업하면 GYBM 출신의 동문, 동기들
이 많은 경우도 있지만 한두 명만이 있거나 이제 우리 연수생을
처음으로 채용한 회사도 많았다. 새로운 업무에서 잘하고 있는
지, 아니면 역량이 부족한지, 낭패스러운 상황을 어떻게 헤쳐 나
가는지 알 길이 없는 망망대해와 같다고 했다. 이런 정보 소외와
외로움을 메우기 위해 취업자들이 소속 회사에서 문제를 해결하
고 어려움을 극복해 가는 에피소드를 2주에 한 건씩 발굴하여 한
국의 일간지에 주기적으로 소개하며 졸업생들 모두가 공유하게
하였다. GYBM 출신의 '글로벌 오딧세이 성장통成長痛' 이야기인
셈이다. 이제 25회차를 넘어서며 현지에서의 성공과 실패의 스
토리를 가슴에 품고 어려운 현지생활을 극복해 나가고 있다.

우리에겐 세계경영이 있습니다

(4) 총동문회의 구성과 발족

이 과정이 처음부터 지향했던 것이 유태인 네트워크, 화교 네트워크를 능가하는 세계적인 한국인 청년네트워크를 지향하는 것이다. 요즘 청년들로서는 상상하기 어려운 일이기에 최소한의 구체적인 실체를 보여 주는 것이 필요했다.

그래서 작년 2019년 12월 13일부터 15일까지 2박 3일간 베트남 하노이 소재 국립컨벤션센터NCC에서 4개 국가 250여 명이 모여 'GYBM 총동문회 창립결성대회'를 성대하게 진행했다. 창립총회를 기본으로 개최하고, 비즈니스포럼, 졸업생 교류, 축하 파티 등으로 이어갔다. 베트남의 대사관 관계자, 한인회장, 코참 회장을 포함한 현지에서 사업 중인 대우 출신 연구회 회원들도 함께하며 축하해 주었다.

GYBM 총동문회장을 선출하고, 앞으로 2년마다 총동문회 행사를 진행하기로 하였다. 앞으로 5년, 10년 후면 2천 명, 5천 명으로 늘어날 기대한 사업공동체가 출발한 셈이다.

안타까운 것은 총동문회 창립결성대회를 앞둔 12월 9일, 김우중 회장께서 별세하셨다. 가장 축하와 격려를 해 주실 분이 떠나신 것이다. 그때 졸업생의 말할 수 없는 서운함 그리고 유지遺志를 잘 받들어 가겠다는 다짐을 소개한다. GYBM 인도네시아 과정 1기 출신인 연수생이 출장차 한국에 왔다가 비보悲報를 듣고 빈소에 조문인사 왔다가 언론의 인터뷰에서 말했던 소감이다. 연합뉴스가 보도(2019년 12월 11일)한 내용 중에서 발췌했다.

"김우중 회장님 덕분에 해외 취업의 꿈을 이뤘습니다. 도전의 가르침을 잊지 않겠습니다."

"한국에서 취업이 쉽지 않은데 해외에 나가 자리 잡고 계속 일할 기회를 얻은 것이 가장 감사합니다."

"일자리나 활동 반경을 한국에만 가두지 말라는 점을 강조하셨습니다."

"세계경영에 대한 가르침을 받고 관련 저서를 읽으며 꿈을 키웠습니다. 해외 무대에서 일할 수 있는 발판을 마련해 주셨으니 업계에서 더욱 기반을 다져 나가는 게 새로운 목표가 됐습니다."

"(한국청년들이) 너무 많이 고민하지 말고 두려워하지 말고 일단 한번 도전해 봤으면 좋겠습니다."

2019년 12월 GYBM 총동문회 창립결성대회,
베트남 하노이 국립컨벤션센터(NCC)

우리에겐 세계경영이 있습니다

3

GYBM 출신들의 오딧세이
: 글로벌 성장통成長痛

GYBM출신으로 현지기업에 취업하여 성장해 가며 겪는 어려움
과 극복의 스토리이다. 본인의 경험을 토대로 대우세계경영연구
회에서 정리하여 격주로 언론에 소개한 글이다. 교육연수과정이
진행중인 동남아 4개국 나라별로 1명씩 소개한다.

비전과 로드맵

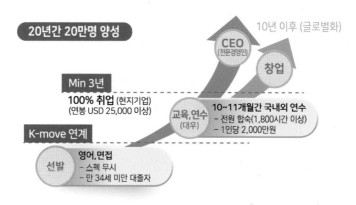

사업추진 실적(모집기준)

구분	2011	2012	2013	2014	2015	2016	2017	2018	2019	합계
베트남	40명	39명	78명	100명	100명	100명	100명	100명	100명	757명
미얀마				20명	20명	20명	20명	20명	20명	120명
인도네시아					40명	40명	40명	30명	30명	180명
태국						30명	30명	20명		80명
합 계	40명	39명	78명	120명	160명	190명	190명	180명	150명	1137명

송해란

GYBM 베트남과정 5기입니다. 대학에서 의공학과 경영학을 전공하였습니다. 대학교 졸업, 취업, 결혼 등 계단처럼 놓인 정해진 인생 경로를 벗어나는 삶을 살아보고자 GYBM에 합류하였습니다. 현재는 휴대폰 카메라 렌즈 제조사인 (주)세코닉스 베트남법인에서 구매, 자재, 수출입 업무를 맡아 24시간 쉴 틈 없이 돌아가는 생산현장에서 적정 재고를 꿈꾸며 끊임없이 고민하고 해답을 찾아가고 있습니다.

* 본인의 경험을 토대로 대우세계경영연구회 사무국에서 정리

타고 간 비행기로 돌아오는 첩보작전
생산자재 수급 공백의 위기 돌파

'베트남 하노이에서 한국의 김해공항으로 타고 온 비행기를 3시간 후에 다시 타고 돌아간다?' 기장이나 스튜어디스도 아니고 이게 무슨 경우인가? 단시간에 부족한 부품을 조달한 긴박한 시간, 마치 한편의 첩보전 같은 이야기이다.

이 에피소드는 베트남 하노이 인근에 위치한 한국의 전자부품 회사 '(주)세코닉스' 현지공장에 입사한 지 3년여 지난 송해란 대리의 사례이다. 송대리는 대우의 GYBM 5기로 2015년 8월부터 이듬해 6월까지 약 1년간의 연수과정을 마치고 취업해 (주)세코닉스 베트남법인인 세코닉스 비나에서 자재구매와 입출고를 담당하고 있다. 세코닉스비나는 글로벌 수준의 플라스틱 광학기술

기반의 광전자 부품전문회사다. 부품을 납품받는 회사 또한 세계 최고의 글로벌 회사로, 경쟁국가와 경쟁회사들과의 치열한 전쟁으로 업무 처리에 한 치의 오차도 용납되지 않는다. 생산자재 수급의 미스매치로 인해 자칫 회사가 최악의 낭패가 예상되는 상황에서 순발력과 평소의 거래업체 관계 유지로 위기를 돌파한 것이다.

자재 수급의 실수를 피하는 숨 막히는 시간

2019년 3월경에 하노이공장에서 있었던 일이다. 여느 회사나 다 그렇지만 최고의 품질로 제때에 납품JIT하는 것은 늘 절체절명의 과제이다. 납품을 받는 회사가 글로벌 최고기업으로 최근에 개발해 선보이는 신제품의 집중 생산에 여념이 없을 시기이기에 제때 납품의 중요성은 더 커져 사활이 걸릴 정도의 중압감이 있는 일이었다.

그런데 이 부품 완성을 위해서는 주력기술의 핵심부품과 또 다른 하위업체의 크고 작은 부품들의 조립이 모두 연결되어야 비로소 완성된다. 이미 납품을 받는 부품회사가 있었으나 최근에 새롭게 한 회사를 선정해 납품받기로 하고 이에 대한 치밀한 준비를 하였다. 그런데 생산라인이 돌아가는 시점에 납품받은 본 자재들이 전부 불량으로 판명된 것이다.

기왕에 보유한 자재가 있긴 했지만 부족한 상황이었다. 공급받기를 기다리면 10시간 정도 라인을 멈출 수밖에 없는 상황으로 최종 거래처 납품에 자칫 치명적 실수가 될 상황이었다.

한국의 본사 공장, 현지의 관련업체, 중국과 한국의 거래선에 재고를 확인하며 SOS를 요청했으나 가장 빠른 항공편을 이용해도 제때 도착이 불가능했다. 당일 자재 발송이 가능한 한국발發, 중국발發 비행편도 모두 끝난 상황이었다.

최단시간에 받아도 작업이 중단된 9시간 후에야 자재가 도착 가능하다는 계산이 나왔다. 그렇다고 주저앉아 그냥 기다리고만 있을 수는 없는 상황이었다. 또 다른 대안을 찾아보았다.

이때 한국의 경남 창원에 있는 업체가 떠올랐다. 창원이 김해공항에서 한두 시간 거리로 해법이 있을 것 같다는 생각으로 짚어 보았다. 본인이 직접 하노이에서 김해공항을 거쳐 창원으로 이동해 부품을 가져오면 된다는 마지막 판단이 섰다. 즉시 공장장께 보고하고 왕복항공권을 구매했다.

반드시 시간 내에 도착하리라 약속하고 호기롭게 공항으로 향했지만 한 치의 빈틈도 없는 일정이었다. 항공편의 연결상으로는 김해공항 도착 이후 3시간 만에 돌아오는 비행기를 타야만 하니 단 몇 분의 시간 지연도 용납되지 않았다. 창원의 업체와 1차, 2차 비상연락망을 구축하고 창원의 퀵서비스 배달기사와도 비행기 타기 직전까지 연락을 주고받았다. 또한 하노이공항 도착 후, 입국 수속시간 단축을 위해 하노이행 비행기 탑승 전에 수입 통관 절차도 미리 준비하고 도착시간에 맞추어 포워딩업체 인력지원 요청도 해 두었다. 출국부터 입국까지 미연의 사고를 방지하기 위한, 만반의 준비였다.

밤 12시 항공편으로 김해에 아침 7시 도착, 그리고 3시간 만에 자재를 직접 받은 뒤 오전 10시에 출발하는 같은 비행기 항공편으로 하노이 공장으로의 복귀, 그렇게 해서 하노이 공장에 무사히 도착했다. 숨가쁜 13시간의 공수空輸작전이 마무리되는 순간이었다. 가동 중지 예상시간 30분 전에 부품이 투입되어 생산 라인은 차질이 없었다.

미션 임파서블, 베트남과 한국을 오가는 치른 1박 2일간의 박진감 넘치는 부품 공급 스토리이다.

위기를 극복한 소중한 현장 경험

한국에서는 대중소기업 가릴 것 없이, 입사 3년 차로 이런 일을 당하면 직속 상사인 과장, 부장에게 보고만 하고 나는 그냥 시키는 것만 조치하면 될 것이다. 내가 계획하고 나의 의지로 할 수 있는 것이 별로 없는 일들이다.

그런데 베트남에서 취업한 회사에서는 20년 차이가 나는 직속 상사인 공장장에게 위기와 대안을 찾고 직접 보고도 한다. 기존의 해법으로는 앞이 안 보이는 상황에서 남다른 방법을 찾아가는 노력도 해야 한다. 위기를 극복하는, 남다르고 전례가 없는 도전을 한 것이다. 그리고 그 판단은 불과 10~20분 사이에 이루어졌고, 이는 평소에 주고받은 공장장과의 믿음이 바탕이 되었고 평소 거래업체와 쌓은 신뢰 덕분이었다.

지금의 크고 작은 업무 처리는 미래를 위한 훈련이자 투자이다. 한국에서 취업하는 대개의 청년들은 내가 할 일이 별로 없을 정도로 체계가 완벽한 회사를 찾아 취업하고자 하는 경향이 강하다. 이 이야기의 주인공인 송해란 대리도 해외로 나가기 전에는 그런 생각으로 취업에 도전했으나 쉽지 않았다.

해외로, 특히 동남아에 가서 취업한 덕분에 그런 생각을 바꾸는 큰 경험으로 자신감을 갖게 되었다. 회사가 글로벌 영역에서 성장하는 과정에서 불가피하게 생길 수밖에 없는 업무의 공백, 실수를 해결하는 과정에서 오히려 자신의 기회를 잡은 것이다.

입사 3년 차밖에 안 되었지만 10년 세월을 감수할 만한 이 일은 송대리의 마음 한켠에 성장과 자부심으로 자리 잡았다.

베트남과정 5기의 하노이로 향하는 인천공항에서 가족과 함께한 환송행사.

하혜봉

GYBM 미얀마과정 2기입니다. 대학에서 중어중문학을 전공했습니다. 좁은 대한민국에서 경쟁하기보다는 넓은 세계로 눈을 돌려 성장 잠재력이 큰 미얀마를 선택하였습니다. 현재는 셔츠 제조회사인 미얀마 (주)유니버설어패럴에서 근무 중이며, 현장에서 생산, 품질 관리에 대한 업무를 익힌 후 인사, 총무, 회계, 구매, 자재관리 등 경영관리 업무를 맡고 있습니다.

짧게는 현재 업무에 충실하고 길게는 대체 불가능한 미얀마 전문가가 되기 위해 언어를 포함한 역사, 문화, 관습, 법 등에 폭넓은 식견을 쌓기 위해 노력하고 있습니다. 김우중 회장님의 정신을 잘 이어받아 반드시 글로벌사업가가 되겠다는 굳은 의지를 가진 청년리더입니다.

* 본인의 경험을 토대로 대우세계경영연구회 사무국에서 정리

| 미얀마 |

생산현장의 인력공백과
'경청'의 디딤돌

: 현지인 존중의 의미를 되새긴 소중한 경험

지난 2019년 8월에는 우리 한국의 문재인 대통령께서 미얀마를 방문하셨고, 이이시 11월에는 제1회 한−아세안 특별정상회담이 부산에서 열려 아웅산 수치 미얀마 국가고문이 한국을 방문하셨다. 이런 상황을 접하며 미얀마에서 근무하고 있는 하혜봉 과장에게 전화를 걸었다. 취업한 지 3년이 지난 시점으로, 묵묵히 미얀마 현지에서 일하고 있는 것이 고맙기도 하고 그의 근황도 듣고 싶었다. 힘들었던 적은 없었느냐고 물으니, 약간 주춤하면서 남다른 경험이라며 자신이 경험한 사건을 말해 주었다.

정상 출근을 한 어느 날 출근시간, 현지인 직원이 찾아와 "미얀마 현지인 팀장인 '뚜(가명)' 씨가 오늘도 회사에 안 나왔습니다"

라고 하더라는 것이다. 가끔씩 있었던 일이지만 이번에는 사흘째 계속된 결근이었다며 이야기가 시작되었다.

하 과장은 지난 2015년 8월, '글로벌청년사업가양성과정 GYBM'에 입소해서 1년간의 현지 연수를 마친 후 2016년 미얀마 현지회사에 입사했다. 취업한 회사인 '유니버설어패럴'은 미국이나 유럽에 O.E.M(주문자상표부착방식) 방식으로 섬유제품을 제조, 수출하는 회사다. 저렴한 인건비가 강점인 미얀마의 노동집약적 산업의 대표격인 회사다. 저렴한 노동 비용에서 일의 숙련도를 높이면 그만큼 가성비(생산성)가 좋아지는 것이다. 현지 사업의 성패를 좌우하기에 현지 인력의 효율적인 활용은 현장관리자의 핵심 경영 포인트이다. 먼저 미얀마로 진출, 정착시킨 것은 한국인 기술자들이 현지인을 채용해 교육, 훈련하면서 근로자의 숙련도를 높여 품질을 안정시킨, 그들의 선구자적인 헌신 덕분이었다.

보이지 않는 X-맨의 행보

그런 상황에 핵심 현지인 팀장 한 명이 사흘째 무단결근을 하고 있었던 것이다. 부하직원이 찾아와 '팀장인 마메이 뚜(현지인 이름 : 가명-약칭 '뚜')가 회사를 나오지 않았다'고 했다. 뚜는 공장의 설립 초기 멤버이면서 상당히 유능한 직원으로 주변에 평판이 좋았다. 나이도 마흔 살이 넘었으니 한국인 관리자인 하 과장보다는 15살이 많은 직원이었다. 가끔씩 지각이나 결근이 있었지만 그러려니 했었다. 부하직원들도 잘 따르는 것으로 알고 있었다.

그런데 언제부턴가 신규 직원을 뽑아서 보내면 얼마 못 가서

우리에겐 세계경영이 있습니다

회사를 그만두는 일이 잦아졌다. 그냥 있을 수 있는 일로 보았는데, 상황이 심해져서 주변 부하직원들을 찾아가 업무 이야기를 하며 '뚜'에 대한 이야기를 넌지시 물어보았다. 하 과장이 현지어를 무난하게 하니 '인사문제'에 대해 직원들과 쉽게 이야기를 주고받을 수 있었다.

역시 문제는 '뚜' 씨 본인이었다. 개인적인 실력은 정말 나무랄 데가 없었다. 작업의 양이나 질도 우수했다. 그러나 팀장임에도 불구하고 부하직원들에게 업무를 가르쳐 주지도 않고 주변 동료들과도 거리감을 두며 자신의 존재감만 과시하고 있다는 것이 종합된 결론이었다.

뚜 씨와 별도로 만나서 그런 행동을 고쳐줄 것을 요청했지만 개선이 되질 않았다. 때로는 면담, 회의, 교육 등의 방법을 통해서도 적지 않은 노력을 기울였지만 전혀 달라지지 않았다. 악의는 전혀 없는 것으로 보이니 더 난감할 따름이었다.

현지인 매니저에 대한 리더십 고민

할 수 없이 결론을 내렸다. 나름대로의 생존방식으로 일하며 습관으로 굳혀져 더 이상은 어렵다는 판단을 공장장께 보고하고 사표를 받았다. 물론, 현지 노동법에 문제없도록 치밀하게 준비를 했다. 며칠 동안 뚜 씨를 따랐던 부하직원들이 항의하며 단체로 회사를 나가겠다는 등의 협박성 소동도 있었다.

그러나 하 과장은 한 번 마음먹은 것은 굽히지 않고 밀어붙였다. 다행히 시간이 지나니 대부분의 직원들은 묵묵히 따라와 주었고, 대체된 직원들이 새롭게 자리를 잡게 되었다. 이젠 전보다 생산성과 품질이 월등히 개선되는 결과가 나오기 시작했다. 현지 직원들도 모두 뿌듯해했다. 몇몇 직원들은 찾아와 '파이팅'도 외치며 열심히 하겠다는 각오도 다짐하였다.

그가 스스로 말하는 성공요인을 정리해 본다.

첫째는 '실력을 쌓는 노력'이었다. 입사 당시 산업이나 제품, 현장 이해가 부족했던 것이 1년을 지나면서 서서히 적응이 되었다는 것이다. 현지어 실력을 기반으로 컴퓨터, 회계, 경영분석, 문제해결 등도 잘한다고 인정도 받았다고 한다. 교육이나 회의 등을 할 때도 고압적인 방식보다 사례를 들어 쉽게 설명하며, 현지 유머나 위트 등도 병행했다고 한다.

둘째는 '든든한 상사'들 덕분이었다고 한다. 처음에는 한 번도 경험하지 못한 세상이라 적지 않게 걱정이 되었고 만에 하나 잘못되면 큰일 난다는 생각으로 잠도 설칠 때가 있었다고 한다. 마무리되고 나니 상사上司들도 칭찬해 주며 앞으로도 일이 있으면 너무 걱정 말고 도전하라고 하였단다. 잘못 되어도 하 과장 뒤에는 '내가 있지 않냐'며 격려해 주었다는 것이다.

셋째는 필자가 짚어 보았다. 과묵한 성격이 힘이 되었을 것이라고 추정해 보았다. 연수기간 내내 지켜보았던 묵직한 하과장의 스타일이 결정적 힘이 되었을 것이다. 문제를 해결하는 과정에서 현지 직원들과 대화할 때 가급적 '들었다'는 것이 그 증거였을 것. 현지인들의 의견을 듣고, 그들의 눈높이로 교육을 진행한 것이 힘이 되었을 것이라는 말에 하 과장은 흔쾌히 동의했다.

아픈 만큼 성장하는 나의 미래

정리하고 보니 '글로벌 성장통成長痛'이었다. 아픈 만큼 성장한 것이다. 하 과장과 필자가 공감한 내용을 마지막으로 정리해 본다.

양 국가 간의 최고 지도자의 교차방문 등을 보면, 앞으로 국가 간의 교류가 많아지리라고 본다. 미얀마와 거래를 하고 현지에 투자를 하려면 제대로 준비하여야 한다. 미얀마인들이 매년 한국에 근로자로 적지 않은 인원이 다녀오기도 한다. 한류 등으로 한국을 우리보다 더 잘 아는 경우도 있다. 그러니 쉽게 보면 안 된다. 남다르게 수준 높은 문화도 가진 나라를 실감한다.

미얀마뿐만 아니라 다른 동남아 지역 청년취업자들의 부족한 현지어 실력도 문제다. 문화 이해도 부족해서 현지인들과 소통이 안 되어 발길을 한국으로 돌린 경우가 많다고 한다. 심한 경우 현장에서 '왕따'도 당한다고 한다. 먼저 진출한 선배 기업인들의 현지인 경시輕視도 이제는 극복되어야 할 과제이다.

동남아! 이제 남은 마지막 시장이다. GYBM의 글로벌리너들은 성장통을 겪으며 최전선에서 일하며 배우고 계속 커 나갈 것이다.

미얀마과정 2기생의 수료식. (양곤외국어대학교)

이혁중

GYBM 인도네시아과정 1기입니다. 충북 제천 출생으로 대학에서 경찰
행정학을 전공하고 대통령 경호부대에서 2년간 군생활을 마쳤습니다.
김우중 회장님의 세계경영 철학과 기업가정신에 매료되어 GYBM에 지
원하였으며, 현재는 (주)지누스 인도네시아법인에서 수출입 물류 및 관
세청 업무를 하고 있습니다.
'세계는 넓고 할일은 많다'는 믿음과 GYBM의 체계적인 교육으로 익힌
대우 DNA로 어디서나 필요하고 빠르게 적응하는 글로벌 인재로 성장하
며 사업가의 꿈을 키워 나가고 있습니다.

* 본인의 경험을 토대로 대우·세계경영연구회 사무국에서 정리

"자네 같은 사람 더 없어?"
: 휘몰아친 8개월간의 2개 신규공장 세팅과 회장님 지시

인도네시아

사무실로 반가운 전화가 왔다. "전무님! 지난달 한국에 들어와 무사히 딸을 출산하고 산후조리 중입니다. 늘 고마운 마음으로 지내고 있습니다."

대우세계경영연구회의 '글로벌청년사업가양성과정GYBM'에 지난 2015년 8월 인도네시아 1기생으로 1년간 연수를 마친 후 취업해 자카르타에 취업한 조재신 씨가 반가운 전화를 했다. 연수동기생인 이혁중 씨와 결혼해 출산 휴가로 한국에 들어온 것이다.

자연스럽게 인도네시아에 근무 중인 남편 이혁중 매니저의 근황을 듣게 되었고 내친 김에 그에게 전화를 했다. 이혁중 씨 역시 인도네시아 1기생으로 GYBM의 연수를 마친 후 한국의 생활

가구 회사인 '지누스' 인도네시아 제조공장에 다니고 있다. 이들 부부는 벌써 현지 생활 4년째이다.

입사 4년만에 20년 경력사원의 일을 하다

"부하직원 35명에 두 개 공장을 넘나든다고? 그러면, 직급은?"

"매니저입니다. 미국식 직급제도를 택해서 직급제도가 단순합니다. 직책은 물류부서 전체를 총괄하니 현지에 나와 있는 한국기업기준으로 보면 부장급입니다."

입사 4년만에 20년 경력사원의 일이라는 것이다.

이 매니저는 2016년 6월에 연수를 마치고 자카르타의 한국물류회사에서 2년, 제조업체에서 1년을 근무하였으나 뭔지 모를 답답함이 있었다. 지인에게 들은 구인 소식은 한국회사 '지누스'의 '물류'업무 책임자 자리였다. 한국에 본사를 두고 자체 브랜드로 제품의 전량을 아마존과 월마트를 통해 판매하고 있는 회사였다. 지금은 직원 7,000여 명에 한국인 매니저는 22명이다. 입사 합격 결정도 빨랐다.

끝이 없을 것만 같은 일을 맞닥뜨리다

그런데 문제는 그 다음이었다. 처음 사무실을 들어가 보니 엄청난 일들이 앞에서 벌어지고 있었다. 물류 업무는 고사하고 공장 세팅 업무가 긴박하게 진행되고 있었다. 제조라인도 없는데 당장 실어 내어야 할 주문만 기다리고 있었다. 한술 더 떠 주문도 계속 이어지고 있었다. 주변 동료와 인사도 제대로 나눌 시간

우리에겐 세계경영이 있습니다

이 없었다. 당장 필요한 생산라인에 투입할 직원 채용부터 시작했다. 공장에 세팅되어야 할 기계설비들도 챙기기 시작했다. 전세계 여러 곳에서 수입되다 보니 허가서 준비와 검사, 항구 도착과 동시에 통관으로 이어졌다. 잠시의 방심도 허용이 안 되었다. 기계를 하역하는 항구의 세관, 인도네시아 투자청BKPM도 방문하는 등 닥치는 대로 하나하나 풀어 나갔다.

때로는 회사의 상사를 모시고 통역도 거들었다. 오랜 세월 인도네시아에서 비즈니스하신 눈으로 "인도네시아어를 잘하네. 잘 배웠구먼" 하며 칭찬도 받았다. 그렇게 좌충우돌하며 새롭게 세팅한 제조 공장만 2개였다. 이후 정상적인 업무체계로 돌아서는데 이어 엄청난 양의 원부자재가 들어오고, 만들어지는 족족 완제품은 미국으로 실려 나갔다. 뒤에 알게 된 일이지만 인도네시아 진출 한인기업 중 TOP 3 정도 물량이라고 한다. 이 모두가 전부 이 매니저의 업무였다.

그러는 사이에 부하직원도 40여 명으로 늘었다. 5개월여가 지났다.

본사에서 온 회장님께서 이 매니저에게 "자네같이 훈련된 사람 2명 정도 더 구할 수 없을까?"라는 말씀을 건네셨다.

더할 수 없는 최고의 칭찬으로 생각되었다. 지난 4년간의 인도네시아 현지 적응의 고충이 눈 녹듯 녹아내렸다. 그래서 바로 GYBM 연수원 팀장님께 전화해 4기 후배 2명을 요청했고, 후배들도 입사를 해서 지금 같이 근무하고 있다.

도전이라는 말의 의미를 되새기다

이 매니저가 밝힌 소감이다.

첫째, '뭐든지 부딪혀 보니 되더라'는 것이다. 스스로도 흠칫 놀라는 경우도 많았다. 해 보지도 않고 위축되고 겁먹었던 시절이 저 멀리 아련하다.

둘째, 동남아 국가 시스템의 낙후성이 오히려 기회가 되었다. 한국에 있을 때도 그랬고 현지에 와서 연수를 받을 때도 은근히 그들을 무시도 하였다. 그런데 다르게 생각해 보니 그 후진성 때문에 나에게 기회가 있다는 생각이 들었다. 현지인 관계자와 마음만 잘 통하면 오히려 더 적극적으로 도와주는 모습도 보았다.

셋째, 그러자면 현지인들의 언어를 알고 정서를 알아야 한다는 것이다. 뒤늦게 안 일이지만 GYBM 현지연수를 받은 반둥공과대학IBK은 수하르토 대통령을 배출한 최고급 대학으로, 우리가 배웠던 현지어 교육 수준이 상당히 높다고 한다. 제대로 배우고 제대로 쓰는 것이었다.

이 매니저는 "그렇게 인정받고 2명의 후배와 같이 일하게 되니 김우중 회장님과 연수원장님, 대우의 멘토님, 연수관계자 모두에게 작은 보답을 하였다는 느낌이 들었습니다. 그때가 인생 최고의 순간이었습니다"라는 말로 대화를 마무리했다.

이혁중 매니저에게서 세상 모든 것을 쥔 듯한 기개氣概가 느껴졌다. 5년 전에 작성한 지원서를 찾아보았다. 막연한 대학생활과 두 차례의 해외 어학 연수를 거쳐도 앞길이 답답함을 토로하고 있었다. 전공은 공무원 관련 분야, 여러 개의 자격증도 답이 없었다. 지금 대한민국 청년들의 자화상 그대로였다. 4년이 지난 지금도 하나 바뀐 것 없이 더 심각해지고 있지만….

"우리 과정에 참가하도록 적극 추천해 주신 아버지와 어머니께도 꼭 감사드려라. 동기 아내와 새로 태어난 딸내미를 위해 더 열심히 살아가자"는 격려도 잊지 않았다.

인도네시아과정 1기연수생이 하루 일과를 마치고 기념촬영.
(인도네시아 반둥공과대학교)

이재범

GYBM 태국과정 2기입니다. 경남 창원 출생이며 대학에서 산업공학을 전공하였습니다. 막연하게 그렸던 커리어를 보다 명확하게 구현하기 위해 GYBM을 찾아 나섰고 구체적으로 자신의 꿈을 실현해가고 있습니다. 현재는 가전제품의 부품을 제조하는 회사에서 품질관리 업무를 담당하며 생산현장의 공정 및 관리체계를 잡는 등 품질관리의 뼈대를 잡는 데 온 힘을 다하고 있습니다.

지금 소속된 회사의 발전을 발판으로 미래에는 또 다른 도전으로 본인만의 글로벌 사업을 일으켜 대우의 세계경영을 계승하는 글로벌 비즈니스 리더가 되겠다는 희망의 메시지를 만들고 있습니다.

세계 최장시간 근로와 끈기의 힘

:납품되어 조립된 이후 알게 된 부품 불량

"퇴근시간이 지난 시점이었어요. 갑자기 직원들이 허겁지겁 나갔습니다. 이사님이 현지인 기능공 10여 명을 인솔해 나가기에 '같이 가면 안 됩니까?'라고 했더니, '입사한 지 1주일밖에 안 된 사람이 뭘 알겠냐'며 그냥 퇴근하라고 했습니다. 하지만 떼를 쓰다시피 해서 같이 따라 붙었습니다."

그렇게 시작된 일로 닷새 정도를 쉴 틈 없이 일했다. 낮에는 본인 회사, 밤에는 납품한 부품에서 불량이 발견된 회사에서… 그것도 '대학나온 내'가 '태국 현지 기능직'들이 해야 하는 단순 분해와 조립 업무로 밤낮을 지새운 것이다.

지난 해 태국에 취업한 이재범 씨에게서 전화 통화로 들은 사건이다. 전화를 마칠 때는 그때의 기억으로 안도의 한숨을 쉬는 듯했다.

글로벌 성장통成長痛을 털어놓는 태국 사례의 주인공 이재범 씨가 태국의 방콕 현지에서 연수를 마치고 회사에 입사한 지 딱 1주일만에 생긴 일이라고 한다. 이재범 씨는 대우세계경영연구회의 '글로벌청년사업가양성과정GYBM' 태국반 2기로 입소하여 2017년 8월부터 1년간 교육연수를 받았다. 방콕 인근 탐마삿대학교의 교육 시스템과 강의장, 기숙사 등을 빌려 연수를 받았는데, 비교적 수준 높은 교육을 받았다.

연수를 마치고 그는 남다른 각오로 전자부품을 제조하는 한국 회사인 'D사'에 입사를 했다. 회사의 위치는 관광지로 유명한 파타야와 방콕의 중간 정도에 위치하고 있으며, 현지인 100명과 한국인 관리자 5명이 일하고 있다. 제조된 부품은 전량 태국 현지의 한국과 일본 전자제품 회사에 납품되어 조립된다.

입사 1주일 만에 원인도 규모도 모를 제품 불량

앞에서 말한 사건은 일주일 전에 납품한 부품이 문제가 된 것이다. 완성품 제조회사인 K사의 제품에 조립되어 포장 단계로 들어가기 직전인 완성품 검수 단계에서 발견되었다. 이미 조립된 부품의 상당수에서 '녹Rust'이 발견된 것이다. 그 소리를 듣고 현지직원 10여 명과 함께 조립현장으로 가는 모습을 보고 멋모르고 따라갔다가 이 낭패를 맞닥뜨린 것이다.

다행히 일부 제품은 괜찮다고는 하지만 어차피 조립된 모든 제품을 뜯어 보아야 하는 상황이다. 불량 가능성이 있는 부품이 조

우리에겐 세계경영이 있습니다

립된 제품 3,000여 대를 모두 열어 봐야 아는 것이다. 불량이 확인되면 해당 부품을 풀어서 교체까지 해야 한다. 주간에는 다른 제품이 조립되고 있는 것도 문제다. 그나마 다행인 것은 라인을 비워 주며 일을 하라고 한다. 그러나 야간시간에만 가능하다는 것이다. 밤 8시부터 다음 날 새벽 5시까지만 교체작업이 가능하며, 주간 가동이 준비되면 비켜야 하는 상황이다. 매일 저녁 600대를 하더라도 닷새는 족히 걸리는 작업이다.

첫 날의 작업 진도는 최악이었다. 우리 기능직원 8명이 8시간을 꼬박 일해도 지지부진하다. 처음 보는 일이지만 어려운 것은 아닌 듯하여 이재범 씨도 같이 작업에 참여했다. 현지인들만 맡겨 놓질 않고 팔을 걷어붙인 채 같이 일하고 있으니 K사의 한국인 관리자들이 눈여겨보는 것 같았다. 측은해 보였는지 다음 날부터는 그 회사 기능직원도 7명이 추가되었다. 첫 날은 새벽 5시까지 꼬박 해야 하던 것이 다음 날부터는 새벽 1시 정도에는 계획된 작업량이 끝났다.

덕분에 주인공인 이재범 씨는 매일 3~4시간 잠자는 것을 제외하고는 주간에는 회사에서 업무를 처리하고 야간에는 불량품의 해체 조립 현장을 오가며 전자제품 제조의 단순작업을 밤낮으로 하게 된 것이다. 한밤중이 되면 '내 일도 아닌데'라는 생각으로 중간에 손놓고 싶었던 때가 한두 번이 아니었다. 그때마다 묘한 오기가 발동되었고 시간은 흘러 어느새 일이 끝났다.

함께한 최악의 고통은 현지인과 거래처의 신뢰로 탈바꿈

다행인 것은 입사한 지 1주일밖에 안되었지만 현지인 기능직원들과 남다르게 친근해지는 성과가 생겼다는 점이다. 100여 명의 현지 직원들 사이에 본인에 대한 좋은 평판이 빠르게 퍼져 나갔다. 1년 동안 힘들게 배운 '현지어'보다 '직접 뛰어든 것'이 힘이 되는 아이러니한 상황이 발생한 것이다.

완성품 제조회사인 K사로부터도 호감받는 입장이 되었다. 업무나 납품차 방문하면 남다르게 대해 주는 것이 피부로 느껴지는 계기가 되었다. 회사는 이 일을 계기로 부품에 대한 최초 표면처리나 코팅 단계에서 불량이 나오지 않도록 확인 절차를 보완하였고 출고 전의 품질검사도 강화하게 되었다. 이재범 씨도 지금은 품질관리팀에 근무하고 있다고 한다.

사실 태국에 간다고 했을 때 주변에서 관광이나 관련 업종에 종사하는 것으로 상상하는 사람들이 많았다. 전자제품이나 부품회사는 의외라고 생각하는 편이었다. 특히 태국은 일본 회사들이 주류를 이루는 상황에서 한국기업의 활동은 거의 찾아보기 어렵다는 것도 태국에 와서야 새롭게 알게 된 사실이었다고 한다.

이야기를 마치면서 소감을 물었더니 그는 몇 가지를 말했다.

연수기간 동안 내내 생소한 '끈기'라는 것을 배웠던 이유가 그제야 몸으로 느껴졌다는 것이다. 묵묵히 해 나가는 모습을 보고는 현지인들은 물론이고 한국인 관리자들도 '요즘 청년답지 않은 모습'에 칭찬을 많이 하더라는 것이다. 그리고 한국에 있을 때는 내가 할 수 있는 것에 대한 자신감이 없었지만 스스로 생각보다 많은 일을 할 수 있다는 것을 알게 되었다는 것이다. 마지막으로 같이 일하는 현지인들도 동고동락하며 앞장설 때 잘 따르더라는 단순한 사실이 자신에게는 무척이나 남달랐다고 한다.

이야기를 마치며 영화 〈파운더The Founder〉를 보라고 권했다. 1954년의 미국 맥도널드사 창업스토리로 '글로벌 프랜차이즈'로 성장시킨 실제 인물 '레이 크록Ray Kroc'의 독백을 잘 들어 보라고 조언해 줬다.

"어떻게 52살의 한물간 밀크쉐이크 기계 판매원이 1600개 매장을 두고 해마다 약 7억 달러를 벌어들이는 거대 외식기업을 세웠을까? 한 마디로 말하면 끈기PERSITENCE입니다."

"GYBM 연수과정에서 배운 끈기! 말로만 들었던 실체를 경험한 소중한 기회였습니다. 지원면접 때의 체력 검정, 매일 아침의 운동! 그 괴로운 시간의 의미를 이제야 알 것 같습니다." 힘찬 포부를 밝히는 이재범 씨의 말이다.

2017년 4개국 합동연수 중 극기훈련으로 월악산의 팀워크 활동.

1995년
대우그룹은 이런 사람을 찾았습니다

삼 일 동안 밤을 새울 수 있는 사람

삼 일 동안 놀 수 있는 사람

노래방에서 서른 곡은 부를 수 있는 사람

아버지 시계를 분해해 본 경험이 있는 사람

삼개국어는 다 못 해도 삼개국 이상을 배낭여행한 사람

서울역에서 고속터미널까지 걸어가 본 사람

못생긴 파트너를 만나도 세 시간은 봉사하는 사람

비오는 수요일에 빨간 장미를 사 본 사람

차비를 몽땅 친구에게 주고, 자기는 걸어가는 사람

학교를 가다 말고 무작정 여행을 떠나 본 사람

― 이런 사람 大환영

1995년 9월의 대우그룹 신입사원 공채 신문공고

454

2020년
GYBM은 이런 사람과 함께
세계를 경영합니다

글로벌 10위권 강국인 대한민국의 경쟁상대는 글로벌 기업들입니다.
남다른 경쟁력으로 승부에서 이기는 인재의 모습입니다.

1 미국, 케냐, 몽골에서도 3시간 이상 대화할 수 있는 사람

2 눈 덮인 들판에 첫 발자국을 내는 사람

3 잔소리 들을 줄도 알고, 잔소리할 줄도 아는 사람

4 힘들어하는 친구에게 등을 내주는 사람

5 약속하면 지키고, 잘못하면 사과할 줄 아는 사람

6 동서(東西) 시차와 남북(南北) 계절을 넘나들어도 거뜬한 사람

7 모두가 주저할 때 '제가 먼저 할게요'라며 손드는 사람

8 도저히 방법이 없다고 할 때 한 번 더 찾아보는 사람

9 독서도 3시간, 노래방도 3시간 거뜬히 해내는 사람

10 강의장의 칠판 닦고, 창문 닫고, 불 끄고 나오는 사람

11 하나를 가지려면 하나를 내려놓을 줄 아는 사람

12 식탁에서 기다릴 줄 알며 수저도 챙기는 사람

13 시장의 좌판에서도, 최고급 파티에서도 어울릴 줄 아는 사람

14 물 한 모금, 조언 한 마디에 감사하는 사람

15 새 아침을 설렘으로 시작하는 사람

| 감사의 글 |

작년 3월 22일 대우창업52주년 기념행사에서 『대우는 왜?』 2권 출판 계획을 알렸다. 출판일자는 정확하게 1년 후가 되는 창업53주년 기념행사일로 정했다.

공모를 하니 25명이 글을 보내왔다. 수차례 주고받으며 모양을 갖춰 나갔다. 산업도 다양하지만 다양해서 역시 대우다웠다. 그러나 정작 독서층으로 기대하는 대학생, 젊은 직장인, 스타트업 직원들은 세계지리에 약하다는 의견이 있어 지도를 넣고, 쉽게 읽히기 위해 관련 사진도 추가하게 되었다. 글로벌청년사업가GYBM 양성과정의 에피소드를 추가한 것도 나름대로 의미를 부여한다. 같은 책에서 40여 년의 세월을 뛰어넘는 대선배와 어깨를 나란히 한 청년 후배들의 자랑스러운 도전기이기 때문이다.

홀쩍 1년이 지나갔다. 마지막 피치를 올리는 중에 CORONA-19로 인하여 모든 것이 중지되었다. 대우 창업53주년 기념행사도 무산되며 출판 일정도 조정이 되어 사뭇 미안하였다. 이제야 완성이 되어 독자의 손으로 간다. 소중한 분들에게 감사인사를 드린다.

가장 고생하신 분들은 필진으로 참여하신 분들이다. 이 책 한 권으로 마음을 추스려 주길 바랄 뿐이다.

대우인회 김태구 회장님, 우리 대우세계경영연구회 장병주 회장님과 운영위원들의 전폭적 지지가 큰 힘이 되었다. 대우중공업 출신으로 운영위원이자 출판위원장 역할을 해 주신 중부대 전미옥 교수, 전문작가로 애써 주신 장윤희 작가, 우리 사무국의 이금화 사무국장 이하 송향연 팀장, 윤소연 대리와 모든 직원들도 수고가 적지 않았다.

흔쾌히 출판을 맡아주며 까다로운 전 과정에 응원해 주신 행복에너지 출판사의 권선복 사장님과 디자이너들에게도 감사드린다. 마지막으로 세계경영현장의 지도를 그려 준 그래픽디자이너 이동희 씨에게도 큰 감사를 드린다.

2020년 5월
대우세계경영연구회 출판위원회
박창욱 전무, 전미옥 교수, 장윤희 작가